원리를 알면 실전에 강하다!

김동완의 사주명리학 강의 Vol.7

사주명리학
가족상담

김동완
사주명리학 연구가

동학사

사주팔자와 이름에
숨어 있는 나를 찾는다

이 책은 가정에서의 부부관계와 자녀문제 그리고 사회에서의 인간관계와 업무방식 등 개개인을 둘러싼 다양한 삶의 모습들을 알고 싶고, 나아가 삶의 변화를 바라는 모든 이들에게 매우 유용하리라고 생각한다.

"나는 누구인가?", "나의 장점이나 단점은 무엇인가?", "나에게 적합한 직업은 무엇인가?" 등 나 자신에 대한 질문에서부터 "나에게 어울리는 배우자는 어떤 사람일까?", "내 아이는 어떤 성격일까?", "동료들과 잘 지내기 위한 방법은 무엇일까?" 등 대인관계에 대한 질문까지 평소 알고 싶어하는 질문들에 답을 찾을 수 있을 것이다.

사주팔자와 이름은 내가 어떤 사람으로 태어났고 어떤 장점을 가지고 있는지를 알려줄 뿐만 아니라, 다른 사람들은 어떤 사람으로 태어났고 그들이 가지고 있는 장점은 무엇인지도 알 수 있게 해준다.

우리는 흔히 자기 자신에 대해서 잘 안다고 착각하기 쉽다. 그러나 사주팔자와 성격성명학의 성격 유형을 공부하다 보면 이제까지 모르고 있던 나와 다른 사람들을 새롭게 발견하게 될 것이다. 마치 거울을 바라보듯이 자신의 내면에 숨겨져 있는 성격과 개성, 적성 등을 비추어 볼 수 있고, 겉으로 드러나는 행동의 의미까지도 적나라하게 비추어 볼 수 있을 것이다. 나아가 나 자신과 주위사람들이 어떻게 조화를 이룰 수 있는지를 배울 수 있을 것이다. 이를 통해 자아를 발견하고, 행복한 가정을 이루며, 사회인으로서 당당하게 서는 길을 찾을 수 있을 것이다.

세상은 획일화된 하나의 모습도 아니고, 내가 원하는 방향으로만 나아가지도 않는다. 다양한 색들이 모여 아름다운 그림이 되고 다양한 음계가 모여 아름다운 화음이 되듯, 각자 타고난 성격 유형들이 균형과 조화를 이루어 진정한 하나가 될 때 모든 사람들이 행복하고 만족스러운 인생이 펼쳐질 것이다.

서로 다른 인간 유형을 알아가면서 얻는 긍정적 효과는 매우 다양하다. 무엇보다 효과적인 인간관계를 맺을 수 있다. 인간관계의 갈등은 성격 차이일 때가 많다. 성격 유형을 안다는 것은 성격을 이해한다는 것이고, 성격을 이해할 수만 있다면 의사소통 부재로 생겨나는 현대사회의 다양한 문제들을 해결하는 데 큰 도움이 될 것이다.

사람이 태어나서 죽을 때까지 그 삶은 인간관계로 시작해서 인간관계로 끝난다고 보아도 틀리지 않을 것이다. 인간관계란 나와 너, 나와 우리, 나와 당신들, 너와 너희들의 성격 유형들이 서로 갈등과 다툼 그리고 조화와 균형을 맞춰가며 함께 살아가는 것이다. 우리가 얼마나 슬기롭게 갈등과 다툼을 피하고 조화와 균형을 이루어 나갈 수 있는가는 바로 나의 성격을 이해하고, 타인의 성격을 이해하는 것에서 출발한다.

2010년 2월 김동완

일러두기

1
이 책은 나와 가족 그리고 우리를 둘러싼 사회적 관계를 설명해줄 수 있는 성격 유형을 중점적으로 다룬다. 지금까지 사주명리학이 가족관계나 사회관계를 "언제 결혼하고, 언제 사업이 망하고, 언제 죽는가"처럼 결과론적으로 설명했다면, 이 책은 구성원들 사이의 다양한 모습들을 성격 유형에 근거하여 원인 중심으로 설명한다.

2
이 책은 사주명리학과 성격성명학 이론을 근거로 사람의 성격을 10가지 유형으로 분류하였다. 10성격 유형마다 장단점을 분석하고, 각각의 유형이 가족, 친구, 직장, 사회에서 만나는 사람들과 원만한 관계를 이루어가는 데 필요한 정보를 제공하고 있다.

3
이 책은 10성격 유형마다 가지고 있는 성격과 적성을 통합하여 가장 잘 어울리는 직업 종류를 분류하였다. 현대사회에서 직업은 경제활동뿐만 아니라 자아실현을 위한 수단으로 그 중요성이 점점 커지고 있다. 자신에게 가장 잘 어울리고 자신이 가장 잘할 수 있는 직업을 선택하는 데 큰 도움이 될 것이다.

4
이 책은 10성격 유형 분류에 따라 부모와 자녀, 교사와 학생 사이에 나타나는 양육방법, 학습방법, 교육방법, 갈등관계 등에 적극적으로 대처하고 원만한 관계를 이루어갈 수 있는 방법들을 상세하게 설명하였다.

5
이 책은 사주에 나타나는 성격 유형별로 남녀 속궁합을 분석하였다. 남편과 아내 모두 배우자에게 말하지 못했던 속마음을 들여다볼 수 있을 것이다. 감추어두었던 마음을 솔직하고 적극적으로 표현할 때 속궁합 만족도도 높아지고 행복한 가정을 만들 수 있을 것이다.

김동완의 사주명리학 강의 **Vol.7**

사주명리학
가족상담

CONTENTS

3 10성격 유형의 실전 분석

4 사주로 보는 남녀 속궁합

사람이 한평생을 사는 동안 성공과 실패에 가장 큰 영향을 미치는 것이 바로 마음, 성격, 심리다. 인간이라면 누구나 자신만의 세계를 가지고 있고 이 독특한 세계를 규정하는 것이 바로 그 사람의 마음이다. 세상에는 수십억 명의 사람이 살고 있고, 이들은 모두 서로 다른 성격을 가지고 있다. 그리고 이 성격이 그들의 삶을 서로 다르게 만든다. 성격의 씨앗을 뿌리면 운명의 열매가 열린다는 나폴레옹의 말은 '성격을 알면 운명이 보인다'는 말로 해석할 수도 있다. 성격을 알면 그 사람의 독특한 개성뿐만 아니라 적성과 연애심리까지 알아낼 수 있고, 직업이나 결혼처럼 사람의 일생에서 벌어지는 굵직굵직한 사건들에 대해 어느 정도 예측할 수 있기 때문이다.

사주명리학으로 보는 심리 분석

chapter 01

사주명리학으로 보는 심리 분석

01

---

1. 사주명리학 심리 분석의 의의

"행동의 씨앗을 뿌리면 습관의 열매가 열리고, 습관의 씨앗을 뿌리면 성격의 열매가 열리며 성격의 씨앗을 뿌리면 운명의 열매가 열린다." 프랑스 황제 나폴레옹 1세(Napoleon Bonaparte)가 남긴 말이다. 그는 불세출의 영웅답게 "내 사전에 불가능은 없다"는 말로 유명하다. 하지만 필자의 마음에 감동을 주는 말은 바로 '성격의 씨앗을 뿌리면 운명의 열매가 열린다'는 말이다.

사람이 한평생을 사는 동안 성공과 실패에 가장 큰 영향을 미치는 것이 바로 마음, 성격, 심리다. 인간이라면 누구나 자신만의 세계를 가지고 있고 이 독특한 세계를 규정하는 것이 바로 그 사람의 마음이다. 세상에는 수십억 명의 사람이 살고 있고, 이들은 모두 서로 다른 성격을 가지고 있다. 그리고 이 성격이 그들의 삶을 서로 다르게 만든다. 성격의 씨앗을 뿌리면 운명의 열매가 열린다는 나폴레옹의 말은 '성격을 알면 운명이 보인다'는 말로 해석할 수도 있다. 성격을 알면 그 사람의 독특한 개성뿐만 아니라 적성과 연애심리까지 알아낼 수 있고, 직업이나 결혼처럼 사람의 일생에서 벌어지는 굵직굵직한 사건들에 대해 어느 정도 예측할 수 있기 때문이다.

서양에는 사람의 마음을 전문적으로 다루는 학문인 심리학이 있다면, 동양에는 태어나면서 정해진 사주팔자와 후천적으로 결정되는 이름으로 사람의 성격을 분석해내는 사주명리학과 성격성명학이 있다. 첨단 과학기술이 발달한 이 시대에 무슨 사주팔자로 사람의 성격을 알아보고 미래를 예측하느냐고 의구심을 가질 수도 있지만, 사주팔자를 이루는 음양과 오행 그리고 음양오행의 생극작용으로 이루어지는 육친을 통한 심리 분석은 사주상담가들 사이에서 적중률 높은 분석방법으로 활용되고 있다. 성장하면서 환경의 영향도 크지만, 타고난 사주팔자의 영향도 큰 것을 다음 사례에서 확인할 수 있다.

이 이야기는 태어난 생년월일시가 같은 일란성 쌍둥이 자매의 실화이다. 폴라 번스타인(Paula Bernstein)과 엘리스 셰인(Elyse Schein) 자매는 미국 뉴욕에서 태어나 한 입양기관에 맡겨졌고, 1979년 저명한 아동심리학자인 피터 노이바워(Peter Neubauer) 박사가 주도하는 실험 대상으로 선정돼 각각 다른 집에 입양되었다. 이들이 헤어지게 된 것은 환경과 유전이 일란성 쌍둥이들에게 미치는 영향을 알아보기 위한 심리학 실험 때문이었다. 하지만 1980년 뉴욕 주정부가 일란성 쌍둥이의 분리 입양을 금지하는 규정을 내놓으면서 이 실험은 중단되었고, 노이바워 박사는 비윤리적인 실험에 쏟아질 비난을 우려한 듯 예일대 자료실에 2066년까지 이 연구자료를 밀봉 상태로 보관하는 조치를 취했다고 한다.

영원히 다시 만나지 못할 것 같았던 두 자매는 프랑스 파리에 살고 있던 엘리스가 생모를 찾아 나섰다가 생모는 이미 30여 년 전에 사망했고 자신에게 일란성 쌍둥이 자매가 있었다는 사실을 알게 되면서 2004년에 감격적인 상봉을 하게 되었다.

그런데 이들은 35년 동안이나 따로 떨어져 살았지만 많은 유사성을 갖고 있었다. 두 사람 모두 고등학생 때 학교신문 편집위원으로 일했고, 대학에서 영화를 전공하였으며, 엘리스는 프랑스 파리에서 단편영화 감독 겸 작가로 활동하고 있었고, 폴라는 미국 뉴욕에서 작가로 활동하고 있었던 것이다. 35년 동안 다른 환경에서 살았지만, 두 자매는 비슷한 적성과 직업을 가지고 있었다.

일란성 쌍둥이는 태어난 생년월일시가 같고(여기서 몇 분의 차이는 무시한다), 사주팔자가 같다. 즉, 타고난 성향이 같은 것이다. 좀더 극적인 상황에서 환경의 영향으로 적성과 직업이 다르게 나타날 수도 있지만, 평균적인 상황에서는 크게 달라지지 않을 것이다. 사주팔자가 같으면 성격도 비슷하고, 결국 비슷한 삶을 살아간다는 것을 확인할 수 있는 예이다.

사주팔자의 음양오행과 육친으로 보는 성격 유형, 성격성명학의 이름으로 보는 성격 유형은 서로 비슷한 점이 있다. 다만, 사주명리학의 성격 유형이 선천적으로 타고난 것이라면, 성격성명학의 성격 유형은 후천적으로 만들어진다.

사주명리학과 성격성명학(파동성명학이라고도 한다)은 어떤 성격 유형은 좋고 어떤 성격 유형은 나쁘다고 말하지 않는다. 대신에 각각의 성격 유형이 가진 잠재력을 어떻게 발전시킬 수 있을지를 제시한다. 또한 사주명리학과 성격성명학은 누구나 선천적으로 타고나거나 후천적으로 습득하는 재능을 발견하고, 그것을 발전시켜 나가기 위한 각자의 생각과 행동들을 보여준다.

사주명리학과 성격성명학의 성격 유형은 인간적인 성장을 돕고, 사람과 사람의 관계를 돕는 도구로 활용하는 데 의미가 있다. 나는 왜 이렇게 생각하고 행동하는가, 다른 사람들은 왜 저렇게 생각하고 행동하는가, 나와 그들은 왜 이렇게 반응하는가 등의 질문에 상세하게 대답해준다. 내 안에서 일어나는 갈등 그리고 가족·친구·직장동료 사이에서 벌어지는 갈등과 애증 상태를 정확하게 진단하고 판단할 수 있도록 도와주고, 나와 주위사람들의 관계에서 서로를 이해하게 해주고 인간관계에 근본적 변화를 이끌어주며, 획기적인 삶의 행복을 가져다 줄 수 있다.

인간관계에서 나타나는 모든 문제나 갈등을 풀어 나가는 데 가장 먼저 선행되어야 할 것이 바로 성격(심리) 분석이다. 이 책은 그 중에서도 사주명리학과 성격성명학 위주의 심리 분석으로 가족문제 상담에 활용할 수 있는 내용들을 정리하였고, 1부에서는 먼저 사주명리학으로 보는 심리 분석을 다룬다. 사주명리학 성격 분석에서는 기본 이론인 음양, 오행, 육친, 신살, 격국 등을 알아야 한다. 『사주명리학 심리 분석』을 참고하면 더욱 자세한 내용을 알 수 있다.

2. 음양 분석

사람은 누구나 음양의 성격 유형을 가지고 있다. 그러나 단순하게 누구는 양의 기운이 존재하고, 누구는 음의 기운이 존재하는 것이 아니다. 양 기운만 있거나 음 기운만 있는 사람보다 음과 양의 기운이 결합되어 나타나는 사람이 많다. 그래서 사주팔자 속에 양 기운과 음 기운이 혼합되어 나타난다.

　한편 똑같은 음의 기운이라고 해도 귀문관살이 있거나, 금수(金水)가 많거나, 음팔통인 경우 등 여러 가지가 있다. 이토록 다양한 성격의 다양성을 제대로 분석해낼 수 있다면 사주명리학도 심리 분석 방법의 하나로 인정받게 것이다.

❶ 음양의 분포

음양은 오행과 더불어 사주팔자를 이루는 가장 중요한 요소이다. 사주팔자에서 양의 기운이 강한가, 반대로 음의 기운이 강한가는 다음 기준으로 판단한다.

❶ 양의 기운이 강한 사주

① 갑(甲) · 병(丙) · 무(戊) · 경(庚) · 임(壬)이 많을 때.

② 목화(木火)가 많을 때.

③ 괴강살, 백호대살, 양인살이 많을 때.

④ 사주의 오행과 육친이 편중되어 있을 때.

⑤ 띠 동물 중에서 소(丑), 호랑이(寅), 용(辰), 말(午), 원숭이(申), 개(戌)가 많을 때.

❷ 음의 기운이 강한 사주

① 을(乙)·정(丁)·기(己)·신(辛)·계(癸)가 많을 때.

② 금수(金水)가 많을 때.

③ 귀문관살이 많을 때.

④ 사주의 오행과 육친이 골고루 분포할 때.

⑤ 띠 동물 중에서 쥐(子), 토끼(卯), 뱀(巳), 양(未), 닭(酉), 돼지(亥)가 많을 때.

2 음양의 심리

양이 외향적이고 능동적이며 적극적인 성격을 띤다면, 음은 그와 반대로 내성적이고 수동적이며 소극적인 성격을 띤다.

음양의 심리 비교

음		양	
포용의 심리	감각적 심리	통솔의 심리	직선적 심리
배려의 심리	생각하는 심리	돌파의 심리	행동하는 심리
따뜻한 심리	물러나는 심리	화끈한 심리	앞장서는 심리
참모의 심리	준비형 심리	대장의 심리	실천형 심리
안정적 심리	일 지향 심리	적극적 심리	명예 지향 심리

1) 천간의 음양 비교

천간 중에서 을정기신계(乙丁己辛癸)는 음, 갑병무경임(甲丙戊庚壬)은 양이다.

천간의 음양 비교

음		양	
을정기신계(乙丁己辛癸)		갑병무경임(甲丙戊庚壬)	
수축적 심리	비밀 심리	팽창적 심리	실험적 심리
축소적 심리	내성적 심리	개방적 심리	외향적 심리
수동적 심리	소극적 심리	활동적 심리	적극적 심리

예1) 1971년 10월 9일(음) 미(未)시생

	시	일	월	연
	癸	乙	己	辛 (乾)
	未	卯	亥	亥

76	66	56	46	36	26	16	6
辛	壬	癸	甲	乙	丙	丁	戊
卯	辰	巳	午	未	申	酉	戌

위 사주는 일간이 을(乙)이므로 음의 사주이다. 사주의 주인공은 월급사장이다.

예2) 1986년 2월 27일(양) 술(戌)시생

	시	일	월	연
	庚	壬	庚	丙 (乾)
	戌	寅	寅	寅

72	62	52	42	32	22	12	2
戊	丁	丙	乙	甲	癸	壬	辛
戌	酉	申	未	午	巳	辰	卯

위 사주는 일간이 임(壬)이므로 양의 사주이다. 사주의 주인공은 현역 장교이다.

2) 오행의 음양 비교

오행 중에서 목화(木火)는 양이고, 금수(金水)는 음이다.

● **오행의 음양 비교**

음		양	
금수(金水)		목화(木火)	
은폐적 심리	인내적 심리	개방적 심리	표현적 심리
현실적 심리	내성적 심리	미래적 심리	외향적 심리
침묵적 심리	이론적 심리	희망적 심리	실천적 심리
사색적 심리	분석적 심리	조급한 심리	단순한 심리
냉소적 심리	사색적 심리	율동적 심리	사교적 심리

예1) 1957년 10월 24일(음) 인(寅)시생

시	일	월	연
庚	辛	壬	丁 (乾)
寅	酉	子	酉

72	62	52	42	32	22	12	2
甲	乙	丙	丁	戊	己	庚	辛
辰	巳	午	未	申	酉	戌	亥

위 사주는 일간이 신금(辛金)이므로 음의 사주이다. 사주의 주인공은 회사의 임원이다.

예2) 1962년 5월 4일(음) 오(午)시생

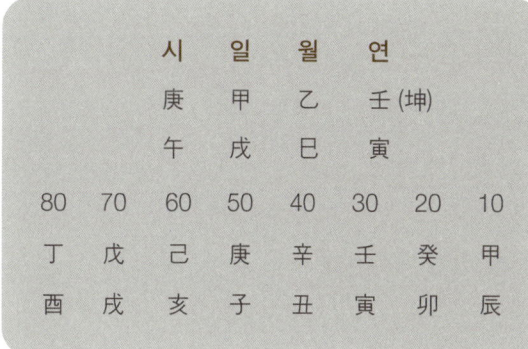

시	일	월	연
庚	甲	乙	壬 (坤)
午	戌	巳	寅

80	70	60	50	40	30	20	10
丁	戊	己	庚	辛	壬	癸	甲
酉	戌	亥	子	丑	寅	卯	辰

위 사주는 일간이 갑목(甲木)이므로 양의 사주이다. 사주의 주인공은 국제통상학 교수이다.

3) 신살의 음양 비교
사주명리학에서 자주 활용하는 신살 중에서 귀문관살은 음이고, 괴강살 · 백호대살 · 양인살은 양이다.

● **신살의 음양 비교**

음		양	
귀문관살		괴강살 · 백호대살 · 양인살	
섬세한 심리	생각하는 심리	대범한 심리	행동하는 심리
안정적 심리	수축적 심리	모험적 심리	팽창적 심리
두려운 심리	소극적 심리	실험적 심리	적극적 심리
위축감 심리	수동적 심리	자신감 심리	능동적 심리
방어적 심리	의타적 심리	리더의 심리	자만적 심리

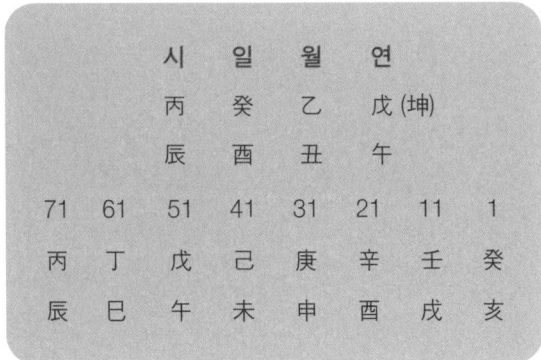

시	일	월	연
丙	癸	乙	戊 (坤)
辰	酉	丑	午

71	61	51	41	31	21	11	1
丙	丁	戊	己	庚	辛	壬	癸
辰	巳	午	未	申	酉	戌	亥

위 사주는 연지와 월지에 오축(午丑) 귀문관살이 있으므로 음의 사주이다. 사주의 주인공은 개그우먼 박경림이다.

예2) 1950년 12월 15일(음) 진(辰)시생

시	일	월	연
甲	壬	己	庚 (乾)
辰	戌	丑	寅

75	65	55	45	35	25	15	5
丁	丙	乙	甲	癸	壬	辛	庚
酉	申	未	午	巳	辰	卯	寅

위 사주는 연월일시가 괴강살·백호대살·양인살로 이루어져 있으므로 양의 사주이다. 사주의 주인공은 수의학 박사 황우석이다.

3. 오행 분석

오행으로는 사주 주인공의 성격 유형, 직업 적성, 건강 등을 판단한다. 사주팔자에서 각각의 오행이 얼마나 작용하는지 알기 위해서 오행의 점수를 계산하여 발달과 과다로 분류한다. 말하자면 사주팔자의 오행을 점수화하여 일정한 기준에 해당하면 발달 또는 과다로 판단하는데, 기후와 기온 차이를 반영하는 월지와 시지 분석을 주의한다. 자세한 내용은 『사주명리학 심리 분석』을 참조한다.

1 성격 · 직업 적성

❶ 오행의 긍정적 특성이 나타나는 경우

① 오행 점수가 30~40점으로 발달일 때. 간지가 갑인(甲寅)처럼 같은 오행이면 점수가 20점이라도 발달로 본다. 그리고 점수가 많을수록 오행의 작용력이 크다.

② 일간 오행마다 그 오행의 장점이 나타난다. 목(木) 일간은 목(木) 성격의 장점, 화(火) 일간은 화(火) 성격의 장점 등이 나타난다. 다른 오행 역시 마찬가지다.

POINT

오행의 긍정적 특성과 부정적 특성

오행 발달이거나 일간 오행일 때 성격 · 직업 적성 · 건강 등에 긍정적 특성이 나타나고, 오행이 고립 · 과다 · 무존재일 때 부정적 특성이 나타난다.

예1) 1972년 1월 22일(음) 인(寅)시생

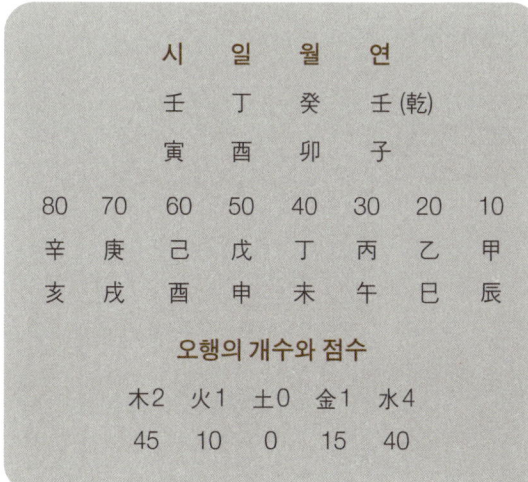

시	일	월	연
壬	丁	癸	壬(乾)
寅	酉	卯	子

80	70	60	50	40	30	20	10
辛	庚	己	戊	丁	丙	乙	甲
亥	戌	酉	申	未	午	巳	辰

오행의 개수와 점수

木2	火1	土0	金1	水4
45	10	0	15	40

위 사주는 영화배우 장동건의 사주로, 오행 중에서 목(木) 점수가 45점으로 발달하였다.

예2) 1972년 8월 29일(음) 미(未)시생

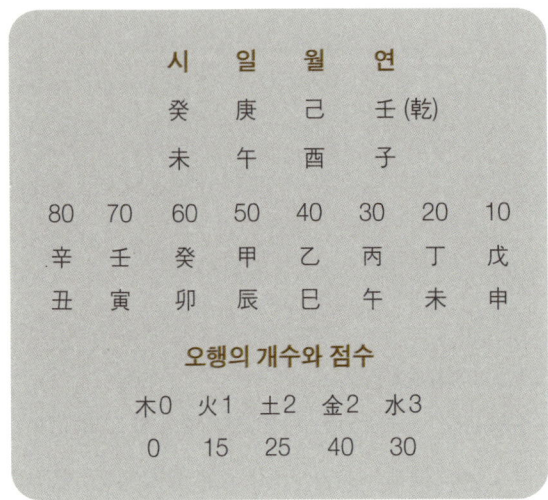

시	일	월	연
癸	庚	己	壬(乾)
未	午	酉	子

80	70	60	50	40	30	20	10
辛	壬	癸	甲	乙	丙	丁	戊
丑	寅	卯	辰	巳	午	未	申

오행의 개수와 점수

木0	火1	土2	金2	水3
0	15	25	40	30

위 사주의 주인공은 영화배우 고소영으로, 경금(庚金) 일간이므로 금(金)의 긍정적 성향이 나타날 가능성이 크다.

❷ 오행의 부정적 특성이 나타나는 경우

① 오행이 고립될 때.

② 오행이 과다할 때. 특히 오행이 110점에 가까울수록 그 오행의 부정적 작용이 강하게 나타난다.

③ 오행이 무존재일 때(없을 때).

④ 위에서처럼 오행이 고립되어 있거나, 존재하지 않거나, 과다하면 부정적인 성격과 직업 적성 등이 나타날 수 있다. 특히 스트레스가 심하거나 분리불안장애가 있는 사람은 사주에 없는 오행, 고립된 오행, 과다한 오행에게 강하게 집착하고, 그로 인한 갈등, 다툼, 왕따 등의 어려움을 겪을 수 있다.

2 육체적 · 정신적 건강

❶ 오행의 긍정적 특성이 나타나는 경우

① 오행이 발달일 때.

② 일간 오행별로 그 오행의 육체적 · 정신적 건강이 긍정적으로 나타난다. 예를 들어 일간 오행이 목(木)이면 목(木)의 육체적 · 정신적 건강이 긍정적으로 나타난다. 다른 오행 역시 마찬가지다.

③ 오행이 과다하면 상황에 따라 긍정적 · 부정적 현상이 모두 나타날 수 있는데, 오행 점수가 110점 이하에서 50점에 가까울수록 긍정적인 작용이 강하다.

④ 위에서처럼 오행이 발달하거나, 일간 오행이거나, 적당한 과다(지나친 과다는 제외)이면 육체적으로나 정신적으로 매우 건강하다고 본다.

❷ 오행의 부정적 특성이 나타나는 경우

① 오행이 고립될 때.

② 오행이 과다할 때. 오행이 많으면 많을수록(110점에 가까울수록) 부정적 작용이 강하다.

③ 오행이 무존재일 때.

④ 고립된 오행이나 과다한 오행 그리고 사주에 없는 오행에 집착하면 육체적 · 정신적 건강에 부정적인 작용이 나타나게 된다. 특히 스트레스가 심하거나 분리불안장애를 겪은 사람은 고립된 오행, 과다한 오행, 없는 오행에 더욱 집착하기 쉽다.

예) 1970년 8월 27일(음) 자(子)시생

시	일	월	연
丙	庚	乙	庚 (乾)
子	戌	酉	戌

74	64	54	44	34	24	14	4
癸	壬	辛	庚	己	戊	丁	丙
巳	辰	卯	寅	丑	子	亥	戌

오행의 개수와 점수

木1	火1	土2	金3	水1
10	10	25	50	15

위 사주는 월간 을목(乙木)이 고립된 상태에서 2009년 기축(己丑)년에 더 강하게 고립되니 간 질환으로 병원신세를 지게 되었다. 개그맨 박명수의 사주이다.

❸ 오행의 속성

❶ 오행의 속성

① 목(木) : 배려, 자상, 의욕, 의지, 성장, 약진, 발육, 자유.

② 화(火) : 예의, 명랑, 열정, 표현, 꾸밈, 모험, 행동, 활발.

③ 토(土) : 신용, 믿음, 여유, 번성, 은근, 끈기, 고집, 포용, 수용.

④ 금(金) : 의리, 완벽, 계획, 구조, 단계, 정리, 정돈, 구분, 추진, 판단.

⑤ 수(水) : 생각, 저장, 지식, 변화, 지혜, 계획, 정리, 정신, 탐구, 적응.

❷ 오행의 장점과 단점

오행마다 장점과 단점을 모두 가지고 있다. 오행이 발달하면 장점이 나타나고, 오행이 없거나 지나치게 많으면 단점이 나타난다.

POINT

오행의 속성

목(木)은 성장 · 자유 · 배려,
화(火)는 열정 · 행동 · 감각,
토(土)는 신뢰 · 끈기 · 포용,
금(金)은 계획 · 완벽 · 원칙,
수(水)는 생각 · 지혜 · 유연
함이다.

오행별 장점과 단점

오행	장점	단점
木	인정이 있다 창조적이다 이지적이다 명예를 존중한다 신중하다 경청한다 중용을 지킨다 집중력이 강하다 활동적이다 사교적이다	담력이 부족하다 끈기가 부족하다 이상에 치우친다 동정심에 이끌린다 판단력이 부족하다 추진력이 부족하다 정신력이 약하다 지나치게 신중하다 일과 사람을 분리하지 못한다 집념이 부족하다
火	적극적이다 배짱이 있다 감각적이다 결단력이 있다 창조적이다 개혁적이고 혁명적이다 현실적이다 자유를 중시한다 강한 근성이 있다	경솔하고 성급하다 즉흥적이다 끝맺음이 약하다 탐욕스럽다 집착이 강하다 타인을 무시한다 일을 중시한다 생각이 짧다 감정적이다
土	억제할 줄 안다 솔선수범한다 통제력이 있다 사명감이 있다 지구력이 있다 투지와 집념이 있다 패기만만하다 주관이 뚜렷하다 책임감이 있다 성실하다	고집이 세다 융통성이 부족하다 독선적이다 자존심이 세다 편협하다 아집이 있다 의욕이 지나치다 독재적이다 분열적이다 권력지향적이다
金	이지적이다 원리원칙을 중시한다	아집이 강하다 편협하다

오행	장점	단점
金	정확하다 의리가 있다 신중하다 절제력이 있다 예리하다 구조화를 잘한다 물질적이다 실리적이다	융통성이 부족하다 이해력이 부족하다 타인에 대한 배려가 부족하다 독선적이다 자만심이 있다 타인과 융화가 부족하다 자존심과 집착이 강하다 자기만의 생각을 고집한다
水	자신을 억제할 줄 안다 배려심이 있다 이해력이 높다 판단력이 있다 신중하다 감각적이다 생각이 깊다 이지적이다 상담을 잘한다 참모 역할을 잘 한다	배타적이다 이상을 추구한다 주관이 강하다 우유부단하다 결단력이 부족하다 추진력이 부족하다 사교성이 부족하다 담력이 부족하다 현실감이 부족하다 끈기가 부족하다

오행이 발달하면 장점이 나타나고

오행이 없거나 너무 많으면 단점이 나타난다

❸ 오행별 성향과 뇌 기능

오행 중에서 금(金)과 수(水)는 사람의 좌뇌 기능과 비슷하고, 목(木)과 화(火)는 우뇌 기능과 비슷하다.

● **오행별 성향과 뇌 기능**

좌뇌 기능		우뇌 기능	
분석적	사실적	종합적	창조적
현실적	구조적	유동적	자발적
확진적	직선적	직관적	정서적
연속적	언어적	확산적	상징적
구체적	합리적	비언어적	예술적
실천적	목적지향적	시각적	일시적
지성적	논리적	감성적	추상적
객관적	확실적	주관적	불확실적
추리적	수학적	공간적	표현적
선택적	자체적	감정적	자유적
계획적	귀납적	연역적	행동적
금(金)과 수(水) : 좌뇌 오행		목(木)과 화(火) : 우뇌 오행	

④ 오행의 심리와 증후군

오행은 사주명리학의 기초로서 대부분의 사주명리학 이론이 오행을 바탕으로 한다. 하지만 용신 위주의 이론들에 밀려서 오행이 제 역할을 다하지 못하고 있다. 여기서는 사주팔자에 있는 오행을 찾아서 사주 주인공의 성격 등 심리적 특성을 분석하고, 스트레스나 분리불안장애가 나타날 때 발생하는 여러 가지 증후군을 설명한다.

목(木)

❶ 목(木) 일간이나 목(木) 발달의 심리

자유적, 성장적, 명예지향적, 의지적, 대기만성, 인간 지향.

❷ 목(木)의 무존재 또는 고립의 심리

- **성격** : 꼼꼼함, 섬세함, 자포자기.
- **증후군** : 방종, 인격장애, 다중인격.

❸ 목(木) 과다의 심리

- **성격** : 과다한 명예욕, 독립적, 자유적, 섬세함 거부, 비교 거부, 간섭 거부, 자기중심적, 자신감 충만, 자신감 과다.
- **증후군** : 의존적, 집착적, 사고 분열, 정서 산만, 강박증, 결벽증, 열등감, 행복 공포증.

화(火)

❶ 화(火) 일간이나 화(火) 발달의 심리

열성적, 표현적, 예술적, 감각적, 적극적, 감수성 발달, 감각 발달.

❷ 화(火)의 무존재 또는 고립의 심리

- **성격** : 안정적, 섬세함, 저장적, 생각적, 감정표현 부족, 자신의 생각을 감춤.
- **증후군** : 결벽증, 무기력증, 빙의, 정신분열, 건강염려증.

❸ 화(火) 과다의 심리

- **성격** : 열정적, 행동적, 활동적, 모험적, 다혈질.
- **증후군** : 과민성, 신경성, 정신분열, 알레르기, 결벽성, 가르시아 효과, 신데렐라 콤플렉스.

토(土)

❶ 토(土) 일간이나 토(土) 발달의 심리

신뢰, 포용력, 중용, 은근, 끈기, 겸손, 중후함, 중재, 수용.

❷ 토(土)의 무존재 또는 고립의 심리

- **성격** : 자기중심적, 관계성 부족, 사람을 가려 사귐, 융통성 부족.
- **증후군** : 경계성 심리, 조울증, 과대피해망상, 방종.

❸ 토(土) 과다의 심리

- **성격** : 고집 태과, 자신의 의지 강조, 비밀을 담아둠, 성격의 기복, 다중인격, 자기중심적, 이기적, 계산적, 손해 보기 싫어함.
- **증후군** : 다중인격증후군, 공동체생활 부적응, 정신분열, 폐소공포심리, 도덕성 결여.

금(金)

❶ 금(金) 일간이나 금(金) 발달의 심리

완벽함, 계획성, 단계적, 원칙적, 결단성, 마무리, 직접 확인, 사실적, 절제력.

❷ 금(金)의 무존재 또는 고립의 심리

- **성격** : 산만함, 상황에 순응, 환경에 적응, 상대를 배려, 자기 주장이 약함, 이중적.
- **증후군** : 정신이 산만, 정신분열, 자기통제 부족.

❸ 금(金) 과다의 심리

- **성격** : 냉철함, 완벽주의, 고집불통, 깔끔함, 날카로움, 강한 정신력, 비판적, 적극적, 의리, 소신, 자기중심적, 순발력 부족, 유연성 부족, 냉정함, 비관적.
- **증후군** : 억압에 대한 공격적 심리, 자폐적, 사이코패스, 결벽증, 만능인 콤플렉스.

수(水)

❶ 수(水) 일간이나 수(水) 발달의 심리

총명함, 지혜로움, 유연성, 이해심, 융통성, 순발력, 포용력, 사색적, 신중함.

❷ 수(水)의 무존재 또는 고립의 심리

- **성격** : 단순함, 건망증, 무대포 기질, 암기력 부족, 섬세함 부족.
- **증후군** : 건망증, 산만함, 계모왕비 콤플렉스.

❸ 수(水) 과다의 심리

- **성격** : 걱정, 신중함, 예민함, 두뇌회전 빠름, 권모술수, 자신감 부족, 과도한 욕망, 일확천금

의 욕망.

- **증후군** : 지적 콤플렉스, 열등 콤플렉스, 파랑새 콤플렉스, 과대망상, 정신착란, 다중인격, 인
격장애, 조울증, 자폐증, 중독(마약 · 음주 · 도박 · 주식).

4. 천간 분석

1 천간의 심리

천간의 성격은 일간일 때 가장 강하게 나타나고, 많을수록 작용이 강하게 나타
난다.

POINT

갑목의 심리

미래지향적 · 희망적이고,
항상 발전 가능성에 관심을
둔다.

1) 갑목(甲木)

나무는 하늘을 향해 곧게 뻗어 오른다. 갑목(甲木)은 바로 이런 나무와 같이 자유
롭고 싶어하고, 독립하려고 하며, 새로운 시작을 추구하고, 앞장서려는 기질이 강
하고 우두머리를 추구하며, 누군가로부터 구속받는 것을 싫어한다. 또한 활동적
이고 적극적이며, 스케일이 크다. 미래지향적이고 희망적이며, 발전 가능성에 늘
관심을 둔다. 지혜롭고 현명하며, 인자하고 성실한 리더로서 고집도 세고 자존심

도 강하며, 옳지 않거나 인간적이지 않거나 자신의 자유를 구속하는 경우에는 반항적으로 변한다.

그러나 타인에 대한 무한한 사랑과 배려가 있지만, 자신을 지나치게 노출하는 경우가 있어서 상대로부터 공격을 당하기도 하고, 간혹 자신의 뜻대로 되지 않을 때는 허탈해하거나 고독해한다.

예) 1962년 5월 4일(음) 오(午)시생

시	일	월	연
庚	甲	乙	壬 (坤)
午	戊	巳	寅

80	70	60	50	40	30	20	10
丁	戊	己	庚	辛	壬	癸	甲
酉	戌	亥	子	丑	寅	卯	辰

위 사주는 일간이 갑목(甲木)이고, 사주의 주인공은 국제관계학 박사이다.

2) 을목(乙木)

겉보기에는 유약해 보이지만, 자신이 하고 싶은 일에 전념하고 이끌어 나가는 것은 따를 사람이 없다. 현실적인 안목이 탁월하고 실리에 밝고 현실에 충실하며, 유연하게 대처하는 부드러움이나 융통성이 있고, 화려하지 않은 정제된 꾸밈을 좋아한다. 외적인 부분보다는 내적인 면이 강한 편이며, 인정이 있고 부드러운 성품을 가지고 있으며, 인자하고 쾌활하며 대화하기를 좋아하는 사람으로서 주위사람에게 환영받는다.

어떤 일이든 무리를 잘하지 않는 편이지만, 사주에 을목(乙木)이 너무 많거나 어릴 적 분리불안장애를 겪은 사람 또는 스트레스가 심한 사람은 사치스럽거나 의타심이 매우 강하고, 애인이나 배우자나 부모에게 의지하려는 기질이 강하며, 고집이 세고 타인의 말을 잘 듣지 않고 잘 토라지며, 변덕이 심하고 집착이 강하다.

예) 1942년 12월 22일(음) 오(午)시생

시	일	월	연
壬	乙	癸	壬 (坤)
午	酉	丑	午

77	67	57	47	37	27	17	7
乙	丙	丁	戊	己	庚	辛	壬
巳	午	未	申	酉	戌	亥	子

위 사주의 일간은 을목(乙木)이고, 사주의 주인공은 드라마작가 김수현이다.

3) 병화(丙火)

화려하고 밝고 명랑하며, 솔직하고 담백하며 감정이 겉으로 드러나는 타입이다. 수단이 좋고 예의바르며, 화술이 뛰어나고 대인관계가 뛰어나다. 간혹 자신의 감정을 지나치게 드러내서 말로 인한 구설이 따르기도 하며, 성격이 급하고 허풍을 떨거나 과장을 하거나 남의 비밀을 발설하는 등 말실수가 따르기도 한다.

그런가 하면 고집이 세고 감정 변화가 심하여 일방적으로 행동할 수도 있다. 대외적인 명분과 자존감을 중요시하고, 단순하고 명확하며, 화끈하며 활발하고 현실 적응력이 뛰어나다. 매사에 정열적이고, 언어능력이 뛰어나다.

예) 1955년 12월 8일(음) 미(未)시생

시	일	월	연
乙	丙	己	乙 (乾)
未	戌	丑	未

75	65	55	45	35	25	15	5
辛	壬	癸	甲	乙	丙	丁	戊
巳	午	未	申	酉	戌	亥	子

위 사주의 일간은 병화(丙火)이고, 사주의 주인공은 법원장이다.

4) 정화(丁火)

온화하고 다정다감하며, 예의바르고, 현실적이고 선견지명이 뛰어나다. 겉보기에는 유약하지만, 내적으로는 강한 의지와 끈기가 있는 사람이다. 새로운 일이나 창조에 관심이 많고, 매사에 은근한 진취성과 실속이 있다. 인간적이고 배려하는 타입이면서 한편으로는 수다스럽기도 하고 명랑하다. 그러나 내면에는 외로움과 근심을 가지고 있고, 염세적인 면도 있다. 순수하고 밝고 부드러운 인상이지만, 승부욕도 강하고 적극적이고 진취적인 면도 강하다. 첫인상은 부드럽고 온화한 반면 매우 강한 돌파력과 추진력 그리고 자기보호본능이 있다.

POINT

정화
부드럽고 온화하면서도 매우 강한 돌파력과 추진력 그리고 자기보호본능이 있다.

예) 1952년 5월 19일(음) 인(寅)시생

시	일	월	연
壬	丁	丁	壬 (乾)
寅	巳	未	辰

80	70	60	50	40	30	20	10
乙	甲	癸	壬	辛	庚	己	戊
卯	寅	丑	子	亥	戌	酉	申

위 사주의 일간은 정화(丁火)이고, 사주의 주인공은 전 국무총리 이해찬이다.

5) 무토(戊土)

인품이 중후하고 포용력과 신뢰성이 있으며 대범하면서도 관대하고, 사람과 사람 사이에서 중재 역할을 함으로써 구심점이 되는 경우가 많다. 느긋하고 여유가 있으며, 선비나 학자 같은 성품이지만 복잡한 상황이나 스트레스 상황이 되면 회피하거나 게을러질 때가 많다. 대인관계에서 남의 일에 잘 끼어들기도 하지만, 상황이 꼬

이면 금세 회피하기도 한다. 한번 하겠다고 마음먹으면 밀고 나가는 것도 잘하고, 고집이 세고 적극적이다. 느긋하고 여유로운 모습이 자칫 우유부단해 보이거나 줏대가 없어 보이기도 한다. 또한 쉽게 토라지거나 꽁하기도 하고 쉽게 풀어지기도 한다.

예) 1959년 8월 11일(음) 오(午)시생

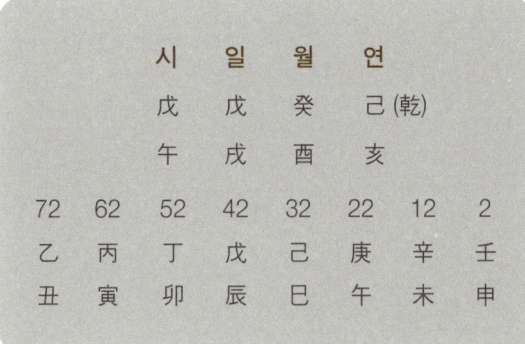

시	일	월	연
戊	戊	癸	己 (乾)
午	戌	酉	亥

72	62	52	42	32	22	12	2
乙	丙	丁	戊	己	庚	辛	壬
丑	寅	卯	辰	巳	午	未	申

위 사주의 일간은 무토(戊土)이고, 사주의 주인공은 음악평론가 임진모이다.

6) 기토(己土)

포용력이 있고 사교적이며, 순수해 보이고 부드러운 성품이다. 대인관계가 원만해 적을 만들지 않지만, 사물을 보는 시야가 좁고 겉으로 드러내지 않는 능글맞은 생각을 가지고 있으며, 실속이 있고 예감이 빠르다. 의심이 많고 매사에 예민하고 겉으로 드러나지 않은 까다로운 면이 있다. 기록하고 보존하는 장점을 가지고 있으며, 작은 일에 집착하여 큰 일을 그르치는 경우도 있다.

POINT

기토

사교적이고 인간관계가 뛰어나며, 실속이 있고 의심이 많다.

예) 1951년 10월 27일(음) 축(丑)시생

시	일	월	연
乙	己	己	辛 (乾)
丑	巳	亥	卯

76	66	56	46	36	26	16	6
辛	壬	癸	甲	乙	丙	丁	戊
卯	辰	巳	午	未	申	酉	戌

위 사주의 일간은 기토(己土)이고, 사주의 주인공은 한나라당 대표의원 정몽준이다.

7) 경금(庚金)

POINT

경금
결단력이 있고 완벽주의 성향이 있으며, 좋고 싫음이 분명하다.

결단력이 있고, 완벽주의 성향이 있어서 자신이 정해놓은 규칙에 따라 스스로 일을 찾아 계획적으로 밀고 나간다. 의리를 중시하고, 한번 하고자 하면 신속하게 처리하며, 맺고 끊는 것이 정확하고, 좋고 싫음이 분명하다. 자신의 뜻대로 이루어지지 않거나 계획이 어긋날 때는 흥분하거나 화를 내며 자책한다.

매사에 완벽과 완전을 추구하기 때문에 어떤 일을 맡기면 철저하게 끝맺음을 하지만, 지나치게 단계적이고, 복잡한 일이나 다양한 일은 감당하지 못해 시기를 놓치기도 한다. 주관이 강하고 원칙을 내세우며, 자신이 세운 원칙에 대해 강압적이고 냉철하고 냉정한 편이고, 자기 자신을 완벽하게 구속하는 타입이다. 어떤 상황이든 끝장을 보려 하기 때문에 인간관계에서 좋고 싫음이 명확하고, 대인관계가 넓지 못하다.

예) 1967년 10월 1일(음) 인(寅)시생

시	일	월	연
戊	庚	庚	丁 (乾)
寅	午	戌	未

78	68	58	48	38	28	18	8
壬	癸	甲	乙	丙	丁	戊	己
寅	卯	辰	巳	午	未	申	酉

위 사주는 일간이 경금(庚金)이고, 사주의 주인공은 개그맨 김경식이다.

8) 신금(辛金)

냉철하고 냉정하며 깨끗하고 올곧은 성품으로, 겉으로는 부드러운 모습이지만 속으로는 곧고 단호하게 밀고 나가는 타입이다. 섬세하면서 지혜롭고 현명하며, 냉정하면서 이기적이고 고집스럽고 자만심이 강하고 까다롭다. 대인관계나 인간관계에서 잘 믿지 못하고, 자신이 하고자 하면 끝까지 노력하고, 한번 믿었던 사람은 끝까지 믿고 맡긴다. 겸손한 듯하고 부드러운 듯하고 섬세한 듯하면서도 냉정함이나 엄격함이 있고, 어떤 일이든 자신이 하는 일에 성과가 있기를 바라고 화려하게 보여주길 바란다.

POINT

신금

냉정하면서도 올곧고, 부드러워 보이지만 단호하게 밀고 나간다.

예) 1980년 3월 29일(양) 묘(卯)시생

시	일	월	연
辛	辛	己	庚 (坤)
卯	丑	卯	申

78	68	58	48	38	28	18	8
辛	壬	癸	甲	乙	丙	丁	戊
未	申	酉	戌	亥	子	丑	寅

위 사주의 일간은 신금(辛金)이고, 사주의 주인공은 탤런트 김태희다.

9) 임수(壬水)

자신감 있고 창조적이며, 총명함과 지혜가 뛰어나고, 매사에 적극적이고 앞서 나가고 싶어하며 과욕이 있다. 항상 변화하고 움직임을 꿈꾸고 있으므로 한 가지 생각에 머물러 있지 않는다. 자신의 아픔을 잘 드러내지 않기 때문에 상대방에게 오해나 의심을 받기도 하며, 법과 도덕을 무시하고 자신의 뜻대로 밀고 나가려는 저돌적인 성향이 있으며, 간혹 엉뚱한 욕심을 부려 무모한 도전이나 투기를 하기도 한다. 새로운 것에 대한 탐구정신이 강하고, 언제나 생각과 마음이

POINT

임수

총명하고 지혜로우며, 탐구정신이 강하고, 앞서 나가고 싶어한다.

변할 수도 있다. 암기력과 정보수집 능력이 뛰어나다. 비상한 머리로 사람을 현혹시키기도 한다.

예) 1971년 12월 13일(양) 진(辰)시생

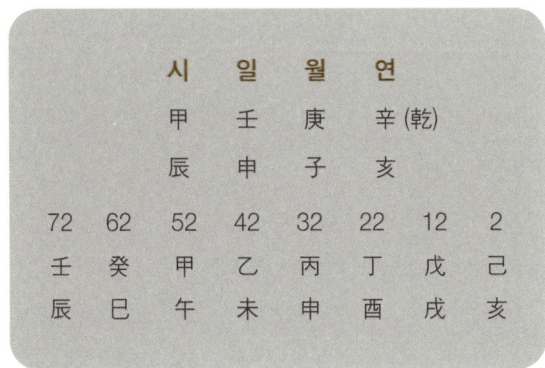

시	일	월	연
甲	壬	庚	辛 (乾)
辰	申	子	亥

72	62	52	42	32	22	12	2
壬	癸	甲	乙	丙	丁	戊	己
辰	巳	午	未	申	酉	戌	亥

위 사주의 일간은 임수(壬水)이고, 사주의 주인공은 가수이자 연예기획사 대표인 박진영이다.

10) 계수(癸水)

온화하고 다정하며, 마음이 여리고, 총명하고 지혜롭고, 지식과 정보를 수집하며, 자신과 가족을 지키기 위해 노력한다. 섬세하고 조용하며, 상대방에 대한 배려도 많고 상대를 읽는 능력도 뛰어나며, 주위와 조화를 맞추기 위해 자신을 희생하기도 한다. 암기력과 응용력이 있고 수리능력이 뛰어나다.

　다만, 자신이나 가족이 위험에 빠지면 냉정하고 잔인하게 돌변하며, 분노하고 폭발하는 성격도 있다. 결정적인 순간에 손해 보는 일은 잘하지 않고, 이기적인 면이 있어서 타인으로부터 욕을 먹기도 한다.

POINT

계수

섬세하고 조용하며, 배려심이 있고, 상대방을 파악하는 능력이 뛰어나다.

예) 1953년 2월 29일(음) 진(辰)시생

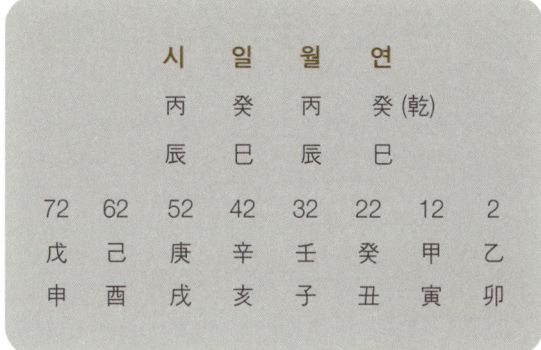

시	일	월	연
丙	癸	丙	癸 (乾)
辰	巳	辰	巳

72	62	52	42	32	22	12	2
戊	己	庚	辛	壬	癸	甲	乙
申	酉	戌	亥	子	丑	寅	卯

위 사주의 일간은 계수(癸水)이고, 사주의 주인공은 대법관이다.

2 천간의 장점과 단점

10개의 천간은 각각 장점과 단점을 모두 가지고 있다. 장점만 있는 천간, 단점만 있는 천간은 없다. 각자 가신이 가진 장점을 적극 활용하고 단점은 보완하는 지혜를 발휘해야 한다.

천간	장점	단점
갑목	인정이 있고 자상하다 리더십이 강하고 진취적이다 타인의 입장을 생각하고 배려한다 예의바르고 타협적이다 부드럽고 설득력이 있다	자기 주장을 굽히지 않는다 고지식하고 융통성이 없다 마음을 쉽게 드러내지 않는다 좋아하는 사람을 지나치게 신뢰한다 자기 세계가 너무 뚜렷하고 고집이 세다
을목	주변과 협동하고 화합하고자 한다 부드럽고 섬세하다 끈기가 강하고 인내력이 있다 순간적 재치가 뛰어나다 분위기에 잘 적응하고 겸손하다	의존적이고 집착이 심하다 고집 세고 까다롭고 신경이 예민하다 무슨 생각을 하는지 알기 어렵다 환경에 따라 변화하고 즉흥적이다 질투심이 강하고 주위 반응에 민감하다
병화	예의바르고 활발하다 명랑하고 표현력이 뛰어나다 적극적이고 막힘이 없다 대인관계가 좋고 인간적이다 하고 싶은 것을 시원스럽게 추진한다	다혈질로 흥분을 잘한다 환경에 따라 절제력이 떨어진다 허례허식이나 사치심이 있다 주변을 의식하지 않고 마음대로 행동한다 자기 주장이 강하고 성급하게 서두른다
정화	성품이 온화하고 부드럽다 섬세하며 세심하게 배려한다 따뜻하고 자신을 절제할 줄 안다 은근한 끈기와 열정이 있다 주변 환경을 배려하며 자기 관리를 잘한다	우유부단하고 의지력이 약하다 자기 감정을 표현하지 못한다 가슴 속에 감추어진 무언가가 있다 겉으로 안 보이는 자기보호본능이 강하다 결정적 순간에 뒤로 물러서고 포기한다
무토	은근하고 듬직하다 믿음직하고 신뢰할 수 있다 인품이 중후하고 포용력이 있다 대인관계가 원만하고 온화한 성품이다 하고 싶은 일을 끈기 있게 밀고 나간다	고집이 너무 세다 자기 생각에 대해 집착이 강하다 너무 느긋하고 게으르기까지 하다 융통성이 부족하고 관계에 집착한다 한꺼번에 몰아치기를 하는 경우가 많다
기토	섬세하고 다정다감하다 자기관리능력이 뛰어나고 치밀하다 치밀하고 꼼꼼하여 정리정돈을 잘한다 주관이 뚜렷하다 잘 표현하지 않으면서 대인관계가 뛰어나다	쉽게 토라지고 마음의 상처를 잘 받는다 질투심이 강하고 이기적이며 욕심이 많다 속마음에 무엇이 있는지 알 수 없다 감정 변화가 심하고 자기 감정을 우선한다 손해를 보지 않으려는 이기심이 강하다

천간	장점	단점
경금	완벽주의 기질과 결단력이 있다 계획적이고 끈기가 강하다 정의감이 강하고 자기 일을 완수한다 한번 맡은 일은 반드시 책임진다 머리가 총명하고 기억력이 탁월하다	자기가 생각한 것을 고집하고 독선적이다 결벽증이 있어 자기 스스로 피곤해한다 까다롭고 사람을 가려 사귄다 한번 아니라고 생각하면 물불을 안 가린다 타인이 자신의 규칙대로 움직이길 바란다
신금	분석적이며 냉철하게 판단한다 한번 결정한 것은 끝까지 밀고 나간다 논리정연하고 언변이 뛰어나다 자기관리능력이 뛰어나며 실수가 없다 머리가 뛰어나고 침착하게 처리한다	자신이 생각한대로 끌어 나간다 예민하고 까다롭다 주관적이고 타협이 없다 욕심이 많고 이기적이며 지기 싫어한다 냉소적이며 냉정하고 잔소리가 많다
임수	지혜롭고 총명하다 순간적 판단력과 적응력이 탁월하다 정보수집능력이 뛰어나고 숫자감각이 있다 머리회전이 빠르고 기획력이 있고 대범하다 대인관계가 뛰어나고 친화적이다	권모술수가 뛰어나고 모사에 능하다 참을성이 부족하고 변덕이 심하다 허세가 심하며 일확천금을 꿈꾼다 너무 이기적이고 자기 중심적이다 급하고 끈기가 부족하다
계수	부드럽고 배려적이며 적응력이 뛰어나다 섬세하고 온화한 성품이다 수리능력이 뛰어나다 합리적이고 현실적이다 자기 감정을 조절하고 환경에 적응한다	감정 기복이 심하고 예민하다 일확천금의 꿈이 강하다 이중적인 마음으로 속마음을 알기 어렵다 손해 보는 일을 안 하고 자기 중심적이다 예민한 성격이고 의지력이 약하다

5. 신살 분석

신살 중에서도 양적인 성향을 가진 신살과 음적인 성향을 가진 신살이 있다.

❶ 귀문관살

진해(辰亥), 자유(子酉), 미인(未寅), 사술(巳戌), 오축(午丑), 묘신(卯申) 등으로, 성격이 안정적이며 예민하고 생각하는 타입으로 음적인 성향이다.

예1) 1971년 12월 13일(양) 진(辰)시생

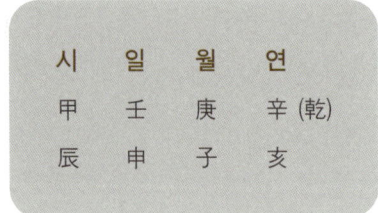

시	일	월	연
甲	壬	庚	辛 (乾)
辰	申	子	亥

위 사주의 주인공은 가수이자 연예기획사 대표인 박진영이다. 시지 진(辰)과 연
지 해(亥)가 귀문관살이다.

예2) 1966년 6월 12일(양) 축(丑)시생

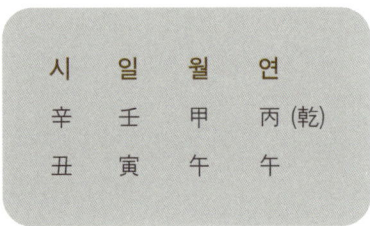

시	일	월	연
辛	壬	甲	丙 (乾)
丑	寅	午	午

위 사주의 주인공은 변호사이다. 시지 축(丑), 월지와 연지 오(午)가 귀문관살이다.

예3) 1955년 7월 25일(음) 자(子)시생

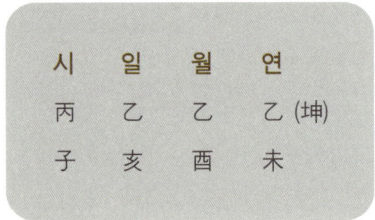

시	일	월	연
丙	乙	乙	乙 (坤)
子	亥	酉	未

위 사주의 주인공은 전 국회의원 홍미영이다. 시지 자(子)와 월지 유(酉)가 귀문
관살이다.

❷ 괴강살 · 백호대살 · 양인살

① 괴강살 : 무진(戊辰), 무술(戊戌), 경진(庚辰), 경술(庚戌), 임진(壬辰), 임술(壬戌).

② 백호대살 : 갑진(甲辰), 을미(乙未), 병술(丙戌), 정축(丁丑), 무진(戊辰), 임술(壬戌), 계축(癸丑).

③ 양인살 : 병오(丙午), 무오(戊午), 임자(壬子).

④ 세 가지 모두 고집이 세고, 지기 싫어하며, 배짱이 있는 성격으로 양적인 성향이다.

예1) 1970년 3월 31일(양) 오(午)시생

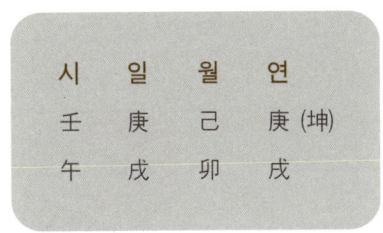

위 사주의 주인공은 아나운서 오유경으로 연주와 일주의 경술(庚戌)이 괴강살이다.

예2) 1950년 12월 15일(음) 진(辰)시생

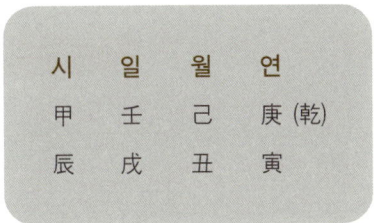

위 사주의 주인공은 수의학 박사 황우석으로, 시주 갑진(甲辰)은 백호대살, 일주 임술(壬戌)은 괴강살과 백호대살이다.

예3) 1960년 8월 1일(음) 묘(卯)시생

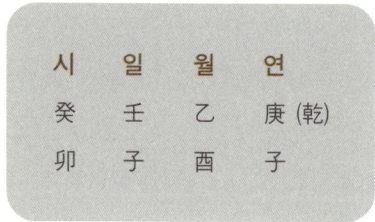

시	일	월	연
癸	壬	乙	庚 (乾)
卯	子	酉	子

위 사주의 주인공은 방송인 이경규로, 일주 임자(壬子)가 양인살이다.

6. 육친 분석

1 육친의 분포

사주팔자의 육친 또한 성격 유형을 판단하는 중요한 요소이다. 육친 분포에 따라 긍정적 특성이 나타나기도 하고, 반대로 부정적 특성이 나타나기도 한다.

❶ 육친의 긍정적 특성이 나타나는 경우

① 육친이 발달했을 때.

② 육친이 과다할 때.

③ 육친 점수가 30~40점이면 발달로 본다. 단, 20점이라도 천간에서 지지로 이어지는 경우, 50점이라도 상대편 점수가 높아서 힘이 있으면 발달로 본다. 이렇게 육친이 발달하면 그 육친의 장점이 나타난다고 본다.

❷ 육친의 부정적 특성이 나타나는 경우

① 육친이 무존재일 때.

② 육친이 고립될 때.

③ 육친이 과다할 때.

④ 사주에 없거나(무존재) 고립된 육친에 집착하면 그 육친의 부정적인 특성이 나타나게 된다. 특정 육친이 집중적으로 분포하여 점수가 많은 것을 과다라고 하는데, 과다가 심해질수록 그 육친에 집착하게 되고 그로 인한 문제가 발생하게 된다. 특히 스트레스가 심한 사람이나 분리불안장애를 겪은 사람은 부정적 특성이 좀더 강하게 나타난다.

2 육친의 심리

오행이나 천간과 마찬가지로 각각의 육친 또한 장점과 단점을 모두 가지고 있다. 10개의 육친 중에서 어떤 육친은 좋고 어떤 육친은 나쁜 것이 아니다. 특정 육친이 고르게 분포하면 그 육친의 장점이 나타나기 쉽고, 반대로 아예 없거나 지나치게 많으면 그 육친의 단점이 나타나기 쉽다.

POINT

육친의 긍정적 특성과 부정적 특성

육친이 발달하거나 과다하면 긍정적 특성이 나타나고, 육친이 없거나 고립되면 부정적 특성이 나타난다. 다만, 지나치게 과다하면 부정적 특성이 나타난다.

육친별 장점과 단점

육친	장점	단점
비견	인정이 있다 자유지향적이다 솔직하다 담백하다 긍정적이다 아름다움을 추구한다 추진력이 강하다 타인을 이해하는 능력이 있다 심성이 착하다	자존심이 강하고 고집이 세다 간섭과 비교에 민감하다 승부욕이 강하다 자기중심적이다 독선적이고 타인의 의견을 무시한다 추진력이 지나쳐 무모할 정도이다 집착이 강하다(의처증 · 의부증) 고독하다고 생각한다 성격이 삐딱하다
겁재	인정이 있고 배려한다 타인의 말을 경청하고 공감을 잘한다 순발력이 있다 청각이 발달하였다 자유지향적이다 결단력이 강하다 호기심이 많다 미적 감각이 뛰어나다	자존심이 강하고 고집이 세다 간섭과 비교에 민감하다 계산적이다 집착이 강하다(의처증 · 의부증) 자신의 기준으로 구분한다 자기본위적이다 독선적이고 이기적이다 성격이 삐딱하다
식신	침착하고 지적이다 연구능력이 있다 창의적이다 사색적이다 인정이 많고 베푼다 논리적이다 언어구사능력이 있다 승부근성이 강하다 타인을 이해하고 배려한다	자기중심적이다 과시한다 폼을 잡는다 자기 주관이 강하다 변화 · 변동이 너무 잦다 원칙이 없다 자존심이 강하다 엉뚱한 일에 몰입한다
상관	발산하는 타입이다 화려함을 추구한다 인정이 많고 적극적으로 베푼다 창의적이다 대인지향적이다 호기심이 많다	요란하다 즉흥적이다 엉뚱한 일에 관심이 크다 생색을 내기 쉽다 하나의 지식에 만족하지 않는다 자유분방하다

육친	장점	단점
상관	다재다능하다 활발하고 활동적이며 명랑하다 화려한 표현력(언어구사능력)이 있다 순간적 재치가 있다 자유지향적이다 승부근성이 강하다	덜렁거리고 안정감이 없다 무위도식하는 경우가 많다 얽매이기 싫어한다 적당히 넘어간다 철이 없고 어리석다
편재	민첩하고 순발력이 있다 두뇌 회전이 빠르고 총명하다 계산능력이 있다 모험심이 있다 솔직담백하다 표현력이 좋다 대인관계가 좋고 배려한다	투기성이 강하다 분주하고 여유가 없다 이성에 대한 집착이 있다 방만한 관계를 갖는다 비계획적이다 분산적이다
정재	안정적이고 성실하다 정직하다 계획적이다 긍정적이고 낙천적이다 부드럽고 대인관계가 좋다	소극적이고 편협하다 현실에 안주한다 계산적이다 분산적이다 방만한 관계를 갖는다
편관	의협심이 있다 원칙적이다 인내심이 있다 통솔력이 있다 배짱이 있다 절제력과 결단력이 있다 의지력이 강하다 완성하는 힘이 있다 긴 안목이 있다 (전체를 보는 능력이 있다) 일의 중요성을 쉽게 파악한다	실수를 용납하지 않는다 명령하고 지배하려고 한다 다혈질적이고 융통성이 없다 억압하려 들고 폭력적이다 자기중심적이다 타인과 불화가 잦고 위아래가 없다 극단적이다 작은 것을 큰 것처럼 포장한다 조금 아는 것을 많이 아는 듯 꾸민다 자만심으로 똘똘 뭉쳐 있다 명예욕이 너무 강하다
정관	명예를 소중히 한다 합리적이다 인품이 중후하다 안정적이다	만용을 부린다 극단적이고 부정적이다 돌격적이다 쓸데없는 체면을 중시한다.

육친	장점	단점
정관	모성본능이 강하다 인정이 많다 느긋하고 여유가 있다 침착하고 차분하다 보호본능이 있다	독선적이고 자기 주장이 강하다 융통성이 없다 명예욕이 강하다 느리다 우유부단하고 끝마무리가 약하다
편인	개성이 강하고 감수성이 예민하다 학문적 호기심이 많다 타인을 배려한다 자아 만족이 높다 명예지향적이다 다재다능하다 다양한 인간관계를 맺는다 모성본능이 강하다	고독하다 사고가 편협하다 일관성이 부족하다 자기본위적이다 마무리가 약하다 너무 많은 일을 벌이려고 한다 자유주의자 기질이 있다 규칙이나 구조화를 싫어한다
정인	헌신적이고 모성본능이 강하다 학문에 깊이 심취한다 학문적 호기심이 많다 실용적이다 대중적이다 명예지향적이다 감수성이 강하다	집착이 강하다(의처증·의부증) 편중된 사랑을 한다 예민하다 자만심이 강하다 남에게 의지하려고 한다 고독하다고 생각한다 자립정신이 약하고 우유부단하다

3 육친별 심리적 상징

다음은 각각의 육친이 발달일 때 나타나는 심리적 특징이다. 육친이 과다하면 겁재는 비견, 상관은 식신, 정재는 편재, 정관은 편관, 정인은 편인의 성격이 강하게 나타난다. 다시 말해서 발달이면 정(正) 육친의 특징이 나타나고, 과다면 편(偏) 육친의 특징이 나타난다. 육친은 발달인가 과다인가에 따라 장점과 단점이 다르게 나타난다. 발달일 때는 안정적인 면이 장점으로 많이 나타나고, 과다일 때는 적극적인 면이 장점으로 많이 나타난다.

어떤 육친은 성격이 좋고 어떤 육친은 성격이 나쁘다고 구분할 수는 없다. 어떤 육친이든 장점과 단점을 모두 가지고 있다. 장점을 잘 살리면 성공하는 것이요, 단점이 더 크게 작용하면 실패하는 것이다.

1) 비겁

❶ 비견

공동체, 긍정적, 독창적, 반항적, 산만함, 성실성, 열정적, 적극성, 의식적, 자긍심, 자기중심적, 자존심, 주관적, 직선적, 질투심, 집중적, 품위, 현재적, 협동적.

❷ 겁재

경쟁심, 독립적, 독창적, 명예심, 비약적, 실천적, 실험적, 의식적, 자기과시적, 자기중심적, 자존심, 주관적, 적극성, 직선적, 질투심, 책임감, 현실적.

예1) 1950년 11월 8일(음) 유(酉)시생

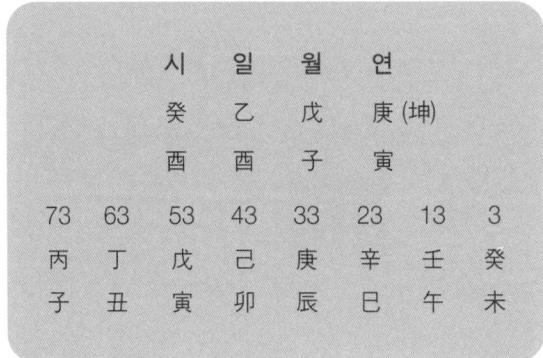

			시	일	월	연	
			癸	乙	戊	庚 (坤)	
			酉	酉	子	寅	
73	63	53	43	33	23	13	3
丙	丁	戊	己	庚	辛	壬	癸
子	丑	寅	卯	辰	巳	午	未

위 사주는 비겁이 과도한 생(生)으로 고립되어 있다. 사주의 주인공은 봉제공장을 운영하다가 부도로 두 번 복역하였다.

예2) 1972년 1월 20일(음) 술(戌)시생

			시	일	월	연
			丙	乙	癸	壬 (坤)
			戌	未	卯	子
61	51	41	31	21	11	1
丙	丁	戊	己	庚	辛	壬
申	酉	戌	亥	子	丑	寅

위 사주는 비겁이 발달하였다. 사주 주인공은 가수 소찬휘다.

예3) 1950년 3월 21일(양) 인(寅)시생

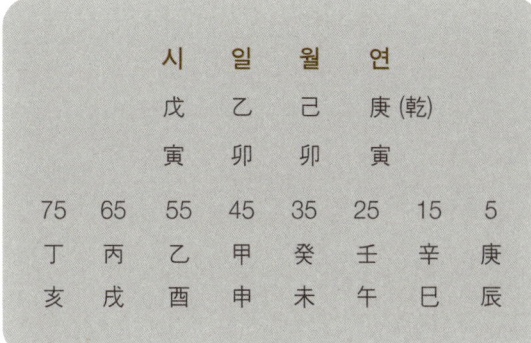

시	일	월	연
戊	乙	己	庚 (乾)
寅	卯	卯	寅

75	65	55	45	35	25	15	5
丁	丙	乙	甲	癸	壬	辛	庚
亥	戌	酉	申	未	午	巳	辰

위 사주는 비겁이 과다하다. 사주의 주인공은 가수 조용필이다.

2) 식상

❶ 식신

감성적, 과정 중시, 미래지향적, 설득적, 생각, 아이디어 발달, 양보적, 연구적, 융통성, 이타적, 이해력, 정보력, 창의적, 창조적, 친화력, 협동적, 협조적, 희생정신.

❷ 상관

감각적, 감정적, 결과, 독창적, 모범적, 묘사적, 미적 감각, 미학적, 변화, 사교적, 설득적, 시각적, 아이디어 탁월, 언어구사력, 예민함, 예술적, 외교적, 응용력, 임기응변, 정신적, 직설적, 창작, 창조적, 표현력.

예1) 1925년 11월 29일(음) 유(酉)시생

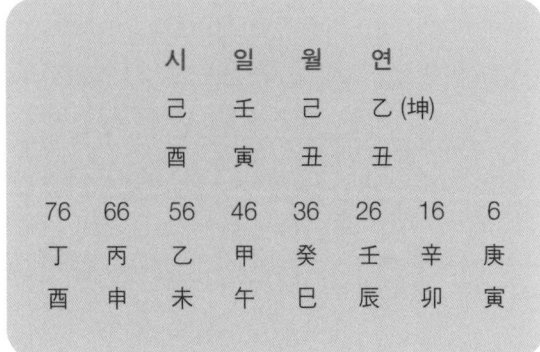

	시	일	월	연
	己	壬	己	乙 (坤)
	酉	寅	丑	丑

76	66	56	46	36	26	16	6
丁	丙	乙	甲	癸	壬	辛	庚
酉	申	未	午	巳	辰	卯	寅

위 사주는 상관 을목(乙木)이 고립되었다. 사주의 주인공은 영부인 고 육영수이다.

예2) 1958년 9월 29일(음) 오(午)시생

	시	일	월	연
	甲	辛	癸	戊 (建)
	午	卯	亥	戌

79	69	59	49	39	29	19	9
辛	庚	己	戊	丁	丙	乙	甲
未	午	巳	辰	卯	寅	丑	子

위 사주는 수(水) 식상이 40점으로 발달하였다. 사주의 주인공은 문화체육관광부 차관 신재민이다.

예3) 1990년 9월 15일(양) 진(辰)시생

	시	일	월	연
	丙	癸	乙	庚 (乾)
	辰	未	酉	午

78	68	58	48	38	28	18	8
癸	壬	辛	庚	己	戊	丁	丙
巳	辰	卯	寅	丑	子	亥	戌

위 사주는 식상 을목(乙木)이 고립되어 있다. 사주의 주인공은 다운증후군을 앓고 있다.

3) 재성

❶ 편재

가치판단력, 개혁적, 결과 중시, 관계적, 기회포착력, 변화적, 보수적, 수리력, 수학적, 영업적, 외향적, 유동적, 자율적, 적응력, 정보수집력, 지능적, 탐구적, 통계적, 포용력, 활동적.

❷ 정재

가치판단력, 개인적, 검소함, 과정 중시, 계산적, 계획적, 구성력, 규칙적, 논리적, 명시적, 설계능력, 섬세함, 수리적, 수학적, 실리적, 실제적, 장기적, 절차적, 치밀함, 현실적.

계획을 세워서 하니까 일이 잘되네

예1) 1953년 3월 27일(음) 인(寅)시생

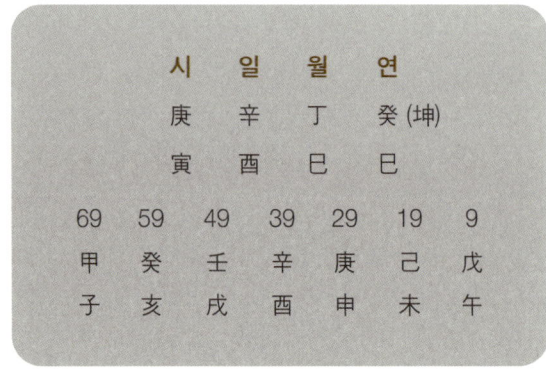

위 사주는 정재 인목(寅木)이 고립되어 있다. 사주의 주인공은 뇌종양을 앓고 있다.

예2) 1977년 9월 28일(양) 술(戌)시생

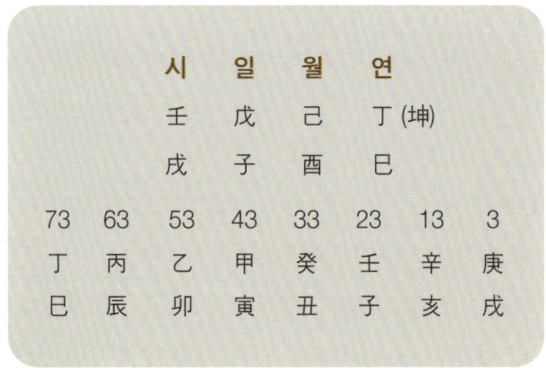

위 사주는 재성이 25점으로, 간지로 뿌리를 내리고 있어서 발달로 본다. 사주의 주인공은 LPGA 프로골퍼 박세리다.

예3) 1979년 6월 10일(음) 미(未)시생

시	일	월	연
乙	辛	庚	己 (乾)
未	未	午	未

79	69	59	49	39	29	19	9
壬	癸	甲	乙	丙	丁	戊	己
戌	亥	子	丑	寅	卯	辰	巳

위 사주는 재성 을목(乙木)이 고립되어 있다. 자살한 사람의 사주이다.

4) 관성

① 편관

개혁적, 결과 중시, 결단력, 결정력, 과감함, 관리능력, 도전정신, 돌파력, 배짱, 변화, 분별력, 사회적, 성공적, 수행적, 신속함, 에너지 충만, 외향적, 인내력, 자율적, 적극적, 조직력, 주도적, 책임감, 판단력, 행동적, 현실적, 화끈함.

② 정관

가능성 중시, 공정성, 관습적, 관행적, 규범적, 기획력, 내성적, 논리적, 도덕적, 명분, 모범적, 보수적, 섬세함, 신사적, 원칙성, 인간성 중시, 지각, 책임감, 판단력, 학자적, 합리성.

예1) 1965년 9월 18일(음) 축(丑)시생

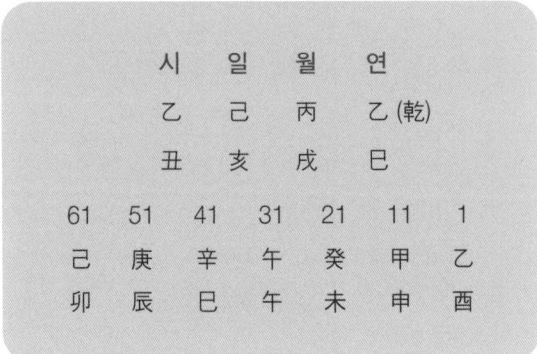

위 사주는 연간의 을목(乙木) 정관이 고립되어 있다. 근육이완증으로 장애가 있
는 사람이다.

예2) 1934년 12월 3일(음) 오(午)시생

	시	일	월	연
	戊	癸	丁	甲 (乾)
	午	未	丑	戌

60	50	40	30	20	10
癸	壬	辛	庚	己	戊
未	午	巳	辰	卯	寅

위 사주는 관성이 35점으로 발달하였다. 사주의 주인공은 정부의 고위직을 역임
하였다.

예3) 1960년 12월 20일(음) 사(巳)시생

시	일	월	연
己	己	庚	辛 (坤)
巳	巳	寅	丑

80	70	60	50	40	30	20	10
戊	丁	丙	乙	甲	癸	壬	辛
戌	酉	申	未	午	巳	辰	卯

위 사주는 관성 인목(寅木)이 수(水)에 의해 고립되어 있다. 자살한 사람의 사주이다.

5) 인성

❶ 편인

개인적, 공상적, 기술적, 능력, 미래적, 상상력, 선별적, 순발력, 심리적, 암기력, 예술적, 이해력, 자율성, 재주, 재치, 종교적, 영성적, 직관력, 철학적, 초현실적, 총체적, 추리력.

❷ 정인

간접적, 결과 중시, 공동체의식, 끈기, 독창적, 모성본능, 생각, 성실함, 순박함, 순수성, 안정성, 의존적, 이해력, 자긍심, 자기중심적, 자발적, 자존감, 정직성, 주관적, 질투심, 집중력, 충성심, 현실적, 협동성.

예1) 1966년 6월 20일(음) 오(午)시생

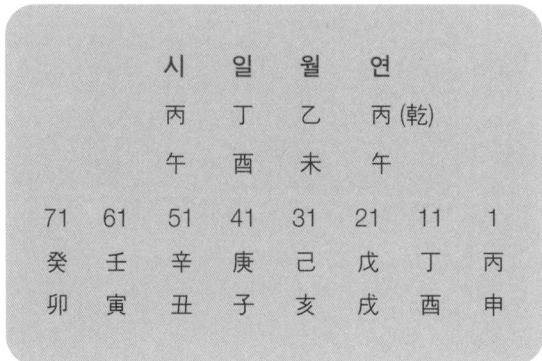

	시	일	월	연
	丙	丁	乙	丙 (乾)
	午	酉	未	午

71	61	51	41	31	21	11	1
癸	壬	辛	庚	己	戊	丁	丙
卯	寅	丑	子	亥	戌	酉	申

위 사주는 을목(乙木) 인성이 고립되어 있다. 사주의 주인공은 말참견을 하다가
사고로 사망하였다.

예2) 1971년 2월 17일(양) 인(寅)시생

	시	일	월	연
	甲	癸	庚	辛 (乾)
	寅	酉	寅	亥

74	64	54	44	34	24	14	4
壬	癸	甲	乙	丙	丁	戊	己
午	未	申	酉	戌	亥	子	丑

위 사주는 인성이 35점으로 발달하였다. 사주 주인공은 방송인 신동엽이다.

예3) 1954년 8월 19일(양) 오(午)시생

시	일	월	연
丙	丁	壬	甲 (坤)
午	未	申	午

74	64	54	44	34	24	14	4
甲	乙	丙	丁	戊	己	庚	辛
子	丑	寅	卯	辰	巳	午	未

위 사주는 갑목(甲木) 인성이 고립되어 있다. 이 여성은 남편이 사망하고, 본인은 갑상선 수술을 받았고 혈관질환이 심하다.

4 육친 분포와 심리적 특성

육친의 심리와 스트레스 대처방법은 육친의 직업 적성과 더불어 사주명리학의 꽃이라고 할 정도로 매우 중요한 분야이다. 오랫동안 사주명리학 이론은 용신과 용신격을 중심으로 활용되고 전개되어왔다. 수많은 사주명리학자들이 그 두 이론을 가장 중요한 내용으로 인식하고 현장에서 활용하고 있다.

이에 반해 필자는 사주 상담시 육친 분석을 중요하게 활용하고 있다. 육친은 오행과 마찬가지로 무존재, 고립, 발달, 과다에 따라 사주 주인공의 심리적 특징과 직업 적성 등을 좌우한다. 또한 육친 분포에 따라 정신적 스트레스와 그에 대처할 수 있는 방법들이 달라진다.

1) 비겁

❶ 비겁 발달의 심리

감각(청각) 발달, 감수성, 경쟁심, 관계성, 독립적, 마음의 여유, 신경 예민, 자존감, 진취적.

❷ 비겁의 무존재와 고립의 심리

- **성격** : 질투심, 피해의식, 의존적, 과도한 자존감.
- **증후군** : 비교 콤플렉스, 열등 콤플렉스, 지적 콤플렉스, 만성피로, 나르시시즘.

❸ 비겁 과다의 심리

- **성격** : 경쟁적, 독립적, 욕망, 우월감, 이기적, 자만심, 자신감, 적극성, 진취성, 추진력.
- **증후군** : 자기 과장, 리플리 증후군, 신데렐라 콤플렉스, 파랑새 증후군.

예1) 1891년 10월 21일(음) 오(午)시생

시	일	월	연
丙	壬	己	辛 (乾)
午	子	亥	卯

오행과 육친의 점수

木10	火25	土10	金10	水55
식상	재성	관성	인성	비겁

위 사주는 비겁이 55점으로 약간 과다하다. 사주 주인공은 고려대학교 설립자 인촌 김성수이다.

예2) 1952년 1월 27일(음) 진(辰)시생

시	일	월	연
丙	戊	壬	壬(坤)
辰	戌	寅	辰

오행과 육친의 점수

木0 火10 土50 金0 水50

관성 인성 비겁 식상 재성

위 사주는 비겁이 50점으로 약간 과다하다. 사주 주인공은 헌법재판관이다.

2) 식상

❶ 식상 발달의 심리

감각적, 발표력, 세련미, 언어능력, 응용력, 자유분방, 창의력, 창의적, 창조적, 친근감, 표현력, 합리적.

❷ 식상의 무존재와 고립의 심리

- **성격** : 감정 예민, 변화·변동에 부적응, 소심함, 자신감 결여, 창의성 결여.
- **증후군** : 불평불만, 자기 학대.

❸ 식상 과다의 심리

- **성격** : 아이디어, 응용력, 창의성, 창조성, 특별한 상상력, 파격적, 표현력.
- **증후군** : 과대망상증, 거짓과 위선, 과잉충동, 불평불만, 비합리적 행동.

POINT

식상 발달의 심리

언어능력이 있고, 창의적이며, 표현력이 있고, 합리적이다.

예1) 1941년 11월 22일(음) 진(辰)시생

시	일	월	연
壬	辛	辛	辛 (乾)
辰	酉	丑	巳

오행과 육친의 점수

木0　火10　土15　金45　水40

재성　관성　인성　비겁　식상

위 사주는 식상이 40점으로 발달되어 있다. 사주의 주인공은 루게릭병을 앓고 있으면서도 세계적인 우주물리학자로 이름 높은 스티븐 호킹이다.

예2) 1952년 11월 7일(음) 자(子)시생

시	일	월	연
壬	癸	壬	壬 (乾)
子	卯	子	辰

오행과 육친의 점수

木15　火0　土10　金0　水85

식상　재성　관성　인성　비겁

위 사주는 목(木) 식상이 15점으로 고립되어 있다. 사주 주인공은 전직 교사로 자살하였다.

3) 재성

❶ 재성 발달의 심리

계획적, 관계성, 구조적, 부드러움, 수리적, 수학적, 어울림, 온화함, 적응력.

❷ 재성의 무존재와 고립의 심리

- **성격** : 독립적, 자기중심적, 안하무인, 결과 부족, 비현실적, 과도한 욕심, 재물이나 여자에 대한 집착.
- **증후군** : 대인기피증, 우울증, 자폐증.

❸ 재성 과다의 심리

- **성격** : 빠른 적응력, 부드러움, 온화함, 대인관계가 뛰어남, 산만함.
- **증후군** : 정서 불안, 산만함, 리플리 증후군, 나르시시즘, 스마일 증후군.

POINT

재성 발달의 심리

계획적이고 구조적이며, 온화하고 관계성을 추구하고, 적응력이 뛰어나다.

예1) 1970년 11월 20일(음) 오(午)시생

시	일	월	연
丙	壬	戊	庚 (乾)
午	申	子	戌

오행과 육친의 점수

木0	火25	土20	金25	水40
식상	재성	관성	인성	비겁

위 사주는 화(火) 재성이 25점이지만, 천간과 지지가 같은 오행(육친)으로 이어지며 뿌리를 내리고 있어 발달된 힘이 있다. 사주의 주인공은 한나라당 국회의원 홍정욱이다.

예2) 1977년 5월 21일(양) 축(丑)시생

시	일	월	연
癸	戊	乙	丁 (乾)
丑	寅	巳	巳

오행과 육친의 점수

木25 火50 土25 金0 水10
관성 인성 비겁 식상 재성

위 사주는 수(水) 재성이 10점으로 고립되어 있다. 사주 주인공은 육군사관학교를 졸업하고 대위로 제대했지만, 보험 영업을 하다가 재성인 계수(癸水)의 고립으로 빚더미에 앉았다.

4) 관성

❶ 관성 발달의 심리

계획적, 관계성, 배짱, 적극성, 추진력, 포용력, 행동적.

❷ 관성의 무존재와 고립의 심리

- **성격** : 우유부단, 소심, 자기관리능력 부족, 자유분방, 무계획성, 카리스마.
- **증후군** : 분리불안장애, 고소공포증, 공황장애, 달팽이 콤플렉스.

❸ 관성 과다의 심리

- **성격** : 아집, 자기중심적, 타인 무시, 욕망이 강함, 모험적, 과대포장.
- **증후군** : 조울증, 화병, 갑상선 항진증, 다혈질, 인격장애, 과대망상증, 드메 신드롬.

예1) 1950년 6월 30일(음) 사(巳)시생

시	일	월	연
辛	庚	甲	庚 (乾)
巳	辰	申	寅

오행과 육친의 점수

木20 火45 土15 金30 水0

재성 관성 인성 비겁 식상

위 사주는 화(火) 관성이 45점으로 발달되어 있다. 사주 주인공은 프로권투 전 세계챔피언 홍수환이다.

예2) 1932년 8월 10일(음) 묘(卯)시생

시	일	월	연
丁	甲	己	壬 (乾)
卯	戌	酉	申

오행과 육친의 점수

木25 火10 土25 金40 水10

비겁 식상 재성 관성 인성

위 사주는 금(金) 관성이 40점으로 발달되어 있다. 사주의 주인공은 전 국방부장관 정호영이다.

5) 인성

❶ 인성 발달의 심리

관리능력, 동정심, 따뜻함, 여유로움, 연구심, 재능, 재주, 총명함, 학문적 관심.

❷ 인성의 무존재와 고립의 심리

- **성격** : 가족에 대한 의존심, 외부적인 시험에 대한 자존감.
- **증후군** : 일중독증, 무관심, 사랑에 대한 집착, 집착적 애정, 과도한 자선행동, 행복공포증.

❸ 인성 과다의 심리

- **성격** : 의존적, 모성본능 강함, 총명함, 무기력, 과도한 욕망, 충성심, 사람을 구분하여 상대함.
- **증후군** : 마마보이, 마마걸, 애정결핍, 애정 갈구, 집착, 과욕, 일확천금의 꿈.

예1) 1889년 4월 20일(양) 오(午)시생

시	일	월	연
甲	丙	戊	己 (乾)
午	寅	辰	丑

오행과 육친의 점수

木40 火25 土45 金0   水0

인성 비겁 식상 재성 관성

위 사주는 목(木) 인성이 40점으로 발달되어 있다. 사주의 주인공은 아돌프 히틀러이다.

예2) 1948년 9월 14일(음) 자(子)시생

시	일	월	연
甲	甲	壬	戊 (乾)
子	戌	戌	子

오행과 육친의 점수

木20 火0 土40 金15 水35

비겁 식상 재성 관성 인성

위 사주는 수(水) 인성이 35점으로 발달되어 있다. 사주의 주인공은 고인이 된 전 현대그룹 회장 정몽헌이다.

7. 사주명리학으로 보는 직업 적성

1 오행의 직업 적성

1) 목(木)

❶ 발달이나 과다일 때의 직업

- **특색** : 명예를 가져가는 직업, 자유로운 직업, 타인에게 봉사하는 직업.
- **분야** : 공무원, 교육(교사·교수), 그림, 기획, 도서관, 목사, 문서, 문화사업, 미술, 방송, 법학, 변호사, 복지, 비서, 사무직, 상담, 서점, 스님, 신문, 언론, 역술, 역학, 연설가, 인사, 인쇄, 자선, 작가, 정치, 종교, 직업상담사, 출판, 커플매니저, 평론가, 행정.

❷ 용신일 때의 직업

- **특색** : 나무와 관련된 직업, 파랑과 관련된 직업. 다만, 오행 용신에 따른 사업은 음양, 오행,

육친, 격국 등을 분석하여 사업가 기질이 있는 사주만 해당되고, 사업가 기질이 없는 사주는 용신에 따른 직업보다 오행이 발달했거나 과다할 때의 직장 생활이 좋다.

- **분야** : 가구, 목재, 산림업, 임업, 조경, 식물, 꽃, 문구, 문화산업, 서점, 종이, 인쇄, 출판, 동물 병원, 목장, 수의사, 축산, 식료품, 정육점, 의약품, 가죽, 섬유, 의류, 포목, 쇼핑몰.

❸ 학과

교육대학, 교육학과, 사범대학, 법학과, 신문방송학과, 어문학과, 정치학과, 청소년학과, 행정학과.

❹ 직업

공무원, 교수, 기자, 방송인, 대학교수, 동시통역사, 문인, 법조인, 사무직, 역사학자, 저술가, 전문번역가, 정치가, 중・고등학교 교사, 출판업, 화가.

2) 화(火)

❶ 발달이나 과다일 때의 직업

- **특색** : 활동적인 직업, 예술적인 직업, 아름다움을 추구하는 직업.
- **분야** : 예술, 미술, 공예, 그림, 도안, 미용, 메이크업, 헤어디자이너, 화장품, 성형외과, 무대조명, 방송, 연극, 연예인, 영화배우, 무용가, 스포츠댄스, 안무가, 의복, 장식, 패션디자이너, 정치인, 연설가, 평론가.

❷ 용신일 때의 직업

• **특색** : 불과 관련된 직업, 화(火)와 관련된 직업. 다만, 오행 용신에 따른 사업은 음양, 오행, 육친, 격국 등을 분석하여 사업가 기질이 있는 사주만 해당되고, 사업가 기질이 없는 사주는 용신에 따른 직업보다 오행이 발달했거나 과다할 때의 직장 생활이 좋다.

• **분야** : 가스, 전기, 전자, 컴퓨터, 조명설비, 난방, 보일러, 방사선과, 무대조명, 그림, 꽃, 미용, 메이크업, 의상, 패션디자이너, 헤어디자이너, 화장, 화장품, 연예기획사업, 영화산업, 광고기획업, 방송업, 불고기집.

❸ 학과

활동적이거나 아름다움을 추구하는 학과, 건축설계학과, 무용학과, 스포츠학과, 디자인학과(응용디자인학과 · 헤어디자인학과 · 의상디자인과), 피부미용학과, 연극영화학과, 컴퓨터그래픽학과.

❹ 직업

무용가, 체육인, 헤어디자이너, 의상디자이너, 그래픽디자이너.

3) 토(土)

❶ 발달이나 과다일 때의 직업

• **특색** : 사람과 사람을 연결하는 직업, 지식을 활용하는 직업, 동산이나 부동산 관련 직업.

• **분야** : 건설, 건축, 토목, 농업, 부동산, 장의업, 창고, 임대업, 무역, 교육, 상담, 커플매니저, 사회복지사, 자원봉사자, 목회, 스님, 전도사, 연예인, 변호사, 운동선수.

❷ 용신일 때의 직업

• **특색** : 흙과 관련된 직업, 노랑과 관련된 직업. 다만, 오행 용신에 따른 사업은 음양, 오행, 육친, 격국 등을 분석하여 사업가 기질이 있는 사주만 해당되고, 사업가 기질이 없는 사주는 용신에 따른 직업보다 오행이 발달했거나 과다할 때의 직장 생활이 좋다.

• **분야** : 농업, 토지, 흙, 황토산업, 도자기, 건축, 묘지업, 조경, 농장, 목장, 임대업, 산림업, 건설업, 무역업, 중개업, 해외투자업, 판매업, 쇼핑몰.

❸ 학과

부동산학과, 건축학과, 토목학과, 임업과, 외교학과, 어문학과, 관광학과, 법학과, 항공학과.

❹ 직업

토목업, 부동산업, 건축설계사, 현장감리사, 통역사, 외교관, 교사, 교수, 판사, 검사, 변호사, 관광안내원, 스튜어디스, 비행사.

4) 금(金)

❶ 발달이나 과다일 때의 직업

- **특색** : 맺고 끊는 것이 정확한 직업, 기획력과 계획성이 필요한 직업, 정확도가 있는 직업, 원리원칙이 필요한 직업.
- **분야** : 기술, 기획, 회계, 은행, 세무, 컴퓨터, 편집, 군인, 경찰, 교도관, 의사, 정치인, 문화평론가, 문학평론가, 정치평론가, 영화평론가, 소설가, 구성작가, 방송작가, 프로그래머, 헤어디자이너, 패션디자이너.

❷ 용신일 때의 직업

- **특색** : 금속과 관련된 직업, 하양과 관련된 직업. 다만, 오행 용신에 따른 사업은 음양, 오행, 육친, 격국 등을 분석하여 사업가 기질이 있는 사주만 해당되고, 사업가 기질이 없는 사주는 용신에 따른 직업보다 오행이 발달했거나 과다할 때의 직장 생활이 좋다.
- **분야** : 금속, 기계, 광업, 반도체, 전자제품, 컴퓨터, 철공장, 조선업, 철도업, 항공업, 교통, 무기제조, 과학기술, 정육점, 금은시계세공(귀금속세공), 보석상, 치과의사, 외과의사, 정형외과의사, 성형외과의사, 간호사.

❸ 학과

원리원칙적인 직업, 맺고 끊음이 정확한 직업, 기계공학과, 금속학과, 섬유공학과, 산업공학과, 재료공학과, 자동차학과, 체육학과, 의예학과, 경찰학과, 육사, 공사, 해사, NGO학과, 항공학과.

④ 직업

재야운동단체, 노동단체, 금속기술자, 기계기술자, 연구원, 연구소, 컴퓨터디자이너, 과학자, 체육인, 의사, 연예인(탤런트 · 영화배우), 군인, 경찰.

5) 수(水)

❶ 발달이나 과다일 때의 직업

- **특색** : 머리(지혜)를 사용하는 직업, 움직임이 적은 직업, 계산을 하는 직업, 정확성이 요구되는 직업.
- **분야** : 과학, 생물, 화학, 수학, 물리, 수의학, 의학, 컴퓨터, 금융, 기술, 경제학, 회계학, 통계학, 외국어(영어 · 일본어 · 러시아어 · 불어 · 중국어 등), 헤어디자이너, 패션디자이너.

❷ 용신일 때의 직업

- **특색** : 물과 관련된 직업, 검정과 관련된 직업. 다만, 오행 용신에 따른 사업은 음양, 오행, 육친, 격국 등을 분석하여 사업가 기질이 있는 사주만 해당되고, 사업가 기질이 없는 사주는 용신에 따른 직업보다 오행이 발달했거나 과다할 때의 직장 생활이 좋다.
- **분야** : 수산, 어업, 조선업, 해양업, 연구직, 반도체산업, 해산물, 선원, 생수, 냉수, 빙과, 음식점, 다방, 커피숍, 레스토랑, 카페, 술집, 목욕탕, 온천, 사우나, 냉동사업, 수영.

❸ 학과

지혜를 가지고 하는 직업, 연구하는 직업, 정확도가 필요한 직업, 경제학과, 경영학과, 회계학과, 무역학과, 물리학과, 수학과, 생물학과, 미생물학과, 전자계산학과, 정보처리학과, 전산통계학과, 전자과, 전자공학과.

❹ 직업

공인회계사, 경영지도사, 은행원, 물리학자, 수학자, 생물학자, 컴퓨터설계, 프로그래머, 시스템엔지니어, 시스템분석가, 그래픽디자이너, 음악가.

오행의 직업 용신

오행	직업	업종
木	공무원, 교육(교사·교수), 그림, 기획, 도서관, 목사, 문서, 문화사업, 미술, 방송, 법학, 변호사, 복지, 비서, 사무직, 상담, 서점, 스님, 신문, 언론, 역술, 역학, 연설가, 인사, 인쇄, 자선, 작가, 정치, 종교, 직업상담사, 출판, 커플매니저, 평론가, 행정	가구, 목재, 산림업, 임업, 조경, 식물, 꽃, 문구, 문화산업, 서점, 종이, 인쇄, 출판, 동물병원, 목장, 수의사, 축산, 식료품, 정육점, 의약품, 가죽, 섬유, 의류, 포목, 쇼핑몰
火	예술, 미술, 공예, 그림, 도안, 미용, 메이크업, 헤어디자이너, 화장품, 성형외과, 무대조명, 방송, 연극, 연예인, 영화배우, 무용가, 스포츠댄스, 안무가, 의복, 장식, 패션디자이너, 정치인, 연설가, 평론가	가스, 전기, 전자, 컴퓨터, 조명설비, 난방, 보일러, 방사선과, 무대조명, 그림, 꽃, 미용, 메이크업, 의상, 패션디자이너, 헤어디자이너, 화장, 화장품, 연예기획사업, 영화산업, 광고기획업, 방송업, 불고기집
土	건설, 건축, 토목, 농업, 부동산, 장의업, 창고, 임대업, 무역, 교육, 상담, 커플매니저, 사회복지사, 자원봉사자, 목회, 스님, 전도사, 연예인, 변호사, 운동선수	농업, 토지, 도자기, 건축, 묘지업, 흙, 조경, 농장, 목장, 임대업, 산림업, 황토산업, 건설업, 무역업, 중개업, 해외투자업, 판매업, 쇼핑몰
金	기술, 기획, 회계, 은행, 세무, 컴퓨터, 편집, 군인, 경찰, 교도관, 의사, 정치인, 문화평론가, 문학평론가, 정치평론가, 영화평론가, 소설가, 구성작가, 방송작가, 프로그래머, 헤어디자이너, 패션디자이너	금속, 기계, 광업, 반도체, 전자제품, 컴퓨터, 철공장, 조선업, 철도업, 항공업, 교통, 무기제조, 과학기술, 정육점, 금은시계세공(귀금속세공), 보석상, 치과의사, 외과의사, 정형외과의사, 성형외과의사, 간호사
水	과학, 생물, 화학, 수학, 물리, 수의학, 의학, 컴퓨터, 금융, 기술, 경제학, 회계학, 통계학, 외국어(영어·일본어·러시아어·불어·중국어 등), 헤어디자이너, 패션디자이너	수산, 어업, 조선업, 해양업, 연구직, 반도체산업, 해산물, 선원, 생수, 냉수, 빙과, 음식점, 다방, 커피숍, 레스토랑, 카페, 술집, 목욕탕, 온천, 사우나, 냉동사업, 수영

2 신살의 직업 적성

사주명리학에는 여러 가지 신살이 있지만, 사주 주인공 직업 적성은 다음 신살들 위주로 판단한다.

① 괴강살, 백호대살, 양인살 : 사업, 정치, 교육.

② 천문성, 현침살, 활인성, 천의성 : 법학, 의학, 수의학, 심리학, 역학.

③ 도화살, 명예살 : 예체능, 문학.

④ 역마살 : 외교, 관광, 홍보, 어문, 무역, 항공.

⑤ 천문성, 천의성 : 의학, 한의학, 약학, 법학, 종교, 역학.

⑥ 명예살 : 정치, 행정, 경영, 법학, 외교, 종교.

도화살, 명예살　　　　역마살　　　　천문성, 천의성, 명예살

3 육친의 직업 적성

● 비견

비견은 대인관계를 최대한 발휘하는 직업이나 사람을 상대하는 직업이 좋다. 남성은 남성을 대상으로 하는 직업, 여성은 여성을 대상으로 하는 직업이 잘 맞는다. 예를 들어 남성은 남학교 교사, 여성은 여학교 교사가 어울린다. 또한 독립적인 사고방식을 갖고 있기 때문에 다른 사람의 간섭이나 지배를 받지 않고 자신에게 맡겨주고 책임지게 하는 직업에서 최대한 능력을 발휘한다.

- **1순위 직업** : 아나운서, MC, 리포터, 예술가(성악가 · 음악가 · 화가 · 무용가), 연예인(영화배우 · 탤런트 · 가수 · 패션모델), 연구원, 디자이너, 발명가, 기획, 편집, 작가, 정치인, 사업가, PD.
- **2순위 직업** : 교수, 교사, 공무원, 공장장.
- **남성** : 사업(남성을 상대로 하는 사업), 군인, 경찰, 정치인, 교사(남학교 교사), 연예인, 예술가, 패션모델, 아나운서, MC.
- **여성** : 사업(화장품이나 미용실 등 여성을 상대로 하는 사업), 교사(여학교 교사), 패션모델, 연예인, 예술가, MC, 아나운서.

❷ 겁재

겁재 역시 대인관계를 활용하는 직업이 잘 맞는다. 또한 안정적이면서 체계적인 직업도 잘 어울린다.

- **1순위 직업** : 아나운서, MC, 리포터, 예술가(성악가 · 음악가 · 화가 · 무용가), 연예인(영화배우 · 연극배우 · 탤런트 · 가수 · 패션모델), 연구원, 디자이너, 발명가, 기획, 편집, 작가, 정치인, 사업가, PD.
- **2순위 직업** : 교수, 교사, 공무원, 공장장.

❸ 식신

식신은 남성에게는 의식주와 말하는 능력을 상징하고, 여성에게는 자식과 의식주 그리고 말하는 직업을 상징한다. 따라서 식신은 말하는 직업 중에서도 안정적인 분야, 논리적이고 체계적인 분야의 직업, 차분하고 현실적인 분야의 직업에서 능력을 발휘할 수 있다.

- **1순위 직업** : 회계, 토목, 법, 생산, 건축, 보건, 사무직, 회사원, 교사, 공무원, 경찰, 판매, 통계, 서비스, 가정주부, 교수, 교사, 판사, 아나운서, 말하는 직업, 학원 사업, 의사, 어린이집
- **2순위 직업** : 변호사, 검사, MC, 연예인(영화배우 · 연극배우 · 탤런트 · 가수 · 패션모델), 학원강사, 목사, 신부, 스님, 음식장사 등 요식업 분야.

❹ 상관

상관 역시 식신처럼 언어능력, 말, 의식주를 상징한다. 책임감이 강하고, 온정적이며, 헌신적인 직업 그리고 재치가 있으면서 다른 사람에게 관심을 기울이고 인화를 도모하는 직업이 어울린다.

- **1순위 직업** : 검사, 변호사, 연예인(영화배우 · 연극배우 · 탤런트 · 가수 · 패션모델), 목사, 신부, 스님, 의사, 학원 사업, 어린이집, 언론인, 교수, 사무직, 서비스, 과학, 엔지니어링, 발명, 수학, 순수과학, 법학, 토목, 건축, 회계, 연구소, 판매, 사무총장, 기획실장, 경제학, 통계.
- **2순위 직업** : 교사, 교수, 아나운서, 판사, 음식점등 요식업 분야, 학원강사.

❺ 편재

편재는 친절하고 수용적인 성격이 요구되는 현실적이고 실제적인 직업, 무엇이 필요한지 바로 파악하는 뛰어난 순간 판단력이 요구되는 직업이 잘 어울린다.

- **1순위 직업** : 연예인(영화배우 · 연극배우 · 탤런트 · 가수 · 패션모델), 비정기적인 수입을 올리는 사업(사업가 · 세일즈맨 · 운동선수), 의사, 경제학과 교수, 경영학과 교수, 회계사, 변리사, 경제부처 공무원, 유흥업, 감독, 분쟁조정가, 레크레이션 지도, 외교관, 학자, 유흥업, 비서, 사무직, 서비스, 간호, 경찰, 요식업, 신용조사, 마케팅.
- **2순위 직업** : 남성은 여학교 교사처럼 여성을 상대로 하는 직업이 어울린다. 남녀 모두 자영업, 보험영업, 자동차 판매업(세일즈 분야)이 어울린다.

❻ 정재

어떤 일에 깊은 관심을 가지면서 창의력과 통찰력이 요구되는 직업, 계획적이고

체계적인 일을 추진하는 직업이 잘 어울린다.

- **1순위 직업** : 회사원, 공무원, 교사, 교수 등 고정적인 월급을 받는 직업, 금융업, 순수과학 분야, 연구, 철학, 심리학, 프로듀서, 감독, 비서, 철학, 개발 분야.
- **2순위 직업** : 자영업, 세일즈맨, 여학교 교사(남성의 경우).

❼ 편관

일을 시작하기 앞서 철저하게 준비하고, 독창적이고 열정적으로 목적을 이루어 나가는 직업, 일을 조직하고 계획하고 지휘해 나가는 지도자 타입의 일이 잘 어울린다.

- **1순위 직업** : 사업가, 정치인, 의사, 판사, 검사, 변호사, 자유로운 직장(공장장 · 전문경영인 · 공무원 · 교사 · 교수), 경제학자, 정치학자, 건축가, PD.
- **2순위 직업** : 자유로운 직장, 세일즈맨(보험영업 · 자동차 판매).

❽ 정관

정관은 마음은 따뜻하지만 상대방을 잘 알기 전까지는 표현하지 않는 타입이다. 이들은 친절하고 수용적이며, 감정을 나눌 수 있는 새로운 아이디어에 관심이 많고, 사람을 일대일로 돕는 직업이 잘 어울린다.

- **1순위 직업** : 심리학자, 상담학자, 정신과의사, 사회복지사, 자선사업가, 상담가, 문학가, 구성작가, 편집장, 목사, 성직자, 예술가, 학자, 과학자, 공무원, 회사원, 교수, 교사, 내근직, 연구직, 소설가, 성격파 배우.
- **2순위 직업** : 사업, 자유로운 직장, 연예인.

❾ 편인

편인은 독창적이고 창의력이 풍부하다. 따라서 항상 새로운 가능성을 찾고 새로운 시도를 하는 직업이 어울린다. 복잡한 문제를 해결하는 능력이 요구되고, 지칠

줄 모르는 에너지를 발산시키는 직업도 잘 어울린다.

- **1순위 직업** : 예술가(성악가 · 음악가 · 화가 · 무용가), 연예인(영화배우 · 탤런트 · 가수 · 패션모델), 체육인, 기술자, 의료인(의사 · 한의사), 건축가, 토목사업, 건설사업, 발명가, 컴퓨터분석가, 애널리스트, 펀드매니저, 컴퓨터그래픽, 과학자, 통역관.
- **2순위 직업** : 간호사, 부동산업.

❿ 정인

직관력과 사람 중심의 가치를 중시하는 직업, 다양하지는 않지만 사람들을 좋아하며, 인화를 중요하게 생각하고 평생 연구하거나 연습하는 직업이 잘 어울린다.

- **1순위 직업** : 교수, 판사, 검사, 교사, 의사, 연구원, 성직자, 시인, 작가, 저널리스트, 상담, 광고, 예술, 문학, 외교, 판매.
- **2순위 직업** : 예술가(성악가 · 음악가 · 화가 · 무용가), 연예인(영화배우 · 탤런트 · 가수 · 패션모델), 체육인, 발명가, 연구원, 부동산업, 건축, 토목, 건설사업.

4 실전 상담에 활용할 수 있는 진로 적성

이제까지 음양, 오행, 신살, 육친의 직업 적성을 설명하였다. 사주명리학의 장점 중 하나가 바로 성격 분석을 통해 직업 적성을 찾아낼 수 있다는 점이다.

다음은 진학진로정보센터(www.jinhak.or.kr)와 한국고용정보원 (www.keis.or.kr)에서 분류한 학과와 직업군을 정리한 것이다. 사주명리학으로 직업 적성을 알아내는 것도 중요하지만, 현실적으로 각 대학에 어떤 학교가 개설되어 있고 졸업 후 어떤 직업을 선택할 수 있는지 알아두면 진로 지도에 큰 도움이 될 것이다. 자녀의 진로를 고민하고 있는 학부모뿐만 아니라 실전에서 사주 상담을 하는 사람들은 다음 내용을 유용하게 활용할 수 있을 것이다.

1) 고등학교 계열(과정)

❶ 인문 계열

인문 계열을 선택할 학생들에게 적합한 교육과정으로, 수학·과학 과목에 대한 흥미나 소질보다는 언어·문화·역사·철학 등에 관심과 재능이 있는 학생들에게 적합하다.

① 학문의 특성 : 인간 근원 문제에 대한 탐구와 사회, 문화, 역사 등을 연구하는 학문.

② 필요한 적성과 흥미

- 사물의 이치를 냉철하게 분석하는 능력.
- 객관적인 비평 능력과 통찰력.
- 인간과 사회 문화에 대한 관심과 애정.

③ 대학진학 가능 계열(관련학과) : 인문 계열(교육학과·사학과·종교학과·철학과·문화인류학과·심리학과 등).

④ 졸업 후의 진로 : 교육기관 및 교사, 학자, 연구직, 방송인, 비평가, 저널리스트, 작가 등.

❷ 외국어 과정

언어능력과 문학적 소질을 바탕으로 외국의 문화와 문학을 공부하려는 학생들을 위한 과정으로, 언어·사회·문학 등에 관심과 소질이 있는 학생들에게 적합하다.

① 학문의 특성 : 외국어 구사능력과 문학작품 이해를 통해 국제적 안목과 세계에 대한 인식을 높이고 문화적 이해를 연구하는 학문.

② 필요한 적성과 흥미

- 언어적 지각과 구사능력.

- 외국에 대한 호기심과 외국어에 대한 관심.

- 문학적 소양.

③ 대학진학 가능 계열(관련학과) : 영어영문학과, 독어독문학과, 불어불문학과, 중어중문학과, 일어일문학과, 서반아어과, 아랍어과, 한문학과, 언어학과 등.

④ 졸업 후의 진로 : 외교관, 관광안내원, 번역, 통역, 무역업, 기업체, 방송국, 공무원, 교사, 항공사 등.

❸ 사회과학 계열(과정)

인간사회의 여러 문제에 관심과 흥미를 가지고 있고, 실용적 성격이 강한 법학, 경영학, 정치학, 사회학 등을 공부하려는 학생에게 적합하다.

① 학문의 특성 : 인간 사회의 정의를 실현하거나, 사회 현상의 규칙성을 찾아 현상을 예측하고 조정함으로써 사회를 발전시키고자 연구하는 학문

② 필요한 적성과 흥미

- 균형잡힌 객관적 사고능력과 넓은 안목.

- 인간관계능력, 국제적인 감각과 통계 · 경제 분석력과 통찰력.

- 사회현상에 대한 이해와 분석력.

③ 대학진학 가능 계열(관련학과)

- 법정 계열(법학과 · 행정학과 · 정치학과 · 경찰행정학과 등).

- 상경 계열(경영학과 · 경제학과 · 무역학과 · 회계학과 등).

- 사회과학 계열(사회학과 · 신문방송학과 · 사회사업학과 · 관광학과 · 문헌정보학과 · 사회 복지학과 등).

④ 졸업 후의 진로

- 행정공무원, 변호사, 금융계, 기업체, 비평가, 저널리스트, 작가 등.

- 금융인, 학자, 세무사, 투자분석가, 공무원, 물류유통관리 관련 업무 등.
- 언론인, 공무원, 공익단체 및 사회단체, 기업체, 여론조사기관, 손해사정인, 정보검색사 등

❹ 자연과학 계열(과정)

자연현상 및 생활과 주변의 원리를 과학적으로 분석하여 합리적 해결방안을 찾아내 인류 복지에 기여하려는 탐구정신이 강하고, 수학·과학 관련 과목에 흥미와 관심을 가진 학생에게 적합하다.

① 학문의 특성 : 생물, 약학, 생명공학, 의학, 화학, 환경, 농학 등 첨단기술 및 산업연구 개발을 가능하게 해주는 기본원리를 연구하는 학문.
② 필요한 적성과 흥미
- 수학, 과학 과목에 대한 흥미와 관심.
- 자연현상에 대한 호기심과 탐구정신.
- 주의 집중과 관찰력, 끈기와 인내심 등.
③ 대학진학 가능 계열(관련학과) : 자연, 의학, 약학 계열(수학과·화학과·생물학과·농학과·식품공학과·약학과·의학과·한의학과·유전자공학과·미생물학과·신소재학과 등).
④ 졸업 후의 진로 : 연구원, 변리사, 벤처기업가, 의사, 약사, 한의사, 수의사, 교사, 교수, 보건행정직 공무원 등.

❺ 공학 과정(계열)

인류의 미래와 국가 경쟁력을 좌우하는 첨단 정보기술 개발 등 실용적 학문 분야를 공부하려는 학생들을 위한 과정으로, 수학·과학 교과에 흥미와 관심을 가지고 있는 학생들에게 적합하다.

① 학문의 특성 : 기계공학이나 건축공학처럼 산업의 근간을 이루는 전문적 공학기술을 연구하거나, 정보 수집, 가공 등 정보시스템 구축 및 활용방법을 연구하는 학문.
② 필요한 적성과 흥미
- 컴퓨터 활용 능력.

- 응용 수학에 대한 학문적 소양.

- 개척정신과 도전정신 및 문제해결 능력.

③ 대학진학 가능 계열(관련 학과) : 공학, 컴퓨터 계열(기계공학과 · 산업공학과 · 도시공학과 · 건축공학과 · 전기공학과 · 전자공학과 · 컴퓨터공학과 · 멀티미디어학과 등).

④ 졸업 후의 진로 : 제조업, 연구원, 교수, 교사, 건설회사, 건축설계사, 전산감리사, 시스템엔지니어, 웹마스터, 소프트웨어 개발자 등.

❻ 예체능 계열(과정)

예체능 계열 대학을 진학할 학생들을 위한 교육과정으로, 이 계통에 특별한 소질과 재능이 있고 이를 좋아하는 학생들이 선택할 수 있는 과정이다.

① 학문의 특성 : 건강한 육체와 탁월한 신체능력, 예술을 통해 자기 표현과 수용능력의 함양이란 이상을 실현하기 위한 학문.

② 필요한 적성과 흥미

- 체육, 미술, 음악 등의 영역에 대한 관심.

- 기능 습득을 위한 꾸준한 노력과 인내력.

- 전공 영역에 해당하는 기초 기능 및 수행능력.

③ 대학진학 가능 계열(관련학과) : 체육관련 학과, 음악관련 학과, 미술관련 학과, 사진, 연극, 영화 관련학과, 영상학과 등.

④ 졸업 후의 진로 : 교수, 교사, 사회체육가, 음악가, 미술가, 방송국, 언론인, 박물관, 예술가, 운동선수, 영화배우 등.

2) 대학교 학과 정보

사회계열	
경제학	경제학과
경영학	경영학과, 국제경영학과, 마케팅학과, 경영정보학과, (응용)경영학과
금융 · 회계 · 세무학	금융보험학과, 회계학과, 세무학과
무역 · 유통학	무역학과, 유통학과
광고 · 홍보학	광고홍보학과
언론 · 방송 · 매체학	언론정보학과(신문방송학과), 정보미디어학과
사회학	사회학과
가족 · 사회 · 복지학	사회복지학과, 아동 · 청소년 · 노인복지학과
관광학	관광경영학과, 호텔경영학과, 항공서비스과
법학	법학과
정치 · 외교학	정치외교학과
국제과	국제관계학과
행정학	행정학과, 경찰행정학과, 보건행정학과, 비서학과(국제사무학과)
도시 · 지역학	도시계획학과
지리학	지리학과

● 교육계열

교육계열	
교육학	교육학과, 교육공학과, 교육심리학과
유아교육학	유아교육학과, 보육학과
특수교육학	특수교육과
초등교육학	초등교육과
언어교육학	국어교육과, 영어교육과, 일어교육과, 독어교육과, 불어교육과

교육계열	
인문교육학	윤리교육과
사회교육학	사회교육과, 역사교육과, 지리교육과
공학교육학	컴퓨터교육과
자연계교육학	가정교육과, 과학교육과, 물리교육과, 생물교육과, 수학교육과, 지구과학교육과, 화학교육과
예체능교육학	미술교육과, 음악교육과, 체육교육과

● **자연계열**

자연계열	
농업학	농학과, 농공학과, 축산학과, 축산가공학과
수산학	수산가공학과
산림 · 원예학	산림학과, 임산공학과, 원예학과
생명과학(생명공학)	생명과학과(생명공학과)
생물학	생물학과
동물 · 수의학	수의학과(수의예과), 애완동물과
자원학	자원학과
화학	화학과
환경(공)학	환경(공)학과
가정관리학	아동가족학과, 소비자주거학과
식품학	식품영양학과, 식품공학과, 식품조리과, 제과제빵과
의류 · 의상학	의류 · 의상학과
수학	수학과
통계학	통계학과
물리 · 과학	물리학과

자연계열	
천문 · 기상학	천문우주학과, 대기과학과
지구학	지질학과, 지적학과

● 공과계열

공과계열	
건축학과	건축(학)과, 건축공학과, 건축설비(공학)과
조경학	조경학과
토목공학	토목공학과
도시 · 교통공학	도시공학과, 교통공학과
기계공학	기계(공학)과, 메카트로닉스(공학)과, 자동차(공학)과
항공우주 · 해양공학	항공우주공학과, 해양공학과
전기 · 전자공학	전기(공학)과, 전자(공학)과
광학 · 에너지공학	광학공학과, 안경광학과, 에너지공학과
소재 · 재료학	재료공학과, 반도체공학과, 섬유공학과
컴퓨터 · 정보통신공학	컴퓨터공학과, 소프트웨어공학과, 정보통신공학과
산업공학	산업공학과
화학공학	화학공학과

● 의학계열

의학계열	
의학	의학과(의예과)
치의학	치의학과(치의예과)
한의학	한의학과(한의예과)

의학계열	
간호학	간호학과
약학	약학과, 제약학과, 한약학과
치위생학	치위생과
보건(관리)학	보건(관리)학과
임상병리학	임상병리(학)과
방사선학	방사선과
응급구조학	응급구조과
재활학	재활학과, 물리치료(학)과, 직업치료(학)과
의료공학 · 의료장비	의료공학과, 치기공과

● **예체능계열**

예체능계열	
디자인	산업디자인학과, 시각디자인학과, 공업디자인학과, 패션디자인학과, 실내디자인학과
공예	공예학과, 도예학과
사진 · 만화	사진학과, 애니메이션학과
영상 · 연극 · 영화	방송영상학과, 연극영화학과, 방송연예과
미용	뷰티아트과
무용	무용학과
체육	체육학과, 사회체육학과, 레저스포츠학과, 운동처방과, 경호학과
순수미술	회화과, 동양화과, 서양화과
조형	조소과
음악	기악과, 성악과, 작곡과, 국악과, 실용음악과

이색학과

이색학과	
식품, 보건의료 및 웰빙	국제소믈리에과, 보건허브과, 커피바리스타 전공, 웰빙테라피과, 트리콜로지&헤어과, 다이어트정보과, 병원코디네이터과, 실버케어복지과, 장례복지과, 반려동물 매개 복지전공, 외식산업 미스터피자 전공
과학, 정보통신 및 스포츠	로봇테크전공, 모바일게임과, 유비쿼터스 정보응용전공, e-스포츠게임과, 시계주얼리과, 자동차모터스포츠과, 레이싱모델전공, 골프학과, 요가치유학과, 이종격투기 전공, 승마조련 전공, 카이로스포츠과, 격기지도학과, 특수체육전공(09년 신설예정), 조선레저선박과(09년 신설예정), 골프프로캐디과(09년 신설예정), 카오디오과(09년 신설예정)
문화예술 및 서비스	컬러리스트 전공, 큐레이터과, 명리학 전공, 푸드코디네이션과, 폴로리스트과, 화장품 · 향수전공, 호텔카지노과, 문화재과, 서비스유통과, 자동차딜러과(09년 신설예정), 한옥문화산업과(09년 신설예정)
디자인, 방송 및 이벤트	동물조련이벤트과, 미술학과, 보석감정딜러&디자인과, 신발패션산업과, 안경디자인과, 인형캐릭터 창작전공, 토이디자인학과, 쇼핑호스트과, 스타일러스트과, 웨딩이벤트과, 발송MC과(09년 신설예정), 방송엔터테이너 모델계열-무술연기 전공(09년 신설예정)
경영, 금융 및 보안	유통프랜차이즈 전공, 리조트개발학과, 한우관광산업과, 발명 · 특허공무원학과, 자산운용학과, 콜마케팅과, 국방과학기술학과, 부사관과, 특수무기과 · 유도탄약과, 교정보호학과

성적보다 적성이 우선이잖아요

적성을 살려주는 실전 진로상담

1975년 3월 28일(양) 신(申)시생

시	일	월	연
庚	癸	己	乙(乾)
申	酉	卯	卯

77	67	57	47	37	27	17	7
辛	壬	癸	甲	乙	丙	丁	戊
未	申	酉	戌	亥	子	丑	寅

　어느 날 중년 귀부인이 아들의 사주라면서 위 사주를 불러주었다. 이 사주는 가족 상담을 할 때마다 적성을 고려한 진로와 직업 선택이 얼마나 중요한지를 늘 새롭게 일깨워준다.

　위 사주는 목(木) 식상 50점, 화(火) 재성 0점, 토(土) 관성 10점, 금(金) 인성 40점, 수(水) 비겁 10점이다. 격국을 보면 내격의 식신격, 인성발달격, 식신발달격, 도화격, 월상편관격, 연살도화격으로 평생 연습하고 연구하는 예술 방면의 교수 또는 예술적 끼를 발휘하고 가르치는 직업이 잘 어울린다. 특히 묘목(卯木) 도화살은 미술 계통에 적성이 있어서 평생 그림을 그리면서 끼를 발휘하고 학생들을 가르치면 적성과 취미가 맞아 최고의 행복을 누릴 수 있다. 다만, 묘신(卯申) 귀문관살이 강하고 음 기운도 강하므로 돌파력이나 배짱은 부족하다.

　위의 분석내용을 듣고 내담자는 눈물을 흘리며 속내를 털어놓았다. 어려서부터 공부도 잘하고 그림도 잘 그렸던 아들은 미대에 진학하려고 했는데, 부모의 희망 때문에 어쩔 수 없이 의대에 진학했다고 한다. 결국 아들은 의대를 자퇴하고 도예공장에서 10년 동안 도예를 배웠는데, 부모는 아들이 30세가 될 때까지 그 사실을 몰랐다는 것이다. 그 아들이 처음부터 자신의 적성을 살려 진학했다면 얼마나 좋았을까? 필자는 사주에 나온 대로 미술을 전공하도록 강력하게 권장했다. 30세라도 늦지 않은 나이이니, 적성을 바꿀 수 있다는 것이 얼마나 행운인가?

KEY POINT

→ 편중될수록 양의 기질이 강하다.

→ 조울증은 음의 기운과 양의 기운이 결합되어 혼란스러울 때 발생한다.

→ 연(年)에 갑병무경임(甲丙戊庚壬)이 있다고 해서 양의 기질이 강하다고 설명하기는 어렵다.

→ 자폐증 증세는 음의 기운이 많은 사람이 분리불안장애나 큰 사건·사고로 스트레스를 받았을 때 나타난다.

실 전 문 제

1 다음 중 음에 해당하는 내용이 아닌 것은?

① 을정기신계(乙丁己辛癸)가 많을수록 음의 기질이 강하다.
② 금(金)과 수(水)가 많을수록 음의 기질이 강하다.
③ 귀문관살이 있으면 음의 기질이 강하다.
④ 띠 동물 중에 쥐, 토끼, 뱀, 양, 닭, 돼지가 음의 기질이 강하다.
⑤ 오행이 편중된 사주일수록 음의 기질이 강하다.

2 다음 중 음의 기질이 강할 때 발생하는 질병이 아닌 것은?

① 우울증   ② 알레르기   ③ 과민성대장 증후군
④ 스트레스성 위장장애   ⑤ 조울증

3 다음 중 양의 기질이 강한 사주에 대한 설명으로 틀린 것은?

① 연주에 양에 해당하는 갑병무경임(甲丙戊庚壬)이 있으면 양의 기질이 강하다.
② 양팔통 사주이거나 양팔통에 가까운 사주이면 양의 기질이 강하다.
③ 목(木)과 화(火)가 많을수록 양의 기질이 강하다.
④ 괴강살, 백호대살, 양인살이 많을수록 양의 기질이 강하다.
⑤ 오행이 편중된 사주일수록 양의 기질이 강하다.

4 다음 중 양의 기질이 강할 때 나타나는 현상이 아닌 것은?

① 조울증   ② 자폐증   ③ 갑상선 질환
④ 화병   ⑤ 정서불안

5 다음 사주를 음양으로 올바르게 분석한 것은?

시	일	월	연
癸	己	丁	辛 (乾)
酉	酉	酉	丑

① 금수(金水)가 많아서 음적인 기질이 매우 강하다.

② 편중되어 있어 양적인 기질이 매우 강하다.

③ 금수(金水)가 강하고 음팔통이기 때문에 음적인 기질도 강하지만, 편중되어 있어서 양적인 기질도 강하다.

④ 기토(己土) 일간이므로 음적인 기질이 강하다.

⑤ 분석할 수 없다.

6 다음 중 목(木) 오행의 성격을 분석할 수 있는 것이 아닌 것은?

① 목(木) 연간   ② 목다(木多) 사주   ③ 목(木) 발달

④ 목(木) 일간   ⑤ 목(木) 월지

7 다음 오행 성격 중 올바른 짝이 아닌 것은?

① 목(木) - 자유지향적인 성격   ② 화(火) - 열성지향적 성격

③ 토(土) - 안정지향적인 성격   ④ 금(金) - 완벽지향적 성격

⑤ 수(水) - 생각지향적인 성격

여기 정답!   1) 5   2) 5   3) 1   4) 2   5) 3   6) 1   7) 3

KEY POINT

→ 금수(金水)가 강하고 음팔통 사주여서 음 기운이 강하지만, 편중되어 있기 때문에 독립하고 싶고 자유롭고 싶은 양적 기질도 강하다.

→ 연간에 특정 오행이 있다고 해서 그 오행의 성격이 나타나기는 힘들다.

→ 토(土)는 명예지향적, 여유지향적인 성격이 강하다.

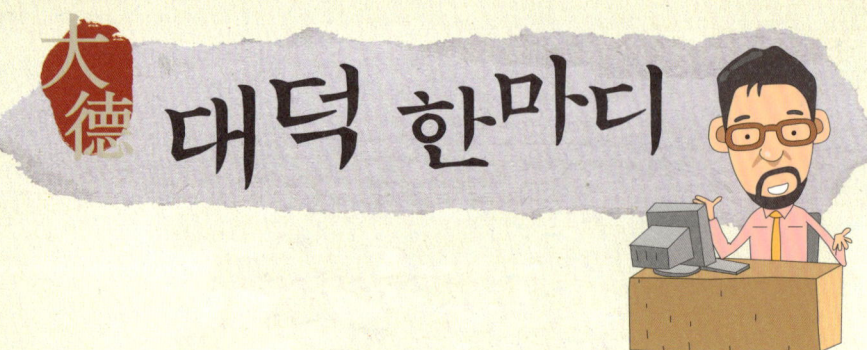

절망을 희망으로 바꾸어주는 사주 상담

어떤 사람이 커다란 냉동창고에 들어가 일하게 되었다. 그런데 일을 막 시작하려는 순간 문이 닫히고 말았다. 그는 있는 힘을 다해 문을 열어보려고 했지만 문이 밖에서 잠겨 열리지 않았다. 그는 불안해졌고, 이젠 꼼짝없이 얼어 죽게 되었다고 생각했다.

사실 그 냉동창고는 하루 전에 고장나서 전기 코트를 빼놓은 상태로, 비록 찬 기운이 강하게 남아 있긴 해도 얼어 죽을 정도로 낮은 온도는 아니었다. 그러나 이 사실을 알 리 없는 그는 미친 듯이 문을 두드리다 지쳐 쓰러지고 말았다.

그는 금세 얼어 죽을 것이란 생각에 온몸이 떨리고 얼어가기 시작했다. 그래서 냉동창고 한쪽 구석에 누워 다가오는 죽음을 맞이하기로 생각했다. 그는 수첩을 꺼내 유서를 썼다.

"나의 몸은 점점 차가워지고 얼어가고 있다. 죽음이 다가오고 있다……."

하루가 지난 후 사람들이 냉동창고에서 그를 발견했을 때 그는 이미 싸늘한 주검이 되어 있었다.

그런데 사람들은 그의 죽음을 도저히 이해할 수 없었다. 그 냉동창고는 코드를 빼놓아서 춥지도 않았고, 산소도 충분했기 때문이었다. 그가 죽은 진짜 이유는 무엇이었을까?

그가 죽은 진짜 이유는 절망과 두려움이었다. 아무리 두드려도 누구 하나 들어줄 리 없는 냉동창고에 갇혀 있다고 생각하고, 실제로는 가동되고 있지도 않은 냉동창고에서 얼어 죽고 말 것이란 절망과 두려움이 한없이 몰려와 심장마비로 사망하게 된 것이다.

　절망과 두려움이 우리를 죽음으로 몰아간다면, 희망과 즐거움은 우리를 삶으로 이끌어준다. 우리가 가지고 있는 희망과 믿음이 곧 살아가는 힘이 된다.

　사주명리학은 사람들에게 희망을 꿈꿀 수 있게 도와주고, 믿음을 가지고 실천할 수 있게 도와주어야 한다. 사주명리 상담가들은 이러한 사주명리학의 존재 이유를 따라 사람들에게 희망의 생각을 전해주고 행동으로 실천할 수 있게 도와주어야 한다.

　지금까지의 사주명리학 역사는 사이비, 미신, 협박, 겁주기, 부적, 굿의 테두리에서 벗어나지 못했다. 사주팔자를 보러 가서 희망을 듣기보다는 장래에 대한 불안만 커지기 일쑤였다. 그러는 사이 사주명리학은 사람들로부터 점점 더 부정적인 평가를 받게 되었다.

　이제 사주명리학은 부정의 역사, 좌절의 역사에서 벗어나 희망과 긍정의 역사로 나아가야 한다. 부정적 상담, 좌절하게 만드는 상담에서 긍정적 상담, 희망을 주는 상담으로 거듭나야 한다. 사주명리학과 더불어 동양의 역학과 운명학이 죽음을 이야기하지 말고 살아가는 희망을 이야기하고, 미래 삶의 조언자가 되는 행복한 학문이 되길 바란다.

사주명리학과 성격성명학 모두 각각의 성격 유형을 가지고 있다. 사주명리학의 중심인 사주팔자는 태어나면서 결정되기 때문에 선천적인 성격 유형이 나타나고, 성격성명학의 중심인 이름은 사람들에게 불려지면서 후천적인 성격 유형이 나타난다. 사주팔자에 나타나는 성격이 있고 이름에 나타나는 성격이 있으므로, 이 두 가지가 결합하여 성격이 형성되어 간다고 볼 수 있다. 따라서 사주팔자에서 나타나는 성격과 성격성명학에서 나타나는 성격 유형을 종합적으로 판단하면 그 사람의 성격을 정확하게 판단할 수 있다.

2

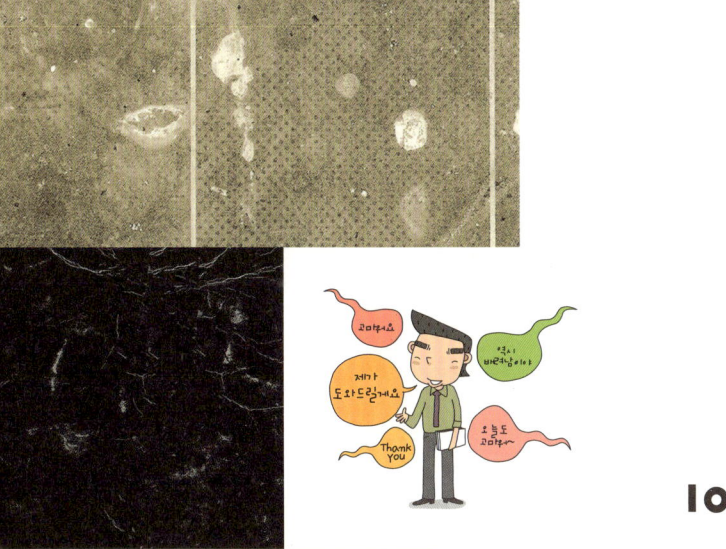

2

10성격 유형의 심리 분석

chapter 02

10성격 유형의 **심리 분석**

02

---

1. 성격 유형의 의의

사주명리학과 성격성명학 모두 각각의 성격 유형을 가지고 있다. 사주명리학의 중심인 사주팔자는 태어나면서 결정되기 때문에 선천적인 성격 유형이 나타나고, 성격성명학의 중심인 이름은 사람들에게 불려지면서 후천적인 성격 유형이 나타난다. 사주팔자에 나타나는 성격이 있고 이름에 나타나는 성격이 있으므로, 이 두 가지가 결합하여 성격이 형성되어 간다고 볼 수 있다. 따라서 사주팔자에서 나타나는 성격과 성격성명학에서 나타나는 성격 유형을 종합적으로 판단하면 그 사람의 성격을 정확하게 판단할 수 있다.

〈 사주명리학 〉

〈 성격성명학 〉

1 사주명리학과 성격성명학의 성격 유형

사주명리학은 사주팔자의 오행과 육친을 보고 성격 유형을 분류하고, 성격성명학은 출생년도와 이름자의 음양오행을 보고 성격 유형을 분류한다. 분류 기준이 서로 다르지만, 사주명리학의 성격 유형과 성격성명학의 성격 유형은 서로 비슷한 점이 있다.

다음 표는 비슷한 성격 유형들을 정리한 것으로, 예를 들어 사주명리학(오행)의 목(木) 유형은 성격성명학의 정관 유형과 닮아 있고, 사주명리학(육친)의 비겁 유형은 성격성명학의 비견 유형과 닮아 있다.

● 사주명리학과 성격성명학의 성격 유형

사주명리학(오행과 육친)의 성격 유형	성격성명학의 성격 유형
1. 목(木) 유형	1. 정관 유형
2. 화(火) 유형	2. 편인 유형
3. 토(土) 유형	3. 정재 유형
4. 금(金) 유형	4. 겁재 유형
5. 수(水) 유형	5. 식신 유형
6. 비겁 유형	6. 비견 유형
7. 식상 유형	7. 상관 유형
8. 재성 유형	8. 편재 유형
9. 관성 유형	9. 편관 유형
10. 인성 유형	10. 정인 유형
11. 양적인 유형 : 목화다(木火多), 양팔통	
12. 음적인 유형 : 금수다(金水多), 음팔통	
13. 걱정이 많은 유형(소심형) : 귀문관살	
14. 고집이 많은 유형(대범형) : 괴강살, 백호대살, 양인살	

② 10성격 유형의 정의

10성격 유형은 사주팔자의 오행과 육친으로 구분한 10가지 성격 유형과 성격성
명학의 10가지 성격 유형을 비슷한 성격끼리 묶은 것이다. 예를 들어, 배려하는
유형은 사주명리학의 목(木) 유형, 성격성명학의 정관 유형에 해당한다.

● 10성격 유형의 종류와 심리

10성격 유형	사주명리학의 오행과 육친	성격성명학의 성격 유형	심리
배려하는 유형	목(木)	정관	감정과 인간성을 추구한다
특별한 유형	화(火)	편인	감수성과 신속함을 추구한다
여유로운 유형	토(土)	정재	상상력과 꾸준함을 추구한다
완벽한 유형	금(金)	겁재	사고와 원리원칙을 추구한다
생각하는 유형	수(水)	식신	감각과 경험을 추구한다
보여주고 싶은 유형	비겁	비견	직관과 가능성을 추구한다
창조적 유형	식상	상관	판단과 새로움을 추구한다
어울리는 유형	재성	편재	관계와 부드러움을 추구한다
지배하는 유형	관성	편관	성공과 적극성을 추구한다
충성하는 유형	인성	정인	인식과 정보 수집을 추구한다

2. 사주명리학으로 보는 10성격 유형

① 10성격 유형의 종류

10성격 유형은 사주명리학과 성격성명학의 선천적·후천적 성격 유형을 모두 포

함한 개념이다. 사주팔자와 이름의 음양오행에 따라 한 가지 성격 유형이 나타나기도 하고, 여러 유형이 공존하기도 한다. 여기서는 선천 성격 유형에 초점을 두어 사주팔자의 음양과 육친으로 10성격 유형을 설명한다.

10성격 유형은 크게 Ⅰ유형, Ⅱ유형, Ⅲ유형으로 나누어진다. Ⅰ유형은 사주팔자의 오행 분포에 따라 정해지고, Ⅱ유형은 사주팔자의 육친 분포에 따라 정해진다. Ⅰ유형 5가지와 Ⅱ유형 5가지는 각각 사주팔자의 기질이 음적인가 양적인가, 소심한가 대범한가에 따라 Ⅲ유형으로 세분된다.

Ⅰ유형

Ⅰ유형은 사주팔자의 오행 분포에 따라 정해진다. 각각의 유형은 생극관계를 이루고, 그로 인해 날개와 완성을 가진다. 날개는 유형별로 생을 하거나 생을 받는 관계이고, 완성은 극을 하거나 극을 받는 관계이다.

① 배려하는 유형 : 착한 사람, 따뜻한 사람, 인정이 넘치는 사람, 나누는 사람.
② 특별한 유형 : 화려한 사람, 세련된 사람, 깔끔한 사람, 보여주고 싶은 사람, 타인을 의식하는 사람, 낭만적인 사람.
③ 여유로운 유형 : 고집센 사람, 무심한 사람, 평화로운 사람, 차분한 사람.
④ 완벽한 유형 : 계획적인 사람, 꼼꼼한 사람, 원리원칙적인 사람, 생각을 먼저 하는 사람.
⑤ 생각하는 유형 : 정보를 수집하는 사람, 관찰하는 사람, 판단하는 사람, 두려움이 있는 사람, 저장하는 사람

POINT

Ⅰ유형

사주팔자의 오행 분포를 기준으로 하며, 목(木)은 배려하는 유형, 화(火)는 특별한 유형, 토(土)는 여유로운 유형, 금(金)은 완벽한 유형, 수(水)는 생각하는 유형이다.

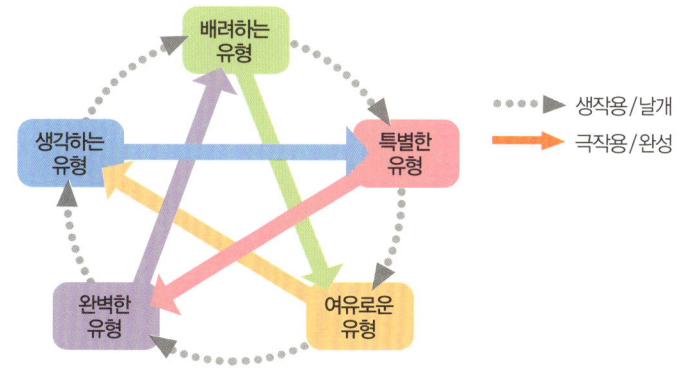

POINT

Ⅱ유형

사주팔자의 육친 분포를 기준으로 하며, 비겁은 보여주고 싶은 유형, 식상은 창조적 유형, 재성은 어울리는 유형, 관성은 지배하는 유형, 인성은 충성하는 유형이다.

Ⅱ유형

Ⅱ유형은 사주팔자의 육친 분포에 따라 정해진다. Ⅰ유형과 마찬가지로 Ⅱ유형 역시 각각의 유형은 서로 생극관계를 이루고, 그로 인해 날개와 완성을 가진다. 날개는 유형별로 생을 하거나 생을 받는 관계이고, 완성은 극을 하거나 극을 받는 관계이다.

① 보여주고 싶은 유형 : 돋보이고 싶은 사람, 인정받고 싶은 사람, 칭찬받고 싶은 사람.

② 창조적 유형 : 조언하는 사람, 아이디어가 반짝이는 사람, 표현하는 사람.

③ 어울리는 유형 : 대인관계가 좋은 사람, 타인과 잘 지내는 사람, 부드러운 사람.

④ 지배하는 유형 : 배짱이 있는 사람, 권위적인 사람, 통제하는 사람, 명예를 추구하는 사람, 지기 싫어하는 사람, 자기 주장이 강한 사람, 성공지향적인 사람.

⑤ 충성하는 유형 : 함께하는 사람, 의존하는 사람, 인정이 많은 사람, 인덕이 많은 사람.

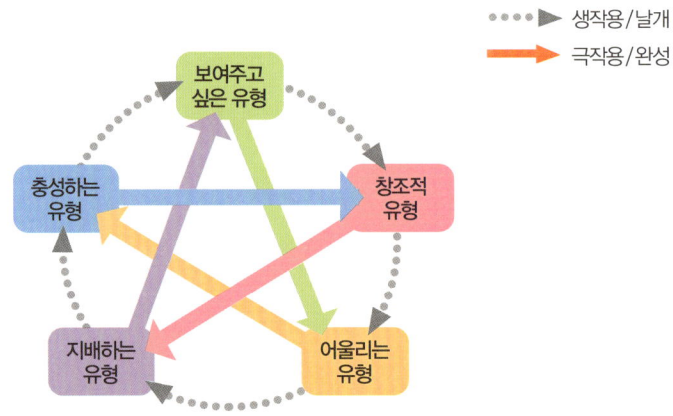

Ⅲ유형

Ⅲ유형은 쉽게 말해 Ⅰ유형과 Ⅱ유형을 양적인가(외향적인가) 음적인가(내성적인가), 그리고 고집이 많은가(대범형) 걱정이 많은가(소심형)로 다시 구분한 것이다.

Ⅰ유형과 Ⅱ유형의 각 유형은 Ⅲ유형에 해당하는 외향적이거나 내성적인 성향 그리고 고집이 많거나 걱정 많은 성향을 가지고 있다. 예를 들어, 배려하는 유형

은 외향적인 배려하는 유형과 내성적인 배려하는 유형, 그리고 고집이 많은 배려하는 유형과 걱정 많은 배려하는 유형으로 나누어진다. 그러므로 Ⅰ유형과 Ⅱ유형의 사람들은 Ⅲ유형의 성격을 함께 가지고 있다고 볼 수 있다.

① 외향적인 사람(외향형).
② 내성적인 사람(내성형).
③ 고집이 많은 사람(대범형).
④ 걱정이 많은 사람(소심형).

POINT

Ⅲ유형
- - - - - - - - - - - - -
Ⅰ유형과 Ⅱ유형의 보조 역할을 하며, 외향형과 내성형, 대범형과 소심형으로 나누어진다.

10성격의 각 유형은 긍정적인 행동을 할 때도 있고 부정적인 행동을 할 때도 있다. 스트레스가 심하거나 누군가와 헤어지거나 배신당하여 분리불안장애가 있는 사람은 부정적 성격이 증가하고, 반대로 기분이 좋거나 자기 절제와 통제를 잘하는 사람은 긍정적 성격이 증가한다.

이중에서 부정적 성격이 증가하면 원래 유형에서 뒤로 후퇴하여 그 뒤 유형의 부정적인 특징이 강하게 나타난다. 예를 들어, 배려하는 유형에게 스트레스와 분리불안장애가 생기면 그 뒤 유형인 생각하는 유형의 단점 성격이 많이 나타난다는 것이다. 그로 인해 배려하는 유형에게 생각하는 유형의 부정적인 성격, 즉 쓸데없는 걱정과 회피하거나 폭발하는 성격이 나타난다.

긍정적인 행동은 자신을 잘 통제하고 세상을 긍정적으로 바라보는 사람들에게 나타나는데, 이들은 자신의 성격 유형이 극하는 유형의 장점 또한 강하게 나타난다. 예를 들어, 배려하는 유형인데 긍정적이고 희망적인 성격이 나타나면 여유로운 유형의 사람들과 잘 어울리고, 포용력이 생긴다. 배려하는 사람은 착해야 한다, 배려해야 한다는 생각 때문에 오히려 타인과 잘 어울리지 못할 때가 많은데, 긍정적인 배려하는 유형은 여유로운 성격이므로 주위사람들과 좋은 관계를 맺는다. Ⅰ유형과 Ⅱ유형 모두 같은 방법으로 분석한다.

2 날개와 완성

오행과 육친을 바탕으로 하는 10성격 유형은 서로 생작용과 극작용을 주고받는다. 10성격 유형의 날개와 완성은 이러한 생극작용을 떠올리면 이해하기 쉽다. 특정 성격 유형의 좌우에 위치하면서 그 성격 유형을 생하는 것 그리고 그 성격 유형으로부터 생을 받는 것이 날개이다. 그리고 특정 성격 유형을 중심으로 그 유형을 극하는 것 그리고 그 성격 유형이 극하는 것을 완성이라고 한다.

1) 날개

사주명리학의 오행이 다른 오행과 상생작용을 하는 것처럼, 10성격 유형 각각은 새의 날개처럼 양쪽에 상생작용을 주고받는 성격 유형을 가지고 있고 이것을 날개라고 한다. 복잡해 보이지만, 사주 주인공의 사주팔자에서 가장 유력한 오행(육친)이 무엇인지를 먼저 찾아낸 뒤, 그 오행을 생하는 오행과 또 그 오행이 생하는 오행을 찾아 그 오행이 나타내는 성격 유형을 날개로 정하면 된다.

날개는 사주 주인공이 마음 속으로 바라고 추구하는 성격 유형으로, 서로 상생 관계이기 때문에 완성에 비해 어느 정도 사주 주인공이 그 성격을 가지고 있다.

2) 완성

사주팔자의 오행과 육친에 따라 사람의 성격은 10가지 유형으로 구분되고, 이 10 유형은 사주 구성에 따라 강할 수도 있고 약할 수도 있으며, 외향적 · 내성적 형태와 대범·소심의 형태로 분류되기 때문에 한 사람의 성격 유형은 매우 다양한 모습을 나타내게 된다. 이렇게 다양한 모습이지만, 각각의 유형은 가지고 있지 않은 성향이 있다. 자신에게 없거나 부족한 모습을 보완하고 자신이 가진 장점을 활용하여 최상의 인생을 살아가는 것이 바로 완성이다. 완성은 극의 관계인 성격 유형으로, 사주 주인공이 갖고 있지 않거나 부족한 성격 유형을 말한다. 자신에게 없거나 부족한 성격을 보완하여 지금보다 더 나은 인생을 살아가게 자극한다는 의미에서 완성이라고 한다.

예를 들어, 사주팔자에 목(木)이 많으면 배려하는 유형이다. 목(木)을 극하는 것은 금(金)이고, 목(木)이 극하는 것이 토(土)이다. 목(木)은 다른 사람을 배려하는 장점이 있는 반면, 완벽을 추구하는 금(金)과 여유로움을 추구하는 토(土)가 부족하기 쉽다. 자신에게 없는 두 가지 성격을 보완해야 조화로운 성격이 되고 삶도 보다 잘 꾸려나갈 수 있다. 그러나 각각의 성격 유형에 스트레스와 분노가 강하게 존재하면 완성이 오히려 단점으로 작용할 수 있으므로 주의한다.

인간은 누구나 불완전한 상태로 태어난다. 갓난아기를 보자. 갓난아기는 부모나 돌보는 사람이 없으면 생존조차 힘들다. 인격적인 것은 말할 나위도 없다. 더불어 인간의 내면에는 선과 악이 공존한다. 상대를 이해하고 사랑하며 그 사람이 자신의 삶을 다 살아갈 수 있도록 도와주는 선도 존재하고, 상대를 미워하거나 집착하고 그 사람의 삶에 피해를 주는 악도 존재한다. 10가지 성격 유형은 선과 악이 공존하는 인간의 단점과 장점을 그대로 보여준다.

어느 누구도 완벽한 성격, 10가지 성격 유형의 장점만을 타고날 수는 없다. 태어나자마자 사주팔자로 결정되는 선천적인 성격 그리고 태어난 뒤 다른 사람들에게 이름이 불려지며 결정되는 후천적 성격 유형을 모두 합쳐도 10가지 성격을 모두 가질 수는 없다는 것이다. 그러므로 사람이라면 누구나 단점이 존재하게 된다. 이 10가지 성격 유형에서 장점만을 취할 수 있다면 성인(聖人)처럼 완성된 인격체가 되겠지만, 현실은 그렇지 않다. 사람은 이렇게 장점과 단점을 모두 가지고 있으므로 자신의 장점은 극대화하고 단점은 보완하기 위해 노력해야만 인간적으로 훌륭한 삶 그리고 성공적인 삶을 살아갈 수 있다.

10가지 성격 유형을 볼 때 한 가지 주의할 점이 있다. 바로 각각의 성격 유형은 장점과 단점을 모두 가지고 있다는 것이다. 어떤 유형이 더 좋고 어떤 유형이 더 나쁘다고 판단할 수 없다. 이것은 사주팔자의 오행과 육친을 보고 어떤 것이 더 좋고 어떤 것이 더 나쁘다고 판단할 수 없는 이치와 같다. 그러므로 자신이 어떤 성격 유형에 해당하든 긍정적으로 받아들이고, 장점을 살리고 단점을 보완하기 위해 노력해야 한다. 자신에게 없는 성격 유형에 집착하면서 부정적인 생각과 행동을 키우다 보면 점점 더 나쁜 상황으로 자신을 몰아가게 된다. 예를 들어, 배려하는 성격 유형은 자신의 장점을 살려 사람들에게 베풀고 더불어 함께하면서 행복을 느낄 수 있지만, 단점으로 가면 집착과 희생을 강요하게 될 것이다. 누구든 자신의 성격 유형이 다른 성격 유형에 비해 나쁘다고 생각하면 부정적으로 작용하여 집착이 되기 쉽다.

모든 성격 유형은 좋고 나쁜 것이 아니고 긍정적인 모습과 부정적인 모습이 공존하는 것이다. 하나의 유형이 모든 장점을 가질 수 없으므로 자신과 다른 유형과 힘을 합쳐야만 세상이 완성되어가고, 자기 자신도 성장해간다.

❸ 10성격 유형의 날개와 완성

1) I 유형
I 유형은 1유형 배려하는 유형, 2유형 특별한 유형, 3유형 여유로운 유형, 4유형 완벽한 유형, 5유형 생각하는 유형으로 이루어진다.

❶ I 유형의 날개
날개는 말 그대로 새의 두 날개를 떠올리면 이해하기 쉽다. 앞서 설명한 것처럼 유형마다 그 유형과 생을 주고받는 두 유형이 마치 새의 두 날개처럼 좌우에 위치하고 있다.

날개는 본인이 가지고 있지 못하기 때문에 늘 마음 속에서 추구하고 바라는 성격이다. 예를 들어, 배려하는 유형은 자신이 가지고 있지 못하거나 부족한 성격인 특별한 유형과 생각하는 유형을 선호하고 마음 속으로 추구한다.

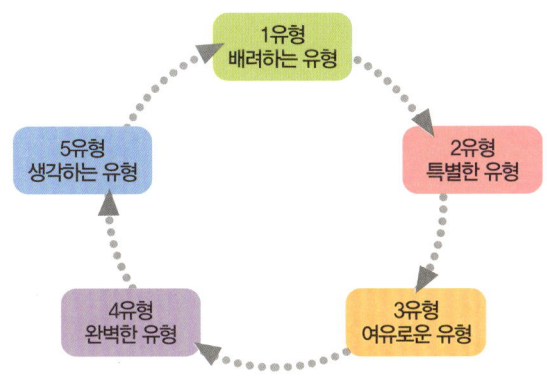

● ㅣ유형의 날개

유형의 종류	날개의 성격
1유형 배려하는 유형	2유형과 5유형
2유형 특별한 유형	1유형과 3유형
3유형 여유로운 유형	2유형과 4유형
4유형 완벽한 유형	3유형과 5유형
5유형 생각하는 유형	4유형과 1유형

❷ ㅣ유형의 완성

날개가 생의 관계라면 완성은 극의 관계, 즉 유형마다 그 유형과 극을 주고받는 성격 유형을 말한다. 오행의 상극작용을 떠올리면 이해하기 쉬울 것이다. 완성과 날개 모두 사주 주인공이 가지고 있지 않은 성격 유형이다. 그러나 날개가 상생작용을 하고 성격상 어느 정도 비슷한 면이 있는 반면, 완성은 상극작용을 하고 전혀 가지고 있지 않은 성격이라는 점이 다르다.

누구나 자신이 타고난 성격과 타고나지 않은 성격을 동시에 사용할 수 있다면 자신이 원하는 성공적이고 행복한 삶을 살아갈 수 있을 것이다. 예를 들어, 배려하는 유형의 완성은 4유형 완벽한 유형과 3유형 여유로운 유형인데, 자신이 전혀 가지고 있지 않은 두 성격 유형을 갖추기 위해 지속적으로 노력하고, 그 결과 자신의 성격 유형을 다중 성격으로 만들어간다면 인격적으로 완성되고 성숙해진다는 것이다.

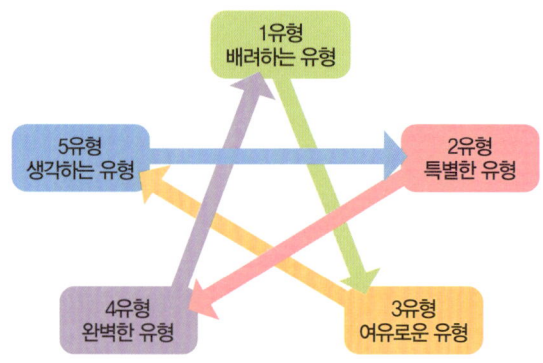

● I 유형의 완성

유형의 종류	완성의 성격
1유형 배려하는 유형	3유형과 4유형
2유형 특별한 유형	4유형과 5유형
3유형 여유로운 유형	5유형과 1유형
4유형 완벽한 유형	1유형과 2유형
5유형 생각하는 유형	2유형과 3유형

2) II유형

II유형은 1유형 보여주고 싶은 유형, 2유형 창조적 유형, 3유형 어울리는 유형, 4유형 지배하는 유형, 5유형 충성하는 유형으로 이루어진다.

❷ ∥유형의 날개

날개는 앞서 설명한 것처럼 자신의 유형 좌우에 있는 유형으로, 평소 바라고 추구하는 성격이다. 예를 들어, 보여주고 싶은 유형은 자신이 갖고 있지 않은 충성하는 유형과 창조적 유형을 바라고 추구한다.

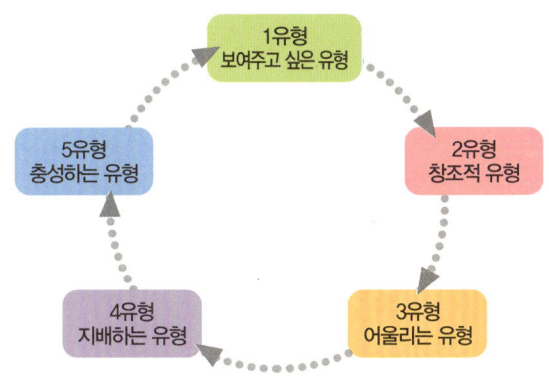

유형의 종류	날개의 성격
1유형 보여주고 싶은 유형	2유형과 5유형
2유형 창조적 유형	1유형과 3유형
3유형 어울리는 유형	2유형과 4유형
4유형 지배하는 유형	3유형과 5유형
5유형 충성하는 유형	4유형과 1유형

● ∥유형의 날개

❷ ∥유형의 완성

자신에게 없는 완성 유형의 성격을 만들기 위해 노력하는 과정에서 인격적으로 성숙해지고 만족감과 행복을 느낄 수 있고, 나아가 완성된 인생과 삶을 살아갈 수 있을 것이다.

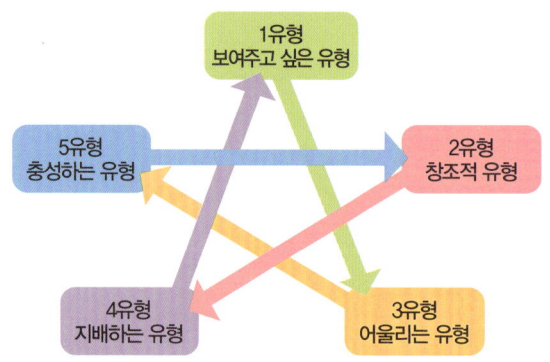

● **II유형의 완성**

유형의 종류	완성의 성격
1유형 보여주고 싶은 유형	3유형과 4유형
2유형 창조적 유형	4유형과 5유형
3유형 어울리는 유형	5유형과 1유형
4유형 지배하는 유형	1유형과 2유형
5유형 충성하는 유형	2유형과 3유형

2) III유형

III유형에는 1유형 내성적인 유형(내성형), 2유형 외향적인 유형(외향형), 3유형 소심한 유형(소심형), 4유형 대범한 유형(대범형) 등이 있다. III유형의 하위 유형인 네 유형은 서로 생극관계가 아니므로 날개와 완성이 없다.

● **III유형의 성격**

보여지는 유형	감추어진 유형
내성형과 외향형	소심형과 대범형

Ⅲ유형은 Ⅰ유형과 Ⅱ유형의 보조 역할을 한다. Ⅰ유형과 Ⅱ유형의 모든 유형은 Ⅲ유형, 즉 보여지는 유형인 외향형과 내성형 그리고 감추어진 유형인 소심형과 대범형으로 나누어진다.

예를 들어 보여지는 유형인 외향형과 내성형을 보자. 세상에는 외향적인 사람도 있고 내성적인 사람도 있다. 이것을 Ⅰ유형의 하나인 배려하는 유형과 관련지어 설명하면, 똑같이 배려하는 유형인데 외향적인 사람도 있고 내성적인 사람도 있다. 다른 유형 역시 마찬가지다. 이렇게 배려하는 유형과 Ⅲ유형이 결합하면 다음과 같은 모습을 보인다.

① 외향적인 배려하는 유형 : 배려하는 유형이면서, 표현하고 보여주고 싶어하는 특별한 유형의 성격이 존재한다.
② 내성적인 배려하는 유형 : 배려하는 유형이면서, 감추고 저장하는 생각하는 유형의 성격이 존재한다.

감추어진 유형인 소심형과 대범형도 Ⅰ유형과 Ⅱ유형의 성격 유형과 결합한다. 여기에 대해서는 다음에 이어지는 10성격 유형의 결합에서 자세하게 다룬다.

4 10성격 유형의 결합

사주명리학으로 보는 성격 유형은 크게 Ⅰ유형 천(天)유형, Ⅱ유형 지(地)유형, Ⅲ유형 인(人)유형 등 세 가지로 나누어진다. 앞서 설명한 것처럼, Ⅰ유형과 Ⅱ유형은 각각 다섯 가지 성격 유형으로 구분되고, 이 10가지 성격 유형을 10성격 유형이라고 한다. 그리고 Ⅲ유형은 4가지 성격 유형으로 구분되지만, 10성격 유형과 별개로 존재하는 것이 아니라 Ⅰ유형과 Ⅱ유형을 다시 세분하는 역할을 한다. 쉽게 말해서 사람의 성격 유형을 먼저 10가지로 크게 나누고, 10가지 유형마다 Ⅲ유형이라는 변수를 두어 더욱 정확하고 세밀한 성격 분석이 가능하게 한 것이다. Ⅰ유형과 Ⅱ유형은 달라지지 않으므로 고정유형, Ⅲ유형은 이것 아니면 저것의 선택을 포함하고 있으므로 변동유형이다.

10성격 유형의 고정유형과 변동유형

Ⅰ유형의 고정유형	Ⅲ유형을 적용한 변동유형			
1유형 배려하는 유형	내성형	외향형	소심형	대범형
2유형 특별한 유형	내성형	외향형	소심형	대범형
3유형 여유로운 유형	내성형	외향형	소심형	대범형
4유형 완벽한 유형	내성형	외향형	소심형	대범형
5유형 생각하는 유형	내성형	외향형	소심형	대범형
Ⅱ유형의 고정유형	Ⅲ유형을 적용한 변동유형			
1유형 보여주고 싶은 유형	내성형	외향형	소심형	대범형
2유형 창조적 유형	내성형	외향형	소심형	대범형
3유형 어울리는 유형	내성형	외향형	소심형	대범형
4유형 지배하는 유형	내성형	외향형	소심형	대범형
5유형 충성하는 유형	내성형	외향형	소심형	대범형

① 1962년 12월 2일(음) 진(辰)시생

시	일	월	연
庚	庚	壬	壬 (乾)
辰	子	子	寅

73	63	53	43	33	23	13	3
庚	己	戊	丁	丙	乙	甲	癸
申	未	午	巳	辰	卯	寅	丑

오행과 육친의 점수

木10 火0 土15 金20 水65

재성 관성 인성 비겁 식상

② 1962년 11월 16일(음) 축(丑)시생

시	일	월	연
乙	甲	壬	壬 (乾)
丑	申	子	寅

78	68	58	48	38	28	18	8
庚	己	戊	丁	丙	乙	甲	癸
申	未	午	巳	辰	卯	寅	丑

오행과 육친의 점수

木30 火0 土0 金15 水65

비겁 식상 재성 관성 인성

Ⅰ유형과 Ⅱ유형에 Ⅲ유형이 혼합되는 것을 위 두 사주를 통해 살펴본다.

먼저 Ⅰ유형으로 보면, 두 사람 모두 수(水) 점수가 65점으로 생각하는 유형이다. 오행 중에서 수(水)는 생각을 먼저 하고 상대방에 대한 배려가 먼저인 타입인데 두 사람 모두 수(水) 점수가 많기 때문이다.

이어서 Ⅱ유형으로 보면, ①번 사주는 식상이 65점이므로 창조적 유형이고, ②번 사주는 인성이 65점이므로 충성하는 유형이다. 그러므로 ①번 사주는 생각하는 유형과 창조적 유형이 결합된 성격이 나타나고, ②번 사주는 생각하는 유형과 충성하는 유형이 결합된 성격이 나타난다. 더불어 Ⅰ유형의 기준으로 볼 때 ①번 사주는 일간이 경금(庚金)이므로 금(金)의 완벽한 유형이 수(水) 65점의 생각하는 유형과 결합되어 있고, ②번 사주는 일간이 갑목(甲木)이므로 목(木)의 배려하는 유형이 수(水) 65점의 생각하는 유형과 결합되어 있다.

결론적으로 두 사람 모두 Ⅰ유형에서 가장 강한 생각하는 유형에, Ⅱ유형에서 ①번 사주는 창조적 유형, ②번 사주는 충성하는 유형이 결합된 성격을 가지고 있다고 할 수 있다.

마지막으로, Ⅲ유형에서는 둘 다 수(水)가 많으므로 내성적인 기질이 강하고 사람을 가려 사귀게 된다. 또한 ①번 사주는 연월일시가 양으로 이루어진 양간 사주이고, ②번 사주는 연월일이 양으로 이루어져 양간의 기운이 강한 사주이면서 귀문관살이 없으므로 대범형이라고 본다.

①번 사주의 주인공은 탤런트 최수종, ②번 사주의 주인공은 민주당 대변인 우상호이다.

1) Ⅰ유형과 Ⅱ유형의 결합

Ⅰ유형과 Ⅱ유형은 서로 결합하여 다음 표와 같은 복합적인 양상을 나타낸다.

● Ⅰ유형과 Ⅱ유형의 결합	
Ⅰ유형과 Ⅱ유형의 결합	유형의 이름
배려하는 유형 – 보여주고 싶은 유형	1–1유형
배려하는 유형 – 창조적 유형	1–2유형
배려하는 유형 – 어울리는 유형	1–3유형
배려하는 유형 – 지배하는 유형	1–4유형
배려하는 유형 – 충성하는 유형	1–5유형
특별한 유형 – 보여주고 싶은 유형	2–1유형
특별한 유형 – 창조적 유형	2–2유형
특별한 유형 – 어울리는 유형	2–3유형
특별한 유형 – 지배하는 유형	2–4유형
특별한 유형 – 충성하는 유형	2–5유형
여유로운 유형 – 보여주고 싶은 유형	3–1유형
여유로운 유형 – 창조적 유형	3–2유형
여유로운 유형 – 어울리는 유형	3–3유형
여유로운 유형 – 지배하는 유형	3–4유형
여유로운 유형 – 충성하는 유형	3–5유형

Ⅰ유형과 Ⅱ유형의 결합	유형의 이름
완벽한 유형 – 보여주고 싶은 유형	4–1유형
완벽한 유형 – 창조적 유형	4–2유형
완벽한 유형 – 어울리는 유형	4–3유형
완벽한 유형 – 지배하는 유형	4–4유형
완벽한 유형 – 충성하는 유형	4–5유형
생각하는 유형 – 보여주고 싶은 유형	5–1유형
생각하는 유형 – 창조적 유형	5–2유형
생각하는 유형 – 어울리는 유형	5–3유형
생각하는 유형 – 지배하는 유형	5–4유형
생각하는 유형 – 충성하는 유형	5–5유형

2) Ⅰ유형 · Ⅱ유형과 Ⅲ유형의 결합

이제 Ⅰ유형 · Ⅱ유형과 Ⅲ유형의 결합에 대해 알아보자.

Ⅲ유형은 내성형과 외향형, 소심형과 대범형으로 나누어진다. 금수다(金水多)에 음팔통 사주는 내성형이고, 목화다(木火多)에 양팔통 사주는 외향형이다. 또한 귀문관살이 있으면 걱정이 많은 소심형이고, 괴강살 · 백호대살 · 양인살이 있으면 고집이 많은 대범형이다.

Ⅲ유형은 이 4가지 유형이 모두 나타나는 것이 아니라 내성형과 외향형 중에 한 가지, 소심형과 대범형 중에 한 가지가 나타난다. 그래서 내성적이면서 소심한 사람도 있고, 내성적이면서 대범한 사람도 있으며, 외향적이면서 소심한 사람도 있고, 외향적이면서 대범한 사람도 있다.

① 내성형(음적인 유형) : 금수다(金水多), 음팔통 사주.

② 외향형(양적인 유형) : 목화다(木火多), 양팔통 사주.

③ 소심형(걱정이 많은 유형) : 귀문관살이 있는 사주.

④ 대범형(고집이 많은 유형) : 괴강살, 백호대살, 양인살이 있는 사주.

● Ⅲ유형의 조합

조합의 형태	유형의 이름
내성형 – 소심형	1 – a
내성형 – 대범형	1 – b
외향형 – 소심형	2 – a
외향형 – 대범형	2 – b

예1) 1980년 9월 12일(양) 오(午)시생

시	일	월	연
戊	戊	乙	庚 (乾)
午	子	酉	申

79	69	59	49	39	29	19	9
癸	壬	辛	庚	己	戊	丁	丙
巳	辰	卯	寅	丑	子	亥	戌

오행과 육친의 점수

木10 火15 土20 金50 水15

관성 인성 비겁 식상 재성

위 사주를 먼저 Ⅰ유형 기준에서 살펴본다. 이 사주는 무토(戊土) 일간이고 금(金)이 50점이다. 그러므로 금(金) 과다에 해당하는 완벽한 유형이 강하게 존재하고, 무토(戊土) 일간에 해당하는 여유로운 유형이 일부 존재한다.

Ⅱ유형 중에서는 식상이 50점이므로 식상에 해당하는 창조적 유형이 강하다. 더불어 도화살 중에서 오(午), 자(子), 유(酉) 세 자가 있으므로 창조적 유형의 기

운이 더욱 강하다.

　Ⅲ유형 중에서는 금수(金水)의 기운이 강하면서도 월일시가 양이므로 음적인 기운과 양적인 기운이 비슷하게 분포한다. 따라서 외향적 성향이 강하면서도 내성적인 성향과 외향적인 성향이 비슷하다. 그리고 자유(子酉) 귀문관살이 있고 금수(金水)가 많으므로 소심형이다.

　이러한 성향을 정리하면, 위 사주는 Ⅰ유형 중에서는 4유형인 완벽한 유형, Ⅱ유형 중에서는 2유형인 창조적 유형, Ⅲ유형 중에서는 외향적인 유형과 소심형에 속하여 2−a로, 전체로 보아 4−2−2−a의 조합을 보인다. 사주의 주인공은 개그맨 유세윤이다.

예2) 1989년 5월 31일(양) 신(申)시생

시	일	월	연
丙	辛	己	己 (坤)
申	卯	巳	巳

72	62	52	42	32	22	12	2
丁	丙	乙	甲	癸	壬	辛	庚
丑	子	亥	戌	酉	申	未	午

오행과 육친의 점수

木15　火50　土20　金25　水0

재성　관성　인성　비겁　식상

위 사주는 촉망받는 모델이었던 고 김다울의 사주이다. Ⅰ유형에 해당하는 화(火) 점수가 50점으로서 특별한 유형(보여주고 싶은 성격이 있는)이므로 패션모델에 매우 잘 어울린다.

　Ⅱ유형에 해당하는 관성 점수가 50점이므로 지배하는 유형이다. 사(巳)월이라서 여름 기운이 시작하고 화(火) 관성이 강하므로, 일을 추진하고 밀고 나가는 능

력을 발휘할 수 있는 타입이다.

Ⅲ유형에서는 묘신(卯申) 귀문관살과 연월일이 음으로 이루어져 있으므로 내성적인 동시에, 화(火) 관성 점수가 50점이므로 대범한 성격도 있다.

Ⅰ유형의 2유형인 특별한 유형, Ⅱ유형의 4유형인 지배하는 유형, Ⅲ유형에서는 내성형과 대범형이므로 2－4－1－b의 성향이다.

다음 표는 Ⅰ유형 · Ⅱ유형 · Ⅲ유형이 결합되어 나타날 수 있는 성격 유형의 종류를 모두 정리한 것이다. 위 사례사주에서 본 것처럼, 사주 분석을 통해 사주팔자에서 강한 오행과 육친을 찾아내고, 음양의 분포와 신살을 알면 쉽게 성격 유형을 알 수 있다.

● Ⅰ유형 · Ⅱ유형 · Ⅲ유형의 결합 형태

Ⅰ유형	Ⅱ유형	Ⅲ유형	Ⅰ유형	Ⅱ유형	Ⅲ유형	Ⅰ유형	Ⅱ유형	Ⅲ유형	Ⅰ유형	Ⅱ유형	Ⅲ유형	Ⅰ유형	Ⅱ유형	Ⅲ유형
1	1	1-a	2	1	1-a	3	1	1-a	4	1	1-a	5	1	1-a
1	1	1-b	2	1	1-b	3	1	1-b	4	1	1-b	5	1	1-b
1	1	2-a	2	1	2-a	3	1	2-a	4	1	2-a	5	1	2-a
1	1	2-b	2	1	2-b	3	1	2-b	4	1	2-b	5	1	2-b
1	2	1-a	2	2	1-a	3	2	1-a	4	2	1-a	5	2	1-a
1	2	1-b	2	2	1-b	3	2	1-b	4	2	1-b	5	2	1-b
1	2	2-a	2	2	2-a	3	2	2-a	4	2	2-a	5	2	2-a
1	2	2-b	2	2	2-b	3	2	2-b	4	2	2-b	5	2	2-b
1	3	1-a	2	3	1-a	3	3	1-a	4	3	1-a	5	3	1-a
1	3	1-b	2	3	1-b	3	3	1-b	4	3	1-b	5	3	1-b
1	3	2-a	2	3	2-a	3	3	2-a	4	3	2-a	5	3	2-a
1	3	2-b	2	3	2-b	3	3	2-b	4	3	2-b	5	3	2-b
1	4	1-a	2	4	1-a	3	4	1-a	4	4	1-a	5	4	1-a

Ⅰ유형	Ⅱ유형	Ⅲ유형	Ⅰ유형	Ⅱ유형	Ⅲ유형	Ⅰ유형	Ⅱ유형	Ⅲ유형	Ⅰ유형	Ⅱ유형	Ⅲ유형	Ⅰ유형	Ⅱ유형	Ⅲ유형
1	4	1-b	2	4	1-b	3	4	1-b	4	4	1-b	5	4	1-b
1	4	2-a	2	4	2-a	3	4	2-a	4	4	2-a	5	4	2-a
1	4	2-b	2	4	2-b	3	4	2-b	4	4	2-b	5	4	2-b
1	5	1-a	2	5	1-a	3	5	1-a	4	5	1-a	5	5	1-a
1	5	1-b	2	5	1-b	3	5	1-b	4	5	1-b	5	5	1-b
1	5	2-a	2	5	2-a	3	5	2-a	4	5	2-a	5	5	2-a
1	5	2-b	2	5	2-b	3	5	2-b	4	5	2-b	5	5	2-b

3. 성격성명학으로 보는 10성격 유형

10성격 유형은 사주명리학의 선천 성격 유형과 성격성명학의 후천 성격 유형을 종합한 것이다. 선천 성격은 태어나면서 연월일시가 정해지고 사주팔자의 오행과 육친이 정해지기 때문에 붙여진 명칭이고, 후천 성격은 태어나서 이름이 불려지며 완성되며 또한 개명을 통해 바꿀 수 있기 때문에 붙여진 명칭이다.

언뜻 보면 선천 성격과 후천 성격이 많이 다를 것 같지만, 10성격 유형 전체를 보면 사주명리학의 선천 성격 유형과 성격성명학의 후천 성격 유형은 상관관계가 강하다. 예를 들어, 10성격 유형 중 첫 번째인 배려하는 유형은 사주명리학으로 보면 목(木)이 강하고, 성격성명학으로 보면 정관이 강한 유형으로, 공통적으로 감정과 인간성을 추구하는 타입이다.

후천 성격 유형은 10성격 유형을 좀더 세밀하게 설명해주고, 부모가 (또는 자신이) 원하는 대로 보다 긍정적인 성격 유형으로 바꾸어갈 수 있다는 점에서 중요하게 활용된다. 더군다나 현대에 와서 개명에 필요한 법적 절차가 쉬워지면서 언제든지 자신의 이름을 바꾸고 자신의 후천 성격을 바꿀 수 있게 되었다. 태어난 그대로 고정된 선천 성격 유형을 후천 성격 유형을 통해 장점을 강화시키고 단점은 보완해간다면, 그 사람의 인생을 성공적으로 이끌어 나갈 수 있을 것이다.

● 성격성명학의 후천 성격 유형과 10성격 유형의 상관관계			
후천 성격 유형	내성형·소심형	외향형·대범형	10성격 유형
비견 - 보여주고 싶은 유형	음비견	양비견	6유형 보여주고 싶은 유형
겁재 - 계획적·판단적 유형	음겁재	양겁재	4유형 완벽한 유형
식신 - 감각기능을 선호하는 유형	음식신	양식신	5유형 생각하는 유형
상관 - 사고와 판단적인 유형	음상관	양상관	7유형 창조적 유형
편재 - 부드러운 유형	음편재	양편재	8유형 어울리는 유형
정재 - 꾸준한 유형	음정재	양정재	3유형 여유로운 유형
편관 - 성공하고 싶은 유형	음편관	양편관	9유형 지배하는 유형
정관 - 직관과 감정적인 유형	음정관	양정관	1유형 배려하는 유형
편인 - 보수적·감수성 발달 유형	음편인	양편인	2유형 특별한 유형
정인 - 인식적 유형	음정인	양정인	10유형 충성하는 유형

성격성명학은 태어난 해와 이름자의 음양오행으로 성격 유형을 판단한다. 비견, 겁재, 식신, 상관, 편재, 정재, 편관, 정관, 편인, 정인 등 10가지 육친에 각각 음양을 구분하여 20가지 성격 유형으로 나누어진다. 여기서 음의 성격 유형은 내성형·소심형이고, 양의 성격 유형은 외향형·대범형이다.

후천 성격 유형을 알려면 우선 성격성명학으로 성격 유형을 판단해야 한다. 이것은 다음 후천 성격 유형 조견표를 보면 쉽게 찾을 수 있고, 자세한 내용은 『사주명리학 심리 분석』을 참고한다.

육친의 음양	양	음	양	음	양	음	양	음	양	음
생년 천간	甲	乙	丙	丁	戊	己	庚	辛	壬	癸
생년 지지	寅	卯	巳	午	辰戌	丑未	申	酉	亥	子
이름자의 발음 오행과 획수(홀짝)	육 친									
ㄱㅋ 홀수	비견	겁재	식신	상관	편재	정재	편관	정관	편인	정인
ㄱㅋ 짝수	겁재	비견	상관	식신	정재	편재	정관	편관	정인	편인
ㄴㄷㄹㅌ 홀수	편인	정인	비견	겁재	식신	상관	편재	정재	편관	정관
ㄴㄷㄹㅌ 짝수	정인	편인	겁재	비견	상관	식신	정재	편재	정관	편관
ㅇㅎ 홀수	편관	정관	편인	정인	비견	겁재	식신	상관	편재	정재
ㅇㅎ 짝수	정관	편관	정인	편인	겁재	비견	상관	식신	정재	편재
ㅅㅈㅊ 홀수	편재	정재	편관	정관	편인	정인	비견	겁재	식신	상관
ㅅㅈㅊ 짝수	정재	편재	정관	편관	정인	편인	겁재	비견	상관	식신
ㅁㅂㅍ 홀수	식신	상관	편재	정재	편관	정관	편인	정인	비견	겁재
ㅁㅂㅍ 짝수	상관	식신	정재	편재	정관	편관	정인	편인	겁재	비견

● 후천 성격 유형의 조견표 보는 방법

1. 태어난 해의 천간과 지지를 본다. 한 해의 시작은 입춘이 들어오는 입춘절입일에 의해 결정되므로 양력을 기준으로 본다. .

2. 이름자의 한자 획수가 짝수인지 홀수인지 확인하고, 한글 발음의 소리를 확인한다.

3. 1과 2가 만나는 지점의 육친이 성격 유형이 된다. 생년 천간을 기준으로 하면 중심성격이 되고, 생년 지지를 기준으로 하면 부중심성격이 된다.

4. 선천 성격 유형과 후천 성격 유형의 결합

사주명리학의 선천 성격 유형과 성격성명학의 후천 성격 유형은 서로 결합하여 나타난다. 이것은 사주명리학과 성격성명학의 기본 요소가 바로 음양오행임을 생각하면 쉽게 이해할 수 있다. 사주팔자를 볼 때도 음양오행을 따지고, 사람의 이름도 태어난 사주팔자와 이름자의 음양오행을 보고 둘이 조화를 이루도록 짓기 때문이다.

누구나 태어나는 순간 사주팔자가 정해지고, 태어나면 누구나 이름이 불리게 된다. 따라서 누구나 선천 성격과 후천 성격이 동시에 나타나게 된다. 다만, 선천 성격유형은 그대로 존재하지만, 이름을 개명하거나 사회활동을 하며 여러 가지 호칭을 갖게 되면서 후천 성격 유형에 일정한 변화가 생기게 된다.

사람의 사주팔자와 이름 모두 성격 형성에 영향을 미치므로 두 유형이 서로 결합하면 다양한 성격 유형이 나타난다. 먼저 선천 성격 유형끼리 결합하여 나타날 수 있는 경우의 수를 계산하면, Ⅰ유형 5가지와 Ⅱ유형 5가지 그리고 각 유형마다 Ⅲ유형의 4가지 보조유형(변동유형)을 곱하여 5×5×4=100으로 100가지 결합이 만들어진다. 여기에 후천 성격 유형까지 결합한 경우의 수를 구하려면 성격성명학의 성격 유형 10가지와 보조유형인 음양 2가지를 계산하면 되므로 100×10×2로 모두 2,000가지 결합이 만들어진다.

5. 성격 유형의 변화

사람의 성격 유형은 변하지 않고 일생 동안 그대로 유지되는가? 그렇지 않다. 평생 동안 타고난 성격대로 사는 사람이 있는가 하면, 사회에 나가 대인관계를 맺으며 성격을 바꾸어가는 사람도 있다. 결국 성격 유형은 변화한다는 것이다. 특히 성격성명학의 성격 유형은 다른 사람들로부터 이름이 불려지며 성격이 변화하므로 어떻게 불리느냐에 따라 조금씩 성격이 달라진다. 자녀가 있는 경우 '엄마'나 '아빠', 직장에서 직급에 따라 '김 대리'나 '김 과장', 직업이 교사라면 '선생님' 등 다양한 호칭으로 불리면서 성격성명학의 성격 유형은 변화되어간다.

더불어 환경의 영향에 따라 성격이 변화할 수 있다. 사람은 환경의 영향을 많이 받는다. 부모와 배우자와의 이별, 부모와 배우자의 사망, 부모나 배우자의 폭력, 경제적인 어려움 등 삶의 변화·변동으로 인해 환경에 부정적 변화가 생기는 사람은 정서적으로 불안이나 장애가 생기기 쉽고, 성격 유형에서 단점이 과도하게 나타나 비뚤어진 성격이 되기 쉽다. 특히 가정환경이 불우하면 어린이의 성격 형성에 부정적인 영향을 미치고, 정서적으로 안정된 가정환경에서는 성격에서 긍정적인 모습이 강하게 나타나게 된다.

KEY POINT

→ 계획적인 사람은 금(金) 유형의 특징이다.

→ 저장하는 사람은 수(水) 유형의 특징이다.

→ 계산하는 사람은 수(水) 유형의 특징이다.

→ 상상력이 발달한 사람은 수(水) 유형에서 가장 강하게 나타나고, 목(木) 유형과 귀문관살이 있을 때도 강하게 나타난다.

→ 보여주고 싶은 사람은 화(火) 유형의 성격이 가장 강하고, 비견 유형에서도 나타난다.

1 다음 중에서 목(木) 유형의 특징이 아닌 것은?

① 배려하는 사람   ② 자유로운 사람   ③ 사람다운 사람
④ 계획적인 사람   ⑤ 열정적인 사람

2 다음 중 화(火) 유형의 특징이 아닌 것은?

① 저장하는 사람   ② 열정적인 사람   ③ 특별한 사람
④ 표현하는 사람   ⑤ 모험하는 사람

3 다음 중 토(土) 유형의 특징이 아닌 것은?

① 여유로운 사람   ② 관계를 만들어가는 사람
③ 계산하는 사람   ④ 고집이 있는 사람
⑤ 중재하는 사람

4 다음 중 금(金) 유형의 특징이 아닌 것은?

① 계획적인 사람   ② 완벽한 사람   ③ 구체적인 사람
④ 단계적인 사람   ⑤ 상상력이 발달한 사람

5 다음 중 수(水) 유형의 특징이 아닌 것은?

① 생각하는 사람   ② 보여주고 싶은 사람
③ 저장하는 사람   ④ 아이디어를 생각해내는 사람
⑤ 숫자감각이 있는 사람

6 다음 중 배려하는 사람이 자신을 완성시켜 나가고 싶을 때 추구하는 유형은?

① 배려하는 유형과 특별한 유형　　② 생각하는 유형과 특별한 유형
③ 여유로운 유형과 완벽한 유형　　④ 특별한 유형과 여유로운 유형
⑤ 여유로운 유형과 충성하는 유형

7 다음 중 보여주고 싶은 사람의 사주 유형은?

① 목(木)　　　② 금(金)　　　③ 비견　　　④ 편재　　　⑤ 편인

8 다음 중 창조적인 사람의 사주 유형은?

① 비겁　　　② 식상　　　③ 토(土)　　　④ 금(金)　　　⑤ 정인

9 다음 중 어울리는 사람의 사주 유형은?

① 목(木)　　　② 화(火)　　　③ 비겁　　　④ 식상　　　⑤ 재성

10 다음 중 완벽한 사람의 사주 유형과 성격에 대한 설명으로 틀린 것은?

① 완벽한 유형의 사주는 금(金) 일간에서도 나타난다.
② 완벽한 유형의 사주는 금(金)이 많을 때도 나타난다.
③ 완벽한 유형은 계획적이고 체계적이다.
④ 완벽한 유형은 누가 어떤 지시를 내리건 상관하지 않고 지시하는 대로 완성
　해 나간다.
⑤ 완벽한 유형은 기계적이거나 손을 활용하는 직업이 좋다.

KEY POINT

→ 여유로운 사람과 완벽한 사람의 특성을 닮아갈수록 자신을 완성시켜 나갈 수 있다.

→ 비견 유형은 타인에게 보여주고 싶은 마음이 강한 타입이다.

→ 식상 유형은 창조적이고 참모 기질이 강한 타입이다.

→ 재성 유형은 사람들과 어울리고 관계를 맺는 기질이 강한 타입이다.

→ 완벽한 유형은 자신이 하고 싶고 또 해야겠다고 생각하는 것만 완성하고 계획한다.

◎ 여기 정답!　1) 4　2) 1　3) 3　4) 5　5) 2　6) 3　7) 3　8) 2　9) 5　10) 4

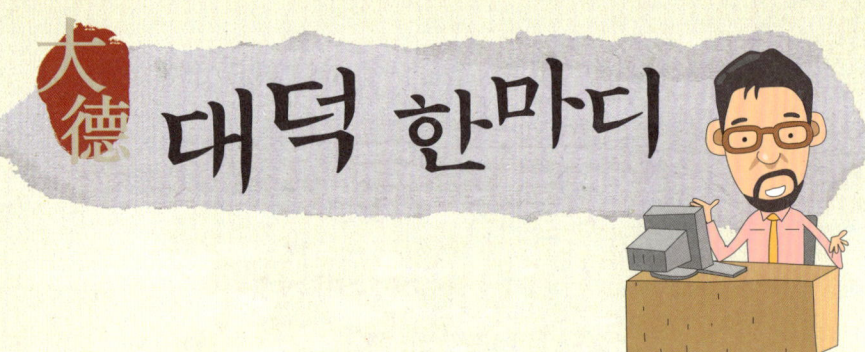

사주명리학을 통해 신(神)을 만나다

필자는 무신론자(無神論者)에 가까운 편이다. 무신론자보다는 무종교자라는 표현이 더 정확할 것 같다. 그러나 오랫동안 동양 역학, 그중에서도 사주명리학을 연구해오면서 이 학문이야말로 인간의 힘으로 만들어졌다고 보기에는 너무 크고, 너무 깊고, 너무 위대하고 너무 심오하다는 것을 깨닫게 된다. 섬뜩할 정도로 인간의 성격, 적성, 심리를 꿰뚫고 있고 인간사를 관통하고 있는 이 학문이야말로 신(神)이 만든 것이라고 확신하게 된다. 교회나 절을 다니며 직접 신을 섬기지는 않지만, 필자는 사주명리학을 통해 신을 만나고 있는 셈이다.

우리들 한 사람 한 사람 모두는 이 세상에서 매우 소중한 존재들이다. 신이 만들어놓은 존재로서 우리들 각자는 신의 삶을 닮은 사주팔자와 신을 닮은 얼굴을 지니고 있으며, 그렇기 때문에 우리가 가지고 있는 모든 장점을 각자의 사주팔자 안에서 발견해내고 이루어가면 절로 신의 모습을 닮게 되지 않을까 생각한다. 다만, 그 신은 기독교의 하나님(또는 하느님)이어도 좋고, 도가의 옥황상제여도 좋고, 불교의 부처님이어도 좋다.

사실 매순간 실수와 후회를 되풀이하는 우리가 완벽한 신의 모습을 지니기란 어려운 일이지만, 사주팔자 안에 신의 모습을 닮은 특징들, 즉 성격과 적성과 개성 등을 지니고 태어났으므로 노력에 따라 얼마든지 스스로의 삶을 완성해 나갈 수 있을 것이다.

우리 마음 깊은 곳에 숨어 있는 의식과 무의식에 의한 충동과 욕구로 분출되는 성격, 적성, 개성, 삶 등은 신에게서 받은 최고의 선물이자 본성이고 에너지라고 할 수 있다. 이것을 잘 발휘하면서 장점으로 승화시키면 신에 가까운 천국 또는 극락의 행복을 누리게 될 것이요, 이것에 집착하고 제대로 활용하지 못하면 지옥에 가까운 아픔과 불행을 느끼게 될 것이다.

누구나 태어나면서 사주팔자를 가지고 나온다. 누구나 태어나서 이름이 불려진다. 사주팔자와 이름 속에 나타나는 성격과 직업 적성과 개성 중에서 장점을 잘 발휘하고 단점을 보완하면 누구나 신의 모습을 따라 높은 인격을 쌓고, 삶도 행복으로 가득할 것이다.

신만이 가지고 있는 본성의 완벽함을 닮아가는 길, 그러기 위해서 사주팔자를 정확히 이해하고 나 자신을 정확히 이해해서 나 자신의 행복을 이루어갈 뿐만 아니라 사회의 소금 같은 존재처럼 이웃에 봉사하는 아름다운 삶을 살아갈 수 있지 않을까 생각한다.

앞서 2부에서는 사주팔자와 이름으로 정해지는 10성격 유형에 대해서 기본적인 내용을 설명하였다. 여기서는 실제 사주와 사람의 이름을 보고 성격 유형을 알아내고, 유형마다 가지고 있는 성격과 생활 모습에 대해 자세하게 살펴본다.

대인관계가 넓고 사회활동이 많은 성인의 성격 유형을 알아보는 것도 중요하지만, 자녀들의 성향을 분석하고 양육방법이나 학습방법 나아가 직업 적성을 알아보고 자녀 교육에 관심을 기울이는 것도 중요하다. 부모가 자신의 성격 유형뿐만 아니라 자녀의 성격 유형 또한 잘 알고 있다면 서로에게 상처가 되는 말과 행동들을 하지 않으려고 조심할 것이고, 서로 원만한 관계를 이룰 수 있으며, 화목한 가정을 만드는 데 큰 도움이 될 것이다.

3

10성격 유형의 실전 분석

chapter 03

10성격 유형의
실전 분석

1. 10성격 유형 분석의 의의

앞서 2부에서는 사주팔자와 이름으로 정해지는 10성격 유형에 대해서 기본적인 내용을 설명하였다. 여기서는 실제 사주와 사람의 이름을 보고 성격 유형을 알아내고, 유형마다 가지고 있는 성격과 생활모습에 대해 자세하게 살펴본다.

대인관계가 넓고 사회활동이 많은 성인의 성격 유형을 알아보는 것도 중요하지만, 자녀들의 성향을 분석하고 양육방법이나 학습방법 나아가 직업 적성을 알아보고 자녀 교육에 관심을 기울이는 것도 중요하다. 부모가 자신의 성격 유형뿐만 아니라 자녀의 성격 유형 또한 잘 알고 있다면 서로에게 상처가 되는 말과 행동들을 하지 않으려고 조심할 것이고, 서로 원만한 관계를 이룰 수 있으며, 화목한 가정을 만드는 데 큰 도움이 될 것이다.

성격 유형의 실전 분석은 먼저 유형별 기본 성향을 알아보고, 다음으로 유형별 아동의 성향과 직업 적성 등에 대해 다룬다. 유형별 기본 성향은 사주팔자와 이름으로 유형을 분석해내는 것에서 시작하여 유형별 성격과 생활모습, 나아가 다른 유형의 사람들과 어떤 관계를 맺으며 살아가는지를 집중적으로 살펴본다. 그리고 유형별 아동의 성격과 그에 따른 양육방법과 교육방법, 유형별 부모의 모습 그리고 직업 적성에 대해 설명한다. 10성격 유형만 보아도 부모와 자녀, 개인과 사회 안에서 벌어지는 갈등이나 문제점을 해결하는 데 큰 도움이 될 것이다.

2. 배려하는 유형

1 기본 성향

1) 형태적 특징

❶ 사주팔자

① 목(木) 일간인 사람 : 목(木) 일간에 금(金)이 적으면서 귀문관살이 있으면 배려하는 성향이 더 강하다.

② 목(木) 발달인 사람.

③ 목(木) 과다인 사람 : 목(木) 점수가 많으면서 귀문관살이 있으면 배려하는 성향이 더 강하다.

④ 귀문관살이 있으면서 관성 점수가 적은 사람.

⑤ 음팔통 사주에 귀문관살이 있는 사람.

POINT

배려하는 유형

목(木) 일간, 목(木) 발달·과다, 음팔통에 귀문관살이 있는 사주, 귀문관살이 있으면서 관성 점수가 적은 사주 그리고 성격성명학의 정관이 배려하는 유형이다.

예1) 1972년 10월 10일(양) 술(戌)시생

시	일	월	연
甲	甲	庚	壬 (乾)
戌	戌	戌	子

79	69	59	49	39	29	19	9
戊	丁	丙	乙	甲	癸	壬	辛
午	巳	辰	卯	寅	丑	子	亥

위 사주의 주인공은 방송인 김성주이다. 목(木) 일간이고, 목(木) 비겁은 20점, 화(火) 식상은 0점, 토(土) 재성은 30점, 금(金) 관성은 40점, 수(水) 인성은 20점이다. 목(木)의 배려하는 유형과 관성의 배려하는 유형이 결합되어 있다.

예2) 1982년 11월 7일(양) 오(午)시생

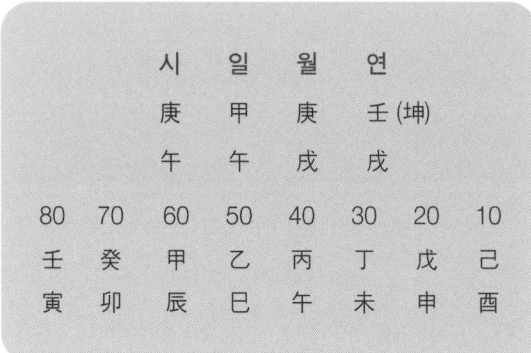

	시	일	월	연
	庚	甲	庚	壬 (坤)
	午	午	戌	戌

80	70	60	50	40	30	20	10
壬	癸	甲	乙	丙	丁	戊	己
寅	卯	辰	巳	午	未	申	酉

위 사주의 주인공은 가수 아이비다. 목(木) 일간이고, 목(木) 비겁은 10점, 화(火) 식상은 30점, 토(土) 재성은 25점, 금(金) 관성은 35점, 수(水) 인성은 10점이다.

예3) 1972년 1월 22일(음) 인(寅)시생

	시	일	월	연
	壬	丁	癸	壬 (乾)
	寅	酉	卯	子

80	70	60	50	40	30	20	10
辛	庚	己	戊	丁	丙	乙	甲
亥	戌	酉	申	未	午	巳	辰

위 사주의 주인공은 영화배우 장동건이다. 화(火) 일간이고, 목(木) 인성은 45점, 화(火) 비겁은 10점, 토(土) 식상은 0점, 금(金) 재성은 15점, 수(水) 관성은 40점 이다.

예4) 1950년 3월 21일(양) 인(寅)시생

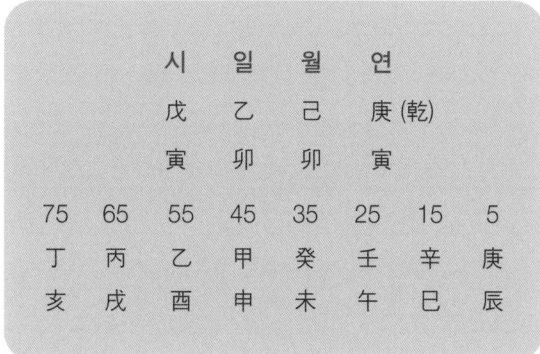

위 사주의 주인공은 가수 조용필이다. 목(木) 일간이고, 목(木) 비겁은 80점, 화(火) 식상은 0점, 토(土) 재성은 20점, 금(金) 관성은 10점, 수(水) 인성은 0점이다.

예5) 1979년 9월 24일(양) 진(辰)시생

시	일	월	연
戊	甲	癸	己 (乾)
辰	午	酉	未

75	65	55	45	35	25	15	5
乙	丙	丁	戊	己	庚	辛	壬
丑	寅	卯	辰	巳	午	未	申

위 사주의 주인공은 혼성그룹 〈코요태〉의 멤버 김종민이다. 목(木) 일간이고, 목(木) 비겁은 10점, 화(火) 식상은 15점, 토(土) 재성은 45점, 금(金) 관성은 30점, 수(水) 인성은 10점이다.

예6) 1972년 12월 15일(음) 인(寅)시생

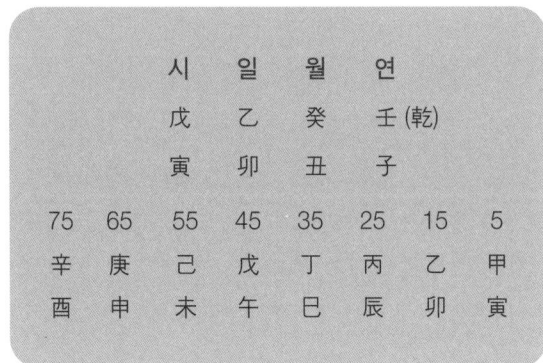

위 사주의 주인공은 아나운서 신영일이다. 목(木) 일간이고, 목(木) 비겁은 40점,
화(火) 식상은 0점, 토(土) 재성은 10점, 금(金) 관성은 0점, 수(水) 인성은 60점
이다.

예7) 1962년 11월 16일(음) 축(丑)시생

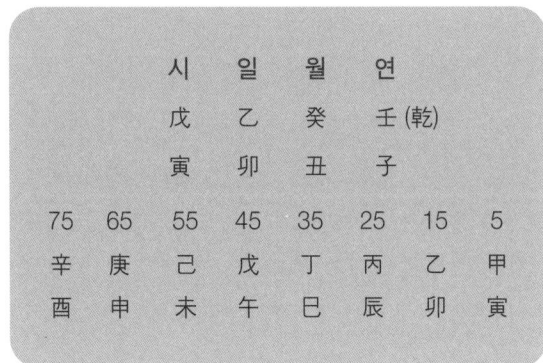

위 사주의 주인공은 민주당 대변인 우상호이다. 목(木) 일간이고, 목(木) 비겁은
30점, 화(火) 식상은 0점, 토(土) 재성은 0점, 금(金) 관성은 15점, 수(水) 인성은
65점이다.

예8) 1964년 1월 3일(음) 묘(卯)시생

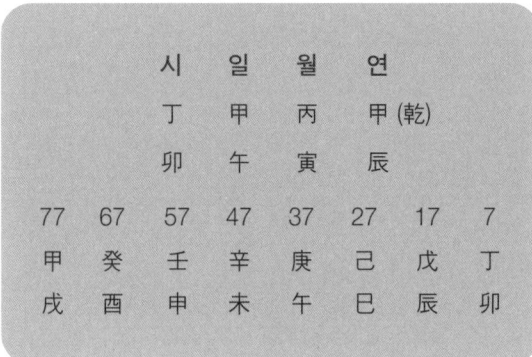

	시	일	월	연
	丁	甲	丙	甲 (乾)
	卯	午	寅	辰

77	67	57	47	37	27	17	7
甲	癸	壬	辛	庚	己	戊	丁
戌	酉	申	未	午	巳	辰	卯

위 사주의 주인공은 한나라당 국회의원 원희룡이다. 목(木) 일간이고, 목(木) 비
겁은 35점, 화(火) 식상은 35점, 토(土) 재성은 10점, 금(金) 관성은 0점, 수(水)
인성은 30점이다.

예9) 1963년 2월 26일(음) 자(子)시생

	시	일	월	연
	壬	癸	乙	癸 (乾)
	子	亥	卯	卯

75	65	55	45	35	25	15	5
丁	戊	己	庚	辛	壬	癸	甲
未	申	酉	戌	亥	子	丑	寅

위 사주의 주인공은 민주당 국회의원 송영길이다. 수(水) 일간이고, 목(木) 식상
은 50점, 화(火) 재성은 0점, 토(土) 관성은 0점, 금(金) 인성은 0점, 수(水) 비겁은
60점이다.

예10) 1905년 8월 24일(음) 축(丑)시생

시	일	월	연	
乙	甲	乙	乙	(乾)
丑	子	酉	巳	

94	84	74	64	54	44	34	24	14	4
乙	丙	丁	戊	己	庚	辛	壬	癸	甲
亥	子	丑	寅	卯	辰	巳	午	未	申

위 사주의 주인공은 중국의 정치인 등소평(鄧小平)이다. 목(木) 일간이고, 목(木) 비겁은 40점, 화(火) 식상은 10점, 토(土) 재성은 15점, 금(金) 관성은 30점, 수(水) 인성은 15점이다.

예11) 1973년 6월 29일(음) 신(申)시생

시	일	월	연	
甲	乙	己	癸	(乾)
申	丑	未	丑	

77	67	57	47	37	27	17	7
辛	壬	癸	甲	乙	丙	丁	戊
亥	子	丑	寅	卯	辰	巳	午

위 사주의 주인공은 야구선수 박찬호이다. 목(木) 일간이고, 목(木) 비겁은 20점, 화(火) 식상은 45점, 토(土) 재성은 35점, 금(金) 관성은 0점, 수(水) 인성은 10점 이다.

예12) 1957년 2월 12일(음) 사(巳)시생

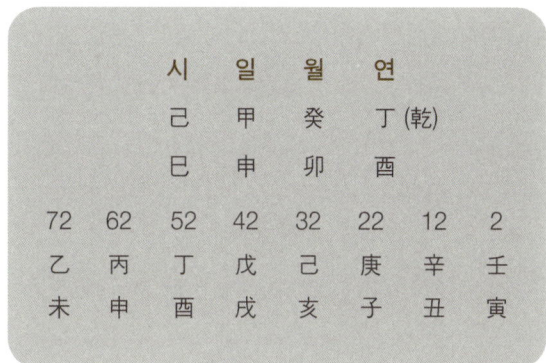

시	일	월	연
己	甲	癸	丁 (乾)
巳	申	卯	酉

72	62	52	42	32	22	12	2
乙	丙	丁	戊	己	庚	辛	壬
未	申	酉	戌	亥	子	丑	寅

위 사주의 주인공은 전 대통령 비서실장 문재인이다. 목(木) 일간이고, 목(木) 비겁은 40점, 화(火) 식상은 25점, 토(土) 재성은 10점, 금(金) 관성은 25점, 수(水) 인성은 10점이다.

❷ 성격성명학
성격성명학의 정관 유형이면서 사주팔자에 귀문관살이 있으면 배려하는 성향이 더 강하게 나타난다.

예1) 서태지(1972년 2월 21일 양력)

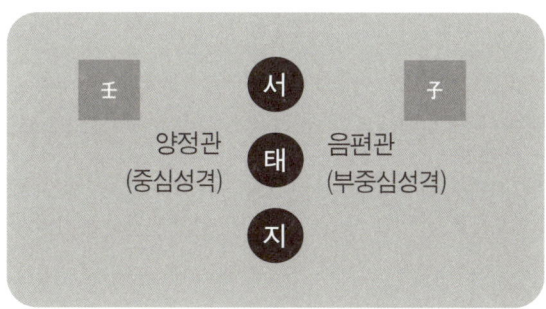

예2) 장동건(1972년 1월 22일 음력)

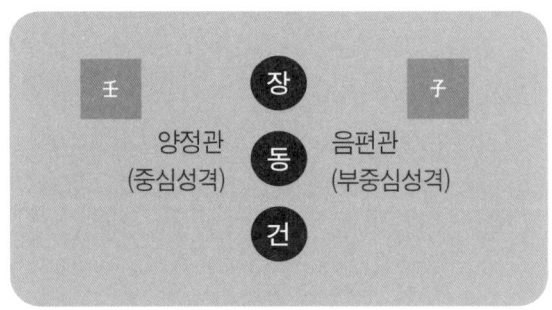

예3) 이홍구(1934년 5월 9일 음력)

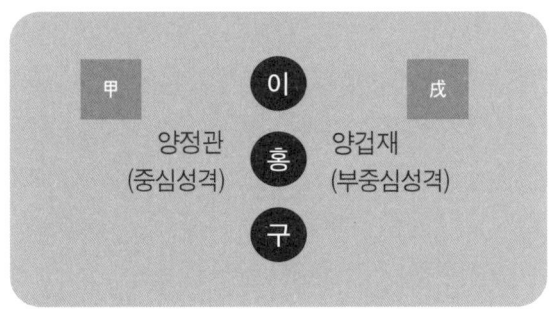

예로 든 세 사람 모두 성격성명학으로 본 중심성격이 양정관이므로 배려하는 성격이 나타난다. 성격성명학의 성격 유형에서 소리의 기운이 가장 강하게 나타나는 것을 중심성격, 그 다음으로 강하게 나타나는 것을 부중심성격이라고 한다. 위의 예들을 보면 성이 아닌 이름의 첫글자에 중심성격이 나타나는데, 이것은 우리가 일반적으로 '태지야' 또는 '태지씨'처럼 성을 빼고 부르고, 이름의 첫글자에 가장 강한 기운이 실리기 때문이다. 또한 태어난 해의 천간이 태어난 해의 지지보다 기운이 강하다.

2) 성격
배려하는 유형은 다음과 같은 성격을 가지고 있다.

• 자기보다 타인을 먼저 배려하고, 받는 것보다 주는 것을 즐거워한다.

- 인간관계가 다른 어떤 것보다 중요하다고 생각한다.
- 학교에서 착한 아이가 되려고 노력하고, 부모나 주위사람들에게 좋은 평가를 받기 위해 부단히 노력한다.
- 때때로 사람들이 자신에게 지나치게 의존한다고 느낀다.
- 칭찬받는 것을 좋아하며, 타인에게 칭찬을 잘한다.
- 때때로 깊은 외로움을 느끼고, 비판에 매우 민감하며, 마음이 여려서 쉽게 상처받는다.
- 말하지 않아도 남들이 필요로 하는 것을 쉽게 알아차린다.
- 어려움에 처한 사람에게 쉽게 마음이 끌리고 그들을 기꺼이 도와주고 싶어한다.
- 매우 친절하고, 다른 사람을 위해 일하는 것을 좋아한다.
- 자기가 사랑하는 사람들을 적극적으로 보호해주고 지지하며, 다른 사람들에게 사랑받고 인정받기 위해 노력한다.
- 관계가 조금이라도 어색해지면 배신감과 거리감을 느끼며 큰 상처를 받는다.
- 슬픈 영화나 TV를 보거나, 작은 꾸중이나 지적에도 눈물이 난다.
- 다른 사람들에게 베풀기 좋아하지만, 베푼 만큼 되돌려받지 못할 때가 많다.
- 다른 사람들에게 필요 이상으로 돈을 쓸 때가 많지만, 언제나 이유를 대며 정당화할 준비가 되어 있다.
- 정서적으로 외롭고 경제적으로도 부족하기 때문에 누군가 자신을 도와주기를 바란다.
- 정서적으로나 경제적으로 풍족하지만, 주변에 베풀기 위해서는 늘 부족하다고 생각하고 다른 사람의 도움을 필요로 할 때가 많다. 하지만 '나는 강한 사람이어야 한다'고 생각하고 다른 사람에게 자신의 속마음을 감춘다.
- 힘들고 고통스럽고 외로울 때 다른 사람에게 보이지 않으려고 노력한다.
- 배우자가 잠재력을 최대한 실현할 수 있도록 돕는 것을 자신의 행복으로 여기고, 그런 자신에게 만족한다.
- 다른 사람에게 베풀기 때문에 그들에게 특별대우를 받아야 한다고 생각할 때가 있다.
- 인간관계를 맺는 방식에서나 삶의 방식에서나 자신이 좋아하는 것을 추구한다.
- 자신이 먼저 다른 사람에게 호감을 나타내거나 베풀지 않으면 무시당하거나 잊혀질 거라고 걱정한다.
- 호감을 느끼는 사람에게 관심을 끌기 위해서 많이 생각하고 적절한 행동을 연구한다.

- 만나고 베푸는 사람들과 깊은 관계가 이루어지길 원한다.
- 종종 감당하기 벅찬 사람이나 도움이 되지 않는 사람과 관계를 맺기도 한다.
- 자신이 변화시킬 수 있고, 도와줄 수 있고, 능력을 이끌어낼 수 있는 사람을 배우자로 선택하는 경우가 많다.
- 다른 사람의 삶에 영향을 미치고, 자극을 주고, 변화를 주는 것을 좋아한다.
- 리더가 되거나 힘있는 리더의 참모가 되어 중요한 역할을 맡고 싶어한다.
- 사람들로부터 인정받기를 간절히 원하고, 자신이 가지고 있는 따뜻한 마음, 친절한 성격, 전문지식 등이 높게 평가받기를 바란다.
- 정을 준 사람들로부터 "네가 나를 도와주어서 나는 이런 일을 해낼 수 있었다" 또는 "네가 내 곁에서 힘이 되어 이 상황을 극복할 수 있었다" 등의 칭찬을 받는 것이 좋다.
- 자신이 도와주는 사람이 성공하기를 간절히 바란다. 그러나 그들이 성공했을 때 자신의 공로를 인정해주지 않으면 실망한다.
- 하는 일이 서서히 눈에 띄는 것이 좋다. 그 일이 너무 일찍 드러나서 수포로 돌아가거나 실패할까 두렵기 때문이다.
- 다른 사람이 자신을 무시하거나 자신이 도와준 것에 감사하지 않으면 깊이 상처받는다.
- 다른 사람이 계속 무시하거나 크게 배신하면 은밀한 방식으로 그 사람에게 받은 상처를 되돌려준다.
- 창조적인 활동에 참여하고, 혼자 생각하는 시간을 가지며, 적극적으로 대인관계를 만들어가고, 직선적이고 솔직하게 감정을 표현하고 자기 주장을 할 때 균형잡힌 사람이 된다.

3) 배려하는 유형의 표현 단어

배려하는, 인간적인, 사랑하는, 가슴이 따뜻한, 부드러운, 섬세한, 함께하는, 더불어 사는, 칭찬하는, 보호하는, 도와주는, 착한, 정서적인, 자비로운, 봉사자, 남을 도와주고 싶은 사람, 착한 사람.

4) 배려하는 유형의 생활모습

배려하는 유형은 침착하고, 과묵하며, 수줍은 듯한 인상이다. 새로운 사람이나 새로운 장소에서는 냉정해 보이지만, 마음 속으로는 다른 사람들과 가까워지고 싶어한다. 이들은 어려운 환경에 있는 소수의 특별한 사람에게 매우 깊은 관심을 가지고 있고, 이상적인 세상을 이루어가는 데 관심이 크다. 또한 이들은 혼자서든 타인과 더불어서든 맡은 일을 잘 처리한다. 배우자나 친한 사람과 약속한 일은 되도록 지키려고 노력하고, 분쟁을 피하고 조화롭게 살려고 한다.

이들은 탁월한 상상력, 육감, 직관력 등을 가지고 있어서 윗사람들을 놀라게 하고, 조직이나 가족 등 사람과 사람 사이에서 벌어지는 문제를 잘 해결하며, 조언자로서 최상의 능력을 발휘한다. 이들은 현실적인 것보다 가능성이 있는 일에 흥미를 느끼고 자신의 직관력을 활용하며, 전화나 이메일로 사람들과 관계를 지속하고 인간관계를 유지하기 위하여 힘쓴다. 또한 지식이나 학력, 경력을 위해 꾸준히 자기 개발을 한다. 그러나 사람들과 함께하고 어울리고 주도하는 것은 잘하지만, 세부자료를 모으거나 계획적으로 처리해 나가는 데는 미숙하다.

배려하는 유형은 이상적이고 낭만적인 상상을 잘하기 때문에 일상적이고 평범한 현실세계에 적응하는 것을 힘들어한다. 자신을 위한 씀씀이는 크지 않지만, 타인을 위해서는 지나치게 씀씀이가 큰 물건을 선물하다가 정작 자신에게 필요한 것은 구입하지 못하는 경우가 있다. 타인에게 보여주고 싶은 욕망이 커서 주위사람들에게 과도하게 친절을 베풀고 술값이나 밥값을 계산하느라 금전적 어려움을 겪으며, 돈이 없어서 자신이 베풀 수 없는 상황이 되면 위축되어 스스로를 고립시키는 경우도 있다.

또한 이들은 칭찬받고 싶은 생각에 자신을 희생하고, 남들에게서 작은 비판이나 충고라도 들으면 금세 토라져서 그 사람과 절교하기도 하며, 타인이 자신의 호의를 거절하면 공격적으로 변하여 도리어 그들을 비판한다. 그리고 아무렇지도 않은 말에 예민하게 반응하여 주위사람들을 피곤하게 한다.

배려하는 유형의 사람이 가정환경과 교육환경이 안정된 상태에서 정상적으로 자랐다면 긍정적인 성격 특성이 나타나고, 균형잡힌 삶을 살아가게 된다. 그러나 성장과정에서 가정환경과 교육환경이 불안정했거나, 부모와 생사이별을 겪었거나, 폭력적인 부모나 배우자에게서 심한 차별과 상처를 받았다면 부정적인 성격 특성이 나타나고, 불안정한 삶을 살아가게 된다.

5) 배려하는 유형의 긍정적 심리와 부정적 심리

어느 유형이든 성격상 장점과 단점이 존재한다. 자신이 노력하는 대로 이루어지거나 주위환경이 도와주면 장점이 강하게 나타나고, 자신의 뜻대로 되는 일이 드물고 주위환경도 꼬이고 막히면 부정적인 단점이 강하게 나타난다.

● 배려하는 유형의 긍정적 심리와 부정적 심리

긍정적 심리	부정적 심리
감사를 표현할 줄 안다	감정을 지나치게 드러내고 감정에 치우친다
다른 사람을 잘 돌보고 친절하다	감정을 직접적으로 표현하지 못한다
도덕적이다	남의 눈을 신경 쓰고 남이 시키는 대로 한다
마음이 넓고 관대하다	논리력이 부족하고 체계적이지 않다
매력적이고 사랑스럽다	독점하고 소유하려고 한다
매사에 열중한다	두려움이 많고 외로움을 많이 느낀다
받는 것보다 주는 것을 행복하게 여긴다	불성실하다
사람들의 마음을 이해한다	비판에 매우 민감하고 신경질적이다
상대방에게 특별하게 인식되고 사랑받고 있다고 느끼게 해준다	씀씀이가 너무 헤프다
섬세하고 재치와 안목이 있다	원하는 것을 갖기 위해 다른 사람을 조종하는 경향이 있다
인간관계를 중시한다	자기 희생을 많이 하고 순교자처럼 행동한다
정이 많고 가슴이 따뜻하다	정직하지 않다

긍정적 심리	부정적 심리
주위사람들의 기분을 쉽게 알아차린다 직관력과 적응력이 뛰어나다 친밀함을 갈망한다 타인이 고통당하는 것에 분노하고 감싸준다	존재감이 약하다 지나치게 다른 사람 중심이다 지나치게 도덕을 앞세운다 직접적으로 요구하지 않는다

6) 다른 성격 유형이 바라본 배려하는 유형

• 배려하는 유형은 누군가를 사랑하거나 친밀해지면 그 사람에게 집중한다.

• 배려하는 유형은 자신의 감정을 솔직하고 직접적으로 말하지 못하고 내가 듣기 좋아하는 말만 한다.

• 배려하는 유형은 타인이 어렵거나 힘들 때 자신을 희생하면서 도와주고 헌신한다.

• 배려하는 유형은 타인에게 도움을 받거나 도움을 요청하는 것을 부끄러워한다.

• 배려하는 유형은 분노를 표현하지 못하고 화난 모습을 감추려 한다.

• 배려하는 유형은 창조적인 활동을 하고 싶어하고 그것을 보여주고 싶어한다.

• 배려하는 유형은 다른 사람들, 특히 자신이 좋아하는 사람을 늘 배려하고 생각한다.

• 배려하는 유형은 다른 사람의 삶에 영향을 주는 것을 좋아한다.

• 배려하는 유형은 중요한 역할을 하고 싶어한다. 그러나 리더가 되기보다는 리더의 참모가 되는 것을 좋아한다.

• 배려하는 유형은 인정받기를 갈망하며, 자신이 가진 친절함과 따뜻한 성품과 전문지식이 높이 평가되길 원한다.

• 배려하는 유형은 처음부터 눈에 띄는 것보다 스스로가 완성되었을 때 눈에 띄는 것을 더 좋아한다. 실패할까 늘 두렵기 때문이다.

7) 배려하는 유형과 잘 지내기 위한 방법

배려하는 유형의 사람에게 다음과 같이 하면 좋은 관계를 만들어갈 수 있다.

• 그들에게 늘 관심을 기울이고, 그들이 착한 행동을 하면 칭찬해준다.

• 그들의 따뜻한 마음, 관대함, 열정적인 행동, 유머감각에 대해 고마움을 표현한다.

- 그들이 당신에게 특별한 존재임을 늘 확인시켜준다.
- 그들이 당신에게 하듯 카드나 편지를 쓰고 낭만적인 이벤트를 해준다. 다만, 배려하는 유형이 하는 것보다는 적게 한다.
- 배려하는 유형은 자유주의자 기질이 매우 강하면서도 의존적이다. 따라서 이들과 함께 하는 것을 즐기면서 동시에 이들에게 자유와 여유를 준다.
- 배려하는 유형은 상대방과 친밀한 관계가 되면 그 사람에게 열중하고 의존하며, 그 사람이 자신을 떠날까 두려워한다. 이들과 친해지려면 이러한 의존과 집착을 이해해야 한다.
- 그들을 비판할 때는 마음이 다치지 않게 요령 있게 한다.

8) 배려하는 유형의 정신건강

건강염려증, 과민성 질환, 스트레스성 질환, 히스테리성 인격장애, 스토킹, 강압적 성행동, 의처증, 의부증, 섭식장애, 공황증, 강박증, 우울증, 수치심, 자아 파괴, 억압, 반동형성, 독선적 분노.

9) 배려하는 유형과 다른 유형의 관계

배려하는 유형의 입장에서 각각의 성격 유형을 어떻게 판단하는지 알아본다. 생각의 차이를 알면 상대방을 이해하는 데 큰 도움이 될 것이다.

배려하는 유형

❶ 내가 배려하는 유형을 좋아하는 이유는?
- 그들은 상대방에게 잘 맞추어주기 때문이다.
- 그들은 사람들과 같이 있는 것을 좋아하기 때문이다.
- 그들은 가족과 친구들을 소중하게 생각하기 때문이다.
- 그들은 서로를 배려하고 사랑해준다는 느낌을 주기 때문이다.
- 그들은 인간관계를 소중히 여기며, 공통의 여가나 문화를 좋아하기 때문이다.

❷ 내가 배려하는 유형을 싫어하는 이유는?
- 그들은 쉽게 상처받고 비판이나 충고에 매우 민감하기 때문이다.

- 그들의 의견이나 생각을 알기가 매우 어렵기 때문이다.

- 그들은 자신이 무엇을 먹고 싶은지 어디를 가고 싶은지 쉽게 결정하지 못하기 때문이다.

- 그들은 상대에게 직접적으로 솔직하게 말하는 것을 어려워하기 때문이다.

- 그들은 다른 사람에게 관심을 받기 위해 끝없이 노력하고 경쟁하기 때문이다.

- 그들은 사소한 것에 질투하고 쉽게 토라지기 때문이다.

특별한 유형

❶ 내가 특별한 유형을 좋아하는 이유는?

- 그들은 나의 장점을 알아주기 때문이다.

- 그들은 미적 감각이 뛰어나고 감수성이 발달했기 때문이다.

- 그들은 마음이 따뜻하고 인정이 많기 때문이다.

- 그들은 자신이 가지고 있는 풍부한 내면세계를 나에게 보여주기 때문이다.

- 그들은 지적으로나 예술적으로 우수하기 때문이다.

- 그들은 특별한 점이 많아서 바라보는 것만으로도 재미있기 때문이다.

❷ 내가 특별한 유형을 싫어하는 이유는?

- 그들은 대인관계가 넓지 않기 때문이다.

- 그들은 자신의 공간을 가지고 있고 자기 세계가 뚜렷하기 때문이다.

- 그들은 나보다 뛰어난 것처럼 행동하기 때문이다.

- 그들은 사람과의 관계에서 늘 끌어당기는 타입이기 때문이다.

- 그들은 화를 잘 내고 비판적이며 반응이 즉각적이기 때문이다.

- 그들은 현실감이 부족하고 지나치게 감정적이기 때문이다.

여유로운 유형

❶ 내가 여유로운 유형을 좋아하는 이유는?

- 그들은 배려심이 많고, 나를 자신보다 더 생각해주기 때문이다.

- 그들은 진중한 성격으로 나의 이야기를 진지하게 들어주기 때문이다.

- 그들은 내가 칭찬하면 고마워하고, 무엇인가를 하면 좋아하기 때문이다.

- 그들은 나와의 친밀한 관계를 즐기기 때문이다.
- 그들은 내가 사랑받고 있으며 특별한 사람이라는 느낌을 주기 때문이다.

❷ 내가 여유로운 유형을 싫어하는 이유는?

- 그들은 다른 사람들을 지나치게 배려하다가 정작 자신의 일에는 소홀해지기 때문이다.
- 그들은 화나면 침묵으로 일관하여 나를 불편하게 만들기 때문이다.
- 그들은 화가 나면 나보다 그들 자신의 습관이나 일을 더 중요시하기 때문이다.
- 그들은 직접 거절하지 못하고 수동적으로 반응하기 때문이다.
- 그들은 결단력이 부족하고, 스스로의 동기 부여가 부족하며, 무신경한 면이 있기 때문이다.

완벽한 유형

❶ 내가 완벽한 유형을 좋아하는 이유는?

- 그들은 이상주의자 타입으로 더 나은 세상을 만들기를 소망하기 때문이다.
- 그들은 책임감 있는 성격으로 약속한 일을 잘 지키기 때문이다.
- 그들은 사소하지만 현실적이고 실질적인 일들을 잘 해결해주기 때문이다.
- 그들은 분명하고 일관적으로 일하여 내가 안정감을 느끼게 해주기 때문이다.
- 그들은 의무감이 있고 성실하여 어떤 일이든 충실하게 해내기 때문이다.
- 그들은 성격이 원만하고, 다른 사람들과 사이좋게 지내는 것에 가치를 두기 때문이다.

❷ 내가 완벽한 유형을 싫어하는 이유는?

- 그들은 여유를 갖지 않고 일만 하기 때문이다.
- 그들은 표현에 서툴고 애정표현에 인색하기 때문이다.
- 그들은 성격이 소심하여 나쁜 감정을 오랫동안 가지고 있고 사람들에게 함부로 하기 때문이다.
- 그들은 자신의 기준을 만족시키지 못하면 비난하고 상처주며 몹시 흥분하기 때문이다.

❶ 내가 생각하는 유형을 좋아하는 이유는?

- 그들은 내 이야기를 잘 들어주고 필요한 조언을 해주기 때문이다.
- 그들은 나에게 부족한 독립성을 가지고 있고, 객관적으로 판단할 수 있게 도와주기 때문이다.
- 그들은 나 없이 혼자 있어도 편안하게 지낼 수 있기 때문이다.
- 그들은 항상 차분하고 심지가 깊으며, 조용한 사람들이기 때문이다.
- 그들은 이야기할 때 호소력이 있을 뿐만 아니라 유머감각도 지니고 있기 때문이다.

❷ 내가 생각하는 유형을 싫어하는 이유는?

- 그들은 비현실적인 성격으로 추상적일 때가 있기 때문이다.
- 그들은 이성적이지 못하고 감성적이기 때문이다.
- 그들은 너무 조용한 성격이라서 사람들과 북적이며 엮이는 것을 싫어하기 때문이다.
- 그들은 자신의 일에 지나치게 몰두하고 나에게 소홀하기 때문이다.
- 그들은 내가 멀리 떨어져 있으면 자신이 외면당한다고 생각하고 상처받기 때문이다.

보여주고 싶은 유형

❶ 내가 보여주고 싶은 유형을 좋아하는 이유는?

- 그들은 능력이 뛰어나 일에서 성공하는 경우가 많기 때문이다.
- 그들은 성격이 밝고 상대방에게 좋은 이미지를 주기 때문이다.
- 그들은 사교적이고 어느 누구와도 잘 어울리기 때문이다.
- 그들은 에너지가 넘치는 성격으로 언제나 밝고 긍정적이며 열정적이기 때문이다.
- 그들은 독립적이고 의존하지 않는 성격이라서 나에게 매달리지 않기 때문이다.

❷ 내가 보여주고 싶은 유형을 싫어하는 이유는?

- 그들은 자기 과시가 강하여 자기 자랑을 많이 하기 때문이다.
- 그들은 대인관계에서 문제가 생기면 서로 터놓고 이야기하기보다는 방어적인 태도를 취하기 때문이다.
- 그들은 비난받는 것에 익숙하지 않아서 직설적인 표현에 민감한 반응을 보이기 때문이다.

- 그들은 사회적인 성공에 집착해서 일 위주이고, 개인적인 일들을 소홀히 생각하기 때문이다.

창조적 유형

1 내가 창조적 유형을 좋아하는 이유는?

- 그들은 감각적이고 센스가 있기 때문이다.
- 그들은 독특하고 신선한 아이디어를 생각해내기 때문이다.
- 그들은 한번 마음먹은 일들은 끝까지 밀어붙여 성과를 이루어내기 때문이다.
- 그들의 순수하고 순진한 성격이 나와 비슷하기 때문이다.
- 그들은 타인에 대한 배려가 있고 사람에 대한 관심이 많기 때문이다.

2 내가 그들 창조적 유형을 싫어하는 이유는?

- 그들은 자신의 체면을 중시하고 자기 주장이 강하기 때문이다.
- 그들은 자기만의 생각이 분명하고 스스로를 홍보하기 때문이다.
- 그들은 타인을 지나치게 분석하고 생각하기 때문이다.
- 그들은 착한 척하면서 자기 생각대로 밀고 나가기 때문이다.

어울리는 유형

1 내가 어울리는 유형을 좋아하는 이유는?

- 그들은 개방적인 성격으로 내가 자유롭게 일할 수 있게 해주기 때문이다.
- 그들은 다방면에 재주와 능력을 갖고 있어서 나의 자랑거리가 되기 때문이다.
- 그들은 꿈과 희망 그리고 미래에 대해 내가 관심을 기울여주는 것을 좋아하기 때문이다.
- 그들은 사람들과 사귀는 것을 좋아하고 삶을 즐길 줄 알기 때문이다.
- 그들은 매력적이고 사랑스러운 성격이며 스스로에게 관심을 갖기 때문이다.

2 내가 어울리는 유형을 싫어하는 이유는?

- 그들은 대인관계에서 일어나는 문제에 대해서는 듣지 않으려 하기 때문이다.
- 그들은 부정적인 성격으로 냉정한 면이 있고, 비판적인 시선을 갖고 있기 때문이다.
- 그들은 정신적으로 에너지가 넘치는 성격으로 주위사람들을 불편하게 하기 때문이다.

- 그들은 서로 의논해야 할 일들을 알려주지 않아서 상대방으로 하여금 소외감을 느끼게 하기 때문이다.
- 그들은 일방적인 성격으로 대화를 지루하게 이끌고 자신의 의견만 주장하여 상대방을 황당하게 만들기 때문이다.

지배하는 유형

❶ 내가 지배하는 유형을 좋아하는 이유는?
- 그들은 내가 힘들 때 격려해주고 보호해주기 때문이다.
- 그들은 현실적인 성격으로 자신이 원하는 바를 정확하게 표현할 줄 알기 때문이다.
- 그들은 사랑을 표현하는 성격으로 스킨십을 좋아하기 때문이다.
- 그들은 에너지 넘치는 성격으로 삶에 열정을 쏟기 때문이다.
- 그들은 에너지가 넘치면서도 가까운 사람들에게는 부드럽게 대하기 때문이다.
- 그들은 나를 신뢰하고 있다는 느낌, 그들이 나에게 특별한 사람이라는 느낌을 주기 때문이다.
- 그들은 자신의 의견을 들어주는 것을 좋아하기 때문이다.

❷ 내가 지배하는 유형을 싫어하는 이유는?
- 그들은 자기중심적인 성격으로 타인의 감정을 헤아릴 줄 모르기 때문이다.
- 그들은 나의 나약함과 자립할 수 없다는 불안감을 더욱 조장하기 때문이다.
- 그들은 성격이 거칠고 자기 주장과 소유욕이 강하기 때문이다.
- 그들은 지배욕이 강하고, 타인을 쉽게 판단하고 통제하려고 하기 때문이다.
- 그들을 보고 있으면 미성숙한 성격과 부적절한 언행 등 미숙한 사회적 기술로 어떻게 세상을 살아갈지 걱정스럽기 때문이다.

충성하는 유형

❶ 내가 충성하는 유형을 좋아하는 이유는?
- 그들은 인정이 많은 성격으로 사회에서 낙오된 사람들과 불행을 겪고 있는 사람들을 도와주기 때문이다.
- 그들은 언제나 양심적이고, 성실하며, 책임감이 있기 때문이다.

- 그들은 항상 신뢰감을 주고, 의지할 수 있는 든든한 사람이기 때문이다.
- 그들은 상대를 즐겁게 해주는 유머감각이 있기 때문이다.
- 그들은 나의 느낌이나 생각을 인정해주고 존중해주기 때문이다.

❷ 내가 충성하는 유형을 싫어하는 이유는?
- 그들은 부정적인 시각을 가지고 있고 불안정한 느낌을 주기 때문이다.
- 그들은 왜곡된 성격으로 칭찬을 해주면 진심으로 받아들이지 못하기 때문이다.
- 그들은 실리적이고, 지나치게 분석적이며 이론적이기 때문이다.
- 그들은 지나치게 걱정하고 안달하는 성격으로 사람들을 불편하게 만들기 때문이다.
- 그들은 내 생각을 떠보고 놀리거나 빈정대기 때문이다.

2 교육과 직업 적성

1) 배려하는 유형의 아이들

배려하는 유형의 아이들은 일보다는 사람을 먼저 생각하고, 머리보다는 가슴을 먼저 사용하는 타입이기 때문에 정을 주고 마음을 주는 친구들과 어울려 놀기를 좋아한다. 따라서 학교에서 집에 돌아오면 숙제를 먼저 하기보다는 친구들과 어울려 놀고 싶어한다.

또한 이들은 가까운 사람들과 관계가 단절될까 두려워한다. 자신과 인간적인 관계를 맺게 된 사람들과 사이가 멀어지거나 단절되는 것을 매우 두려워한다. 이러한 불안감을 느끼지 않고 안정된 관계일 때 학습효과 또한 높게 나타난다.

2) 배려하는 아이들의 교육방법

배려하는 유형에 속하는 아이들은 숙제나 공부보다 친구들과 어울려 놀고 싶은 마음이 크다. 이럴 때 무조건 꾸짖지 말고, 숙제 등 할 일을 먼저 하도록 정해주고 나중에 자유시간을 주면 좋은 방향으로 고쳐나갈 수 있다. 친구와 무조건 떼어놓기보다는 친구들을 집으로 초대해서 함께 숙제하고 함께 공부할 수 있도록 분위기를 만들어주는 것도 좋다. 또한 이 유형의 아이들은 규칙적이지 못한 단점이 있으므로 이를 보완할 할 수 있도록 시간계획을 정해주는 것이 좋다.

다음은 배려하는 유형의 아이들을 대할 때 도움이 되는 교육방법이다.

- 아이에게 고마운 점이나 칭찬해주는 이유를 구체적으로 말해준다.
- 아이의 말에 귀기울여주고 아이의 문제에 관심을 보여준다.
- 아이에게 네가 세상에서 가장 중요하고 특별한 존재이며 사랑한다고 말해준다.
- 아이를 혼낼 때는 직접적으로 하지 말고 부드럽게 말해준다.
- 배려하는 유형의 아이는 신체접촉을 좋아하기 때문에 자주 안아주고, 함께하는 것을 좋아하므로 재미있게 시간을 같이 보낼 수 있게 신경 쓴다.
- 아이에게 늘 관심이 있음을 표현해주고 확신을 준다.
- 아이에게 사랑스러운 면이 많고, 배려하는 모습을 보는 것이 기쁘다고 말해준다.
- 일관성을 가지고 체계적으로 양육하되 너무 엄하게 다루지 않는다.
- 아이들이 독립적으로 생각하고 행동하도록 도와준다.
- 다른 사람들에게 베푸는 만큼 배려하는 아이 자신도 사랑받고 도움을 받는 것이 중요하다고 알려준다.
- 다른 사람에게 사랑받기 위해 무언가를 반드시 주어야 할 필요는 없음을 알려준다.
- 다른 사람에게 아이 자신의 감정과 필요한 것을 분명히 말할 수 있게 노력해야 한다고 알려준다.

- 다른 사람들과 어울리는 것도 중요하지만, 혼자서 조용히 시간을 보내는 것도 매우 중요하다고 알려준다.

3) 배려하는 유형의 부모

앞에서 자녀가 배려하는 유형일 때를 설명했다면, 여기서는 반대로 부모가 배려하는 유형일 때를 설명한다.

배려하는 유형의 부모는 아이들을 좋아하고, 부모 역할을 즐겁게 받아들이며, 자녀의 관심을 북돋워준다. 그러나 지나치게 헌신적이어서 아이의 일을 대신 해주려다 보니 아이가 실수나 실패를 통해 세상살이를 배워나갈 수 있는 기회를 차단할 수도 있다. 또한 배려하는 유형의 부모는 아이의 마음이 다칠까봐 아이에게 필요한 말도 하지 못하고, 부모로서 바라는 바가 있는데도 직접 요구하지 못하고 우회적으로 표현하거나 돌려서 조정하려고 한다.

이러한 유형의 부모에게서 자란 아이들은 성인이 된 후 부모의 이해심과 깊은 헌신과 사랑을 고맙게 생각한다. 그러나 부모의 지나친 사랑과 관심이 부담스러웠다고 말하는 사람도 있다.

4) 배려하는 유형의 직업 적성

배려하는 유형은 타인을 보호하거나 돌보는 일, 가르치는 직업에 가장 잘 어울린다.

- **전공** : 인문사회, 교육, 언론정보학과, 미학과, 고고학과, 한의학과, 의학과, 약학과, 정신과, 공군, 육군, 의상학과.
- **직업** : 사무직, 법, 교육, 의약, 출판, 방송, 음악, 통신, 섬유, 임업, 가구, 의류, 문구, 조경, 원예, 약초, 지물, 청과, 산림, 인테리어, 디자인, 농장, 침술, 상담, 행정공무원, 기자, 아나운서, 승려, 정치인, 사회복지사, 교수, 교사, 상담가, 간호사, 의사, 컨설턴트, 연예인 매니저, 커플 매니저, 비서, 강연가, 소설가 · 시인 등 창작, 연예 · 문화 · 예술 등 타인의 시선을 받는 일, NGO.

3. 특별한 유형

1 기본 성향

POINT

특별한 유형

화(火) 일간, 화(火) 발달·과다, 화(火) 일주, 도화살이 있는 사주 그리고 성격성명학의 편인이 특별한 유형이다.

1) 형태적 특징

❶ 사주 팔자

① 화(火) 일간인 사람 : 사주의 육친 구성에 따라 다양한 형태의 화려함이 나타난다.

② 화(火) 발달인 사람.

③ 화(火) 과다인 사람.

④ 화(火) 일주에 화비겁다(火比劫多) 사주 : 화려하다.

⑤ 토(土) 일주에 화인성다(火印星多) 사주 : 화려하면서도 안정감이 있다.

⑥ 수(水) 일주에 화재성다(火財星多) 사주 : 너무 튀지 않게 자신을 절제하면서도 세련되어 보인다.

⑦ 목(木) 일주에 화식상다(火食傷多) 사주 : 세련된 화려함이 있다.

⑧ 금(金) 일간에 화관다(火官多) 사주 : 과감한 화려함이 있다.

⑨ 도화살이 많은 사람 : 자오묘유(子午卯酉) 중에서 목화(木火) 도화는 화려하고, 금수(金水) 도화는 고급스럽고 세련미가 있다.

예1) 1946년 8월 6일(음) 진(辰)시생

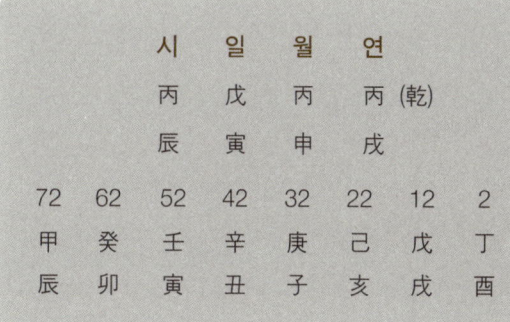

위 사주의 주인공은 전 대통령 노무현이다. 토(土) 일간이고, 목(木) 관성은 15점, 화(火) 인성은 60점, 토(土) 비겁은 35점, 금(金) 식상은 0점, 수(水) 재성은 0점이다.

예2) 1952년 5월 19일(음) 인(寅)시생

시	일	월	연
壬	丁	丁	壬 (乾)
寅	巳	未	辰

80	70	60	50	40	30	20	10
乙	甲	癸	壬	辛	庚	己	戊
卯	寅	丑	子	亥	戌	酉	申

위 사주의 주인공은 전 국무총리 이해찬이다. 화(火) 일간이고, 목(木) 인성은 15점, 화(火) 비겁은 65점, 토(土) 식상은 10점, 금(金) 재성은 0점, 수(水) 관성은 20점이다.

예3) 1967년 5월 5일(음) 오(午)시생

시	일	월	연
丙	丁	丙	丁 (乾)
午	未	午	未

72	62	52	42	32	22	12	2
戊	己	庚	辛	壬	癸	甲	乙
戌	亥	子	丑	寅	卯	辰	巳

위 사주의 주인공은 정치학과 교수이다. 화(火) 일간이고, 목(木) 인성은 0점, 화(火) 비겁은 85점, 토(土) 식상은 25점, 금(金) 재성은 0점, 수(水) 관성은 0점이다.

예4) 1967년 5월 15일(음) 인(寅)시생

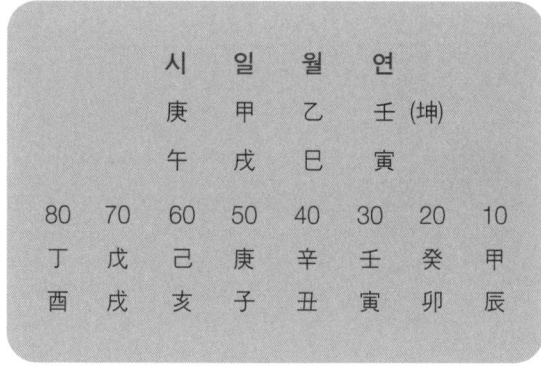

시	일	월	연	
壬	丁	丙	丁	(乾)
寅	巳	午	未	

75	65	55	45	35	25	15	5
戊	己	庚	辛	壬	癸	甲	乙
戌	亥	子	丑	寅	卯	辰	巳

위 사주의 주인공 역시 정치학과 교수이다. 화(火) 일간이고, 목(木) 인성은 15점, 화(火) 비겁은 75점, 토(土) 식상은 10점, 금(金) 재성은 0점, 수(水) 관성은 10점이다.

예5) 1962년 5월 4일(음) 오(午)시생

시	일	월	연	
庚	甲	乙	壬	(坤)
午	戌	巳	寅	

80	70	60	50	40	30	20	10
丁	戊	己	庚	辛	壬	癸	甲
酉	戌	亥	子	丑	寅	卯	辰

위 사주의 주인공은 국제관계학 박사이다. 목(木) 일간이고, 목(木) 비겁은 30점, 화(火) 식상은 45점, 토(土) 재성은 15점, 금(金) 관성은 10점, 수(水) 인성은 10점이다.

예6) 1966년 4월 24일(음) 오(午)시생

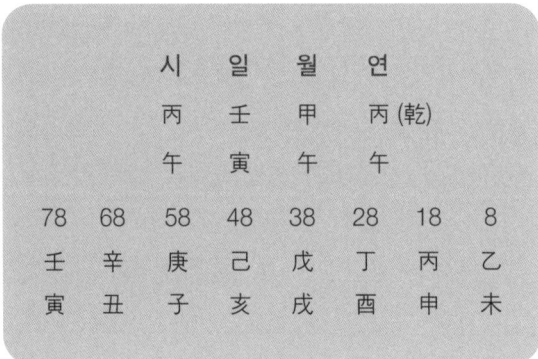

위 사주의 주인공은 전 국회의원 임종석이다. 수(水) 일간이고, 목(木) 식상은 25점, 화(火) 재성은 75점, 토(土) 관성은 0점, 금(金) 인성은 0점, 수(水) 비겁은 10점이다.

예7) 1973년 7월 5일(양) 미(未)시생

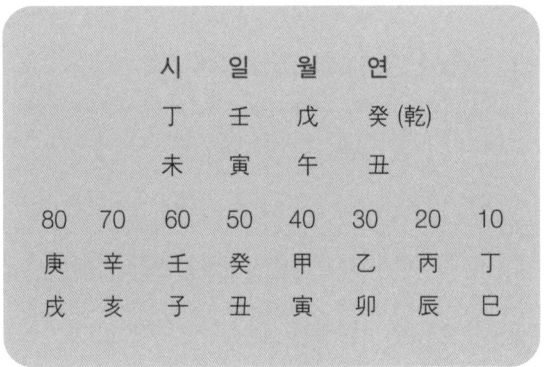

위 사주의 주인공은 개그맨 이혁재이다. 수(水) 일간이고, 목(木) 식상은 15점, 화(火) 재성은 55점, 토(土) 관성은 20점, 금(金) 인성은 0점, 수(水) 비겁은 20점이다.

예8) 1966년 6월 16일(음) 사(巳)시생

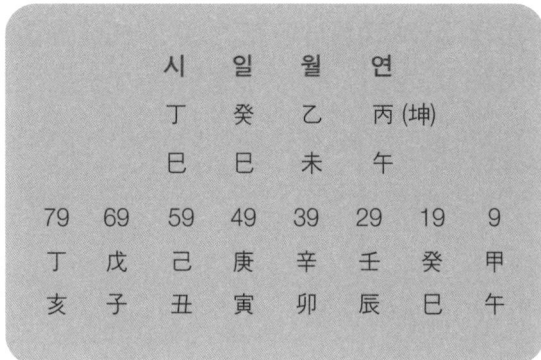

위 사주의 주인공은 건축가이다. 수(水) 일간이고, 목(木) 식상은 10점, 화(火) 재성은 90점, 토(土) 관성은 0점, 금(金) 인성은 0점, 수(水) 비겁은 10점이다.

예9) 1966년 4월 27일(음) 묘(卯)시생

	시	일	월	연
	己	乙	甲	丙 (坤)
	卯	巳	午	午

73	63	53	43	33	23	13	3
丙	丁	戊	己	庚	辛	壬	癸
戌	亥	子	丑	寅	卯	辰	巳

위 사주의 주인공은 스튜어디스이다. 목(木) 일간이고, 목(木) 비겁은 35점, 화(火) 식상은 65점, 토(土) 재성은 10점, 금(金) 관성은 0점, 수(水) 인성은 0점이다.

예10) 1982년 8월 12일(양) 미(未)시생

시	일	월	연
丁	丁	戊	壬 (坤)
未	卯	申	戌

71	61	51	41	31	21	11	1
庚	辛	壬	癸	甲	乙	丙	丁
子	丑	寅	卯	辰	巳	午	未

위 사주의 주인공은 화(火) 일간이고, 목(木) 인성은 15점, 화(火) 비겁은 65점, 토(土) 식상은 20점, 금(金) 재성은 0점, 수(水) 관성은 10점이다.

신(申)월은 원래 금(金)이지만 8월 무더위가 한창이므로 화(火) 30점이고, 미(未)시 역시 한낮이므로 화(火) 15점이다. 화비다(火比多)로서 화려함을 추구하는 유형이다. 이 여성은 쇼핑중독 특히 신발에 대한 광적인 쇼핑중독이 있다.

예11) 1965년 6월 17일(양) 오(午)시생

시	일	월	연
丙	壬	壬	乙 (坤)
午	寅	午	巳

77	67	57	47	37	27	17	7
庚	己	戊	丁	丙	乙	甲	癸
寅	丑	子	亥	戌	酉	申	未

위 사주의 주인공은 수(水) 일간이고, 목(木) 식상은 25점, 화(火) 재성은 65점, 토(土) 관성은 0점, 금(金) 인성은 0점, 수(水) 비겁은 20점이다. 이 여성은 빡빡 깍

은 머리에 모자를 쓰고, 독특한 옷차림으로 타인의 시선을 사로잡는다.

❷ 성격성명학
성격성명학의 편인 유형인 사람.

예) 유현영(현영, 1976년 9월 6일)

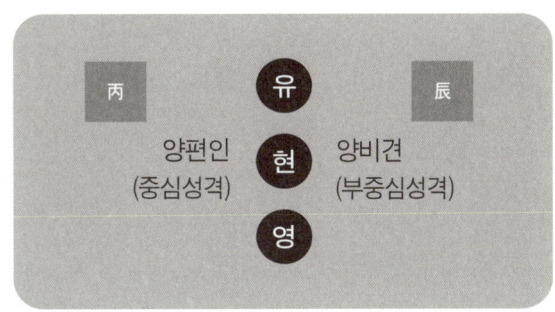

丙　　　유　　　辰

양편인　　　　양비견
(중심성격)　　(부중심성격)

현

영

2) 특별한 유형의 성격
특별한 유형은 다음과 같은 성격을 가지고 있다.

- 개성이 있고 내면세계가 독특하다.
- 남들과 비슷한 사람, 평범한 사람이 되기 싫어한다.
- 좋아하는 것과 싫어하는 것을 분명하게 구분한다.
- 자신의 감정을 소중히 여기고 감정을 거침없이 표현하는 타입이다.
- 자신만의 세계를 창조하기 위해 상상하고 몰입하는 시간이 필요하다.
- 꿈과 이상을 매우 소중하게 생각한다.
- 현재 경험하는 현실세계보다는 꿈처럼 아득한 과거나 환상적인 미래를 꿈꾼다.
- 상상력과 감수성이 풍부하고 분위기를 즐기고 싶어한다.
- 어떠한 틀이나 규칙에 구속되지 않고 자유롭게 살고 싶어한다.
- 타인의 의견과 생각보다는 자신의 생각이나 자신의 직관이 더 소중하다.
- 일을 하려면 충분한 동기 부여가 필요하고 분위기가 이루어져야 한다.

- 자유로운 사람, 센스 있는 사람, 상상력이 풍부한 사람, 영혼이 아름다운 사람, 예술혼을 지닌 사람, 고급스런 사람이 되기를 바라고, 그런 사람들과 어울리고 싶어한다. 그러나 규칙을 강요하는 사람이나 센스 없는 사람과는 함께 있고 싶어하지 않는다.
- 독특한 사람, 자신과 어울리지 않을 것 같은 사람에게 매력을 느끼는 경우가 자주 있다.
- '바로 이거야' 라는 순간적인 느낌이 오면 밤을 새워서라도 정열적으로 완성해낸다.

- 아름다운 사람, 슬픔과 고통이 담긴 로맨틱한 영화, 소설, 시, 노래에 눈물 흘린다.
- 감수성이 너무 예민하여 사소한 비판에도 상처받는다.
- 현재의 이성친구나 동성친구와의 사랑과 우정보다 더 아름답고 환상적인 사랑과 우정이 나타나기를 갈망하면서 살아간다.
- 애인이나 친구나 가족과 함께 있어도 고립된 이방인처럼 불안감과 이질감을 느낄 때가 많다.
- 우울함과 슬픔을 수시로 느낀다.
- 기분이 매우 좋아지거나 우울해지면 며칠 또는 몇 주 동안 아무 것도 할 수 없을 때가 있다.
- 장점보다는 단점이나 부족한 점에 더 집중하는 경향이 있다.
- 누군가 자신에게 명령하거나 지배하려고 하면 반항적이 되어 반대로 하거나, 일이 잘못 되기를 바란다.
- 나의 진정한 자아가 무엇일까 궁금해한다.
- 다른 사람들이 불성실하거나 말과 행동이 다른 것을 싫어한다.
- 어떤 사물이든 보통사람보다 더 깊게 느끼고 싶어한다.

- 자신이 진정으로 사랑받고 있다고 느끼지 못하고, 자신을 떠난 사람에게 더 강한 매력을 느끼는 경향이 있다.
- 희극적인 기쁨과 비극적인 슬픔의 감수성을 모두 가지고 있다.
- 남다른 패션감각을 가지고 있으며, 남들과 다른 독특한 옷을 입는 것을 좋아한다.
- 옷이나 신발, 가방, 화장품, 장신구 등 아름다운 물건을 수집하고, 옷장이나 신발장에 아름다운 옷이나 신발이 가득하기를 바란다.
- 예술, 문화, 연예인 등에 집착하거나 즐긴다.
- 사물을 독창적으로 바라보는 편이다.
- 창조성, 창의성, 감정의 깊이에 매력을 느끼고, 자신의 독창성을 이해받지 못하는 것을 고통스럽게 여긴다.
- 때때로 삶이 너무 평범하고 지루하다고 생각한다.
- 평범하지 않은 것에 먼저 관심이 간다.
- 다른 사람들이 당황할까 봐 감정을 드러내지 않으려고 노력한다.
- 다른 사람 또는 애완동물의 고통을 함께 느낄 때가 있다.
- 다른 사람들은 가지고 있는데 자신은 가지고 있지 못한 것을 아쉬워한다.
- 상상력이 풍부하여 새로운 방식, 특별한 방식으로 일하는 것이 좋다.

3) 특별한 유형의 표현 단어

자유로움, 낭만, 화려함, 아름다움, 미적 감각, 독창성, 창조적, 특별함, 독특함, 예술적, 인간적, 신비로움.

4) 특별한 유형의 생활모습

특별한 유형의 사람은 배우자와 자녀, 가족들과 함께 시간을 보내는 것에 의미를 둔다. 가까운 사람과의 친밀감은 그들을 편안하게 해주기 때문이다. 그들은 자연을 감상하고 자연의 작은 모습에도 감동하며, 정서적인 면이 강하여 연주회나 전시회 등의 문화행사가 정서를 함양시켜주고 품격을 높여준다고 생각하여 부지런하게 참여한다. 또는 화려한 옷이나 장식품을 구입하거나, 서점에서 자신의 정신세계를 높여줄 책을 뒤적일 때가 많다.

5) 특별한 유형의 긍정적 심리와 부정적 심리

어느 유형이든 장점과 단점이 존재한다. 자신이 원하는 대로 이루어지거나 주위 환경이 도와주면 장점의 모습이 강하게 나타나고, 자신의 뜻대로 되지 않고 주위 환경도 꼬이고 막히면 단점의 모습이 강하게 나타난다.

● **특별한 유형의 긍정적 심리와 부정적 심리**

긍정적 심리	부정적 심리
다른 사람과 따뜻한 유대관계를 맺는다	버려질까 봐 두려워한다
인생의 의미를 잘 발견한다	분노에 사로잡혀 있을 때가 많다
마음 속 깊은 감정을 잘 파악한다	자신에게 없는 것을 매우 갈망한다
인생의 참된 아름다움을 누린다	사람들의 실망에 쉽게 자책한다
고귀함과 진실함, 아름다움을 찬미한다	절망과 어두운 분위기에 쉽게 사로잡힌다
직관력이 뛰어나고 창조적이다	자신을 미워하고 부끄럽게 생각할 때가 많다
유머감각이 뛰어나고 재치가 있다	자신의 인생에 대해 너무 큰 기대를 한다
특별한 감각으로 눈에 띄는 타입이다	권위적인 상황을 견디지 못한다
타인의 감정을 쉽게 파악한다	실질적인 것보다 허황된 것에 큰 관심이 있다
상상력이 풍부하다	늘 자신에게 결점이 있다고 생각한다
자유주의자 기질이 강하다	삶에 대하여 비관적이고 슬픔이 많다
따뜻하고 부드럽다	자의식이 강하고 스스로에게 몰입한다
연민이 많다	기분에 따라 좌우된다
세련된 사람이다	자기만의 규칙에 사로잡혀 있다
지지와 공감을 잘한다	고집이 세다
표현을 잘한다	질투가 강하다
자신을 돌아볼 줄 안다	정서가 메말랐다
창조적이다	독선적이다
열정적이다	비판적이다
자신을 모두 드러낸다	쉽게 상처받는다

6) 다른 성격 유형이 바라본 특별한 유형

다른 사람들의 시선에 비친 특별한 유형의 모습을 정리하면 다음과 같다.

• 특별한 유형은 매우 독특하며, 깊이 있는 영혼의 소유자이다.

- 특별한 유형은 내가 알고 있는 사람들 중 심미안이 있고, 통찰력이 뛰어나며, 지적인 자극을 준다.
- 특별한 유형은 위트가 넘치고, 자신이 좋아하는 분야에 해박한 지식을 가지고 있으며, 끈기와 단호함과 강렬한 열정이 있다.
- 특별한 유형은 자신만의 독창적인 생각이나 아이디어로 새로운 것을 만들어내고 열정적으로 성공시켜 나간다.
- 특별한 유형은 놀라운 창의력을 가지고 있으며, 매번 기발하고 새로운 시도를 한다.

7) 특별한 유형과 잘 지내기 위한 방법

어느 유형이든 마찬가지지만, 특별한 유형의 행동과 심리를 알면 그 사람과 갈등 없이 친밀한 관계를 유지할 수 있다.

- 칭찬은 특별한 유형의 사람에게 큰 의미가 있으므로 자주 칭찬해준다. 특히 감각적이고 높은 안목과 독특한 정신세계를 칭찬한다.
- 그들이 가지고 있는 특별한 재능, 즉 직관력과 통찰력과 감수성을 인정해준다.
- 그들이 예민할 때 과민반응을 보인다고 비판하지 말고 오히려 예술성이나 창조성이나 감수성이 뛰어나기 때문이라고 칭찬해준다.
- 그들은 때때로 우울하고 슬픈 감정을 즐기지만, 어느 순간에는 그러한 감정에서 벗어나고 싶어한다. 이때 그들의 마음을 조금이라도 밝게 만들어주고 우울함에서 벗어날 수 있게 해주는 것이 좋다.

8) 특별한 유형의 정신건강

자기애적 인격장애(왕자병 · 공주병), 히스테리, 집착, 조울증, 화병, 고혈압, 분리 불안장애, 회피성 인격장애, 극단적인 경우 자살의 우려도 있다. 타인에게 강압적인 지배자 스타일이며, 분노와 적대감을 자기 자신이나 타인에게 투사하여 망상적 자기 학대나 타인 학대가 나타날 수 있다.

특히 특별한 유형 중에서도 화(火)가 많은 사람은 경계성 인격장애로 대수롭지 않은 일에도 크게 화를 내거나 싸우는 경우가 많고, 감정 기복이 심하고 변덕스러우며, 항상 자신의 공허감과 애정 결핍을 채워줄 상대를 찾으며, 누군가를 매우 높이 평가했다가도 사소한 일로 실망하면 금세 저주를 퍼붓는다.

9) 특별한 유형과 다른 유형의 관계

특별한 유형의 입장에서 다른 유형을 어떻게 판단하는지 알아본다. 생각의 차이를 알면 상대방을 이해하는 데 큰 도움이 될 것이다.

배려하는 유형

❶ 내가 배려하는 유형을 좋아하는 이유는?

- 그들은 내가 진정으로 사랑받고 있다는 느낌을 주기 때문이다.
- 그들은 창조하는 성격으로 나의 뛰어난 안목을 알아주기 때문이다.
- 그들은 나와 같이 하는 것을 좋아하고 많은 시간을 함께 보내기 때문이다.
- 그들은 나의 문제를 주의 깊게 들어주고 나를 이해해주기 때문이다.
- 그들은 성격이 명랑하고 정열적이기 때문이다.

❷ 내가 배려하는 유형을 싫어하는 이유는?

- 그들은 내가 감정적인 성격으로 기분에 따라서 일을 처리한다고 비난하기 때문이다.
- 그들은 일방적인 생각으로 나의 방식과 기분을 판단하기 때문이다.
- 그들은 이해하기보다는 지적만 하기 때문이다.
- 그들은 지나치게 친절하고 웃음이 많으며 긍정적이기 때문이다.

특별한 유형

❶ 내가 특별한 유형을 좋아하는 이유는?

- 그들은 상대방에게 집중하는 성격으로 같이 있으면 유쾌하고 재미있기 때문이이다.
- 그들은 내가 우울하거나 침울할 때 공감해주기 때문이다.
- 그들은 감수성이 있고, 심미안과 감성적인 것에 대해 관심을 나눌 수 있기 때문이다.
- 그들은 사물을 색다르게 생각하는 성격으로 독특한 주제를 놓고 토론할 수 있기 때문이다.

❷ 내가 특별한 유형을 싫어하는 이유는?

- 그들은 나와 마찬가지로 기본적인 일들을 능숙하게 처리하지 못하기 때문이다.
- 내성적인 내가 봤을 때 그들은 남 앞에 나서기 좋아하고 과장된 몸짓을 하기 때문이다.
- 그들은 상대가 완벽하지 않으면 화를 내고 비난을 잘하기 때문이다.

여유로운 유형

❶ 내가 여유로운 유형을 좋아하는 이유는?

- 그들은 나의 모습을 그대로 인정해주기 때문이다.
- 그들은 따뜻하고 부드러운 사람이기 때문이다.
- 그들은 타인을 자기 방식대로 판단하지 않기 때문이다.
- 그들은 친절하고, 나와 함께 일하기를 좋아하며, 서로 친밀한 관계라고 느끼게 해주기 때문이다.
- 그들은 나를 100% 알지는 못하지만, 그럼에도 불구하고 내가 이야기하는 것을 받아들이려고 하기 때문이다.

❷ 내가 여유로운 유형을 싫어하는 이유는?

- 그들은 나를 매우 편안하게 대하는데, 바로 그 점이 나의 발전을 저해하기 때문이다.
- 그들은 갈등을 해결하기보다는 회피하기 때문이다.
- 그들은 자신의 느낌이나 계획이나 정보를 정확하게 말해주지 않기 때문이다.
- 그들은 자신만의 일상적인 생각과 버릇에 빠져 있어서 내가 소외된다는 느낌을 주기 때문이다.

완벽한 유형

❶ 내가 완벽한 유형을 좋아하는 이유는?

- 그들은 무슨 일이든 노력하는 성격이고, 자기 발전을 위해 열심히 노력하기 때문이다.
- 그들은 내가 문화생활이나 취미를 즐길 수 있도록 도와주기 때문이다.
- 그들은 책임감이 있어서 스스로 내뱉은 말은 꼭 지키기 때문이다.
- 그들은 나의 꿈을 지지하고 존중해주기 때문이다.

- 그들은 유머감각이 뛰어나서 같이 있는 것이 즐겁기 때문이다.
- 그들은 작지만 실제적인 문제들을 효과적으로 해결할 수 있게 도와주기 때문이다.

❷ 내가 완벽한 유형을 싫어하는 이유는?

- 그들은 독선적인 성격으로 자기 방식을 강요하기 때문이다.
- 그들은 명확한 성격으로 무슨 일이든 논리로 구분하려고 하기 때문이다.
- 그들은 나의 약점을 건드려 수치심을 주고 자존감을 떨어뜨리기 때문이다.
- 그들은 감정 표현에 서투르고 상대방을 일방적으로 판단하기 때문이다.

생각하는 유형

❶ 내가 생각하는 유형을 좋아하는 이유는?

- 그들은 통찰력이 있고 배려심이 있으며, 사색적이기 때문이다.
- 그들은 조용한 성격으로 대화를 부드럽게 이끌어 나가기 때문이다.
- 그들과 나는 문화생활과 아이디어에 대한 공통의 관심이 있기 때문이다.
- 그들은 고정된 틀에 얽매이지 않으며 안정적인 관계를 만들어가기 때문이다.
- 그들은 객관적인 시선을 가지고 있고, 독립적으로 생활하기 때문이다.

❷ 내가 생각하는 유형을 싫어하는 이유는?

- 그들은 자신의 겉모습에 관심이 없기 때문이다.

- 그들은 냉정한 성격으로 가끔은 지나치게 차가운 모습을 보이기 때문이다.

- 그들은 나의 감정적인 면이 지나치다고 비난하기 때문이다.

- 그들은 치밀하게 내가 외면당하고 있다고 느끼게 만들기 때문이다.

- 그들이 나와의 관계를 원하는지 확신할 수 없을 때가 있기 때문이다.

보여주고 싶은 유형

❶ 내가 보여주고 싶은 유형을 좋아하는 이유는?

- 그들은 나를 보호하고 감싸주기 때문이다.

- 그들은 내가 원하는 것이 무엇인지를 알기 때문이다.

- 그들은 매력적이고 사람들에게 인기가 많기 때문이다.

- 그들은 내가 일을 잘할 수 있도록 지지해주고, 창조성을 발휘하는 일들을 같이 하기 때문이다.

- 그들은 긍정적이고 열성적이어서 나의 침울함을 없애주기 때문이다.

- 그들은 항상 세상에 이로운 사람이 되겠다는 사명감을 가지고 일하기 때문이다.

❷ 내가 보여주고 싶은 유형을 싫어하는 이유는?

- 그들은 문제를 근본적으로 해결하지 않고 임시적으로 해결하려고 하기 때문이다.

- 그들은 타인의 시선을 중요하게 생각하고 자신의 단점을 감추려고 하기 때문이다.

- 그들은 고지식하고 관습에 얽매여 있기 때문이다.

- 그들은 바쁘게 일하다가 약속을 지키지 못할 때가 많기 때문이다.

- 그들은 생활의 어두운 부분은 보지 않으려 하기 때문이다.

창조적 유형

❶ 내가 창조적 유형을 좋아하는 이유는?

- 유행을 따르거나 감각적인 그들의 모습이 나와 비슷하기 때문이다.

- 그들은 스스로를 표현하는 센스가 있기 때문이다.

- 그들은 표현력이 있기 때문이다.

- 그들은 창조적이고 감수성이 뛰어나서 나와 잘 어울리기 때문이다.

- 그들은 총명하고 호기심이 강하기 때문이다.

❷ 내가 창조적 유형을 싫어하는 이유는?

• 그들은 부드러운 듯 날카로운 말로 가끔 나에게 상처를 주기 때문이다.

• 그들은 자신을 관리하고 분석하므로 나의 자유분방한 기질과 가끔 부딪치기 때문이다.

• 그들은 사람들과의 교제를 좋아하며 가끔 혼자 있고 싶어하는 나를 피곤하게 만들기 때문이다.

• 그들은 지나치게 민감하여 민감한 나보다 더 상처받는 경우가 있기 때문이다.

• 그들이 자신을 보여주고 싶어 잘난 척할 때면, 내가 다른 사람에게 내 특별한 모습을 표현할 수 없기 때문이다.

어울리는 유형

❶ 내가 어울리는 유형을 좋아하는 이유는?

• 그들은 에너지가 넘치는 성격으로 나에게 힘과 열정을 불어넣어주기 때문이다.

• 그들이 권위에 반발하는 모습이 나와 비슷하기 때문이다.

• 그들은 나와 같이 할 수 있는 남다른 일들을 만들어내기 때문이다.

• 그들은 호기심이 왕성하고, 행동이 민첩하며, 색다른 모험을 즐기기 때문이다.

❷ 내가 어울리는 유형을 싫어하는 이유는?

• 그들은 내게 심각한 문제가 생길 때 엉뚱한 이야기를 하거나 피하려고 하기 때문이다.

• 그들은 부정적인 것을 싫어하는 성격으로 그들과 있을 때면 내 생각을 숨기게 되기 때문이다.

• 그들은 심각해지는 것을 불평하는 성격으로 나의 독특하고 재미있는 모습만 바라기 때문이다.

• 그들은 자기 모습을 말로 위장하지만, 깊이가 얕아서 금방 드러나기 때문이다.

지배하는 유형

❶ 내가 지배하는 유형을 좋아하는 이유는?

• 그들은 솔직하고 꾸밈이 없으며 직설적이기 때문이다.

• 그들은 내가 감정적인 모습을 보일 때에도 흔들리지 않기 때문이다.

• 그들의 힘있는 모습이 나의 침울함을 없애주기 때문이다.

• 그들은 열심히 노력하는 나를 높이 평가해주기 때문이다.

• 그들은 나의 창조적인 면을 널리 보여줄 수 있도록 도와주기 때문이다.

❷ 내가 지배하는 유형을 싫어하는 이유는?

- 그들은 때때로 심한 말을 하여 나를 자극하기 때문이다.
- 그들은 독단적인 성격으로 내가 나만의 세상을 만드는 것을 싫어하기 때문이다.
- 그들은 행동방식이나 몸가짐이 세련되지 않기 때문이다.
- 그들은 내게서 많은 것을 원하고, 내 의견을 무시하며 일을 추진하기 때문이다.

충성하는 유형

❶ 내가 충성하는 유형을 좋아하는 이유는?

- 그들은 의존적이면서도 영리하고 재치가 있기 때문이다.
- 그들은 나와 마찬가지로 반항적인 사람들이기 때문이다.
- 그들에게는 숨겨져 있는 신비로운 모습과 정열적인 모습이 공존하기 때문이다.
- 그들은 나를 이해하려고 하고, 사랑을 보여주려고 하기 때문이다.
- 그들은 나에게 소외되었다는 불안감이나 두려움을 주지 않기 때문이다.

❷ 내가 충성하는 유형을 싫어하는 이유는?

- 그들은 의심이 많고 무슨 일이든 냉정한 모습을 보이기 때문이다.
- 그들은 나의 능력을 의심하고 의욕을 잃게 만들기 때문이다.
- 그들은 사소한 걱정과 우유부단한 성격으로 나를 불안하게 만들기 때문이다.
- 그들은 나의 의견에 반대할 때가 많고, 그 때문에 나와 다툼이 많기 때문이다.

2 교육과 직업 적성

1) 특별한 유형의 아이들

특별한 유형의 아이는 자신이 원하는 특별한 분위기가 필요하다. 클래식이나 힙합 등 자신이 좋아하는 음악을 틀어놓거나 초를 켜놓는 등 자신만의 편안하고 특별한 분위기가 필요하다. 누군가 편안한 분위기를 방해하거나 기분이 상하면 공부가 잘 되지 않는다. 그러므로 집에서나 학교에서 생긴 일들에 대해 충분히 대화하고 기분을 풀어주어야 한다. 마음이 편안해지면 스스로 자신의 감정에 대해 이야기할 것이다.

특히 이 유형의 아이는 평범한 감정표현보다는 자신만이 가지고 있는 특별한 감정표현 방법이 있으므로 부모는 그것을 읽어내는 방법을 배우는 것이 중요하다. 또한 이들은 혼자서 창의적인 놀이를 하거나 독창적인 게임을 만들어서 자신이 만든 가상의 놀이상대와 노는 것을 좋아한다. 그런 모습에 부모는 놀랄 수도 있지만, 아이에게는 소중한 부분이므로 아이의 눈높이에 맞춰서 함께 놀이학습을 개발해보면 좋을 것이다.

특별한 유형의 아이는 밝고 명랑하다가도 어느 순간 우울해지는 등 감정 기복이 심하다. 자신이 정말 좋아했던 짝꿍이 이사 가면 너무 슬퍼서 밤을 새우고 학교에 지각하기도 하고, 입고 싶은 옷이나 신고 싶은 신발이나 가지고 싶은 가방이나 학용품을 가지지 못하면 좌절감이나 실망감에 빠지기도 한다.

특별한 유형의 아이는 외향적인 특별한 아이와 내성적인 특별한 아이로 나누어진다. 외향적인 아이는 부모나 선생님이나 친구들에게 친절하고, 그들에게 기쁨을 주려고 노력하며, 그로 인해 사랑받는다. 하지만 그것도 잠시뿐 자신이 입고 싶은 옷 등이 준비되어 있지 않으면 유치원이나 학교에 가지 않으려고 할지도 모른다. 그런가 하면 내성적인 특별한 아이는 부끄러움을 잘 타고 소심하여 사람들과 어울리는 것을 싫어한다. 특히 새로운 공간, 즉 새로운 유치원이나 새 학교에 등교할 때는 적응하지 못하고 등교를 거부할 수도 있다.

특별한 유형의 아이는 학교나 가정에서 자신이 특별한 대우를 받지 못하고 무시당했다고 느끼거나, 친구와 싸우거나 기분이 울적해지면 학교를 거부하거나 약속을 지키지 않는다. 배가 아프거나 머리가 아프다는 핑계로 약속을 거부할 수도 있다. 이때는 억지로 약속을 지키게 하기보다는 아이가 요구하는 것이 무엇인지 정확히 이해하고 해결해주는 것이 우선이다. 특히 옷이나 물건 등은 아주 작은 것 같지만 이렇게 사소한 것도 놓치지 않고 파악해야 한다.

2) 특별한 아이들의 교육방법

특별한 유형의 아이는 무조건 책상에 앉아서 암기만 시키는 교육방법에 큰 스트레스를 받는다. 동영상 교육자료나 연극, 미술, 실험처럼 직접 참여하는 형태의 교육으로 창의성을 발휘할 수 있게 배려해야 한다. 또한 감수성이 예민하여 작은 것에도 쉽게 상처받으므로 부모의 생각을 강요하지 말고 자녀가 마음 속 감정을 모두 이야기할 수 있도록 충분히 대화하고 아이가 원하는 것을 알아내서 교육에 활용할 수 있도록 신경 쓴다.

특별한 유형의 아이는 호기심이 많고 예술성, 창의성, 영혼의 탐색, 휴머니즘 등 어른들이 미처 생각하지 못하는 독특한 분야에 관심을 가지고 있다. 영혼을 탐색하고, 심미안에 빠져들며, 낭만적인 분위기를 좋아하고, 연약한 아이나 노인 또는 동물을 보호하는 휴머니스트 기질이 강하다. 이들은 생각하기보다는 느끼는 타입으로, 신비스럽고 창조적이고 예술적이며 영혼이 맑은 사람들이다. 이들의 특징은 상상력과 창조성이므로 당장 영어단어 몇 개를 외우게 하기보다는 아이가 가진 무한한 가능성을 열어주는 데 초점을 두어야 한다.

또한 이 유형의 아이들은 자기 생각과 주관이 뚜렷하여 자기가 좋아하는 사람, 싫어하는 사람, 좋아하는 것, 싫어하는 것을 분명하게 구분하며, 자기 감정을 매우 소중하게 여기고 솔직하고 거침없이 표현한다. 이들이 자신의 마음을 제대로 표현하지 않고 감추는 것은 사주에 배려하는 성격 유형이 공존하거나, 억압적인 부모 밑에서 자랐거나, 다른 사람을 즐겁게 하려고 애쓰기 때문이다.

이 유형의 아이는 평상시 성격이 온순하고 부드러운 편이고, 타인의 감정을 거스르지 않으려고 노력한다. 그러나 자신을 받아주지 않는다고 느끼는 순간 공격적으로 변하고 매섭게 비판한다. 이 유형에게는 자신만의 규칙이나 원칙이 있다. 이것을 다른 사람이 무시하거나 억압하면 금세 얼굴에 불쾌한 감정이 나타난다. 자신의 감정을 자연스럽게 이야기하는 것은 긍정적인 면이지만, 감정 조절이 어려운 것은 주위에서 적절하게 억누르고 조절할 수 있도록 도와주어야 한다. 감정 기복이 심하면 주위사람들과 원만한 관계를 이루기 어렵고, 사회생활을 하면서 예의범절이 필요함을 인식시켜야 한다.

이 유형의 아이는 사람을 아주 좋아하거나 아주 싫어하는 극단적 양상을 보이고, 자신이 가지고 있는 독특한 내면세계를 공유할 수 있고 이해해주는 친구를 만나고 싶어한다. 단, 친구에게 정성을 다하면서도 친구에게 경쟁심을 가지고 친구의 장점을 질투하며, 친구보다 자신이 더 멋지고 특별해야 한다고 생각한다.

이 유형의 아이들은 새로운 환경에 쉽게 어울리지 못하고 머뭇거린다. 이런 상태에서 부모가 억지로 새로운 환경에 밀어넣으면 심한 스트레스를 받고 정서불안을 보인다. 또한 이들은 감수성이 발달되어 있고 감정 기복이 크므로 심리적 상처를 받으면 밥도 못 먹고 잠도 못 이루는 경우가 다른 유형의 아동보다 심하다. 가족끼리 갈등이 생겨서 스트레스를 받으면 아이가 잘못하여 문제가 생긴 것이 아니라고 분명하게 설명해주고, 안정되고 편안한 분위기를 만들어주어야 한다. 하룻동안 있었던 일들을 함께 이야기하고, 감정 표현이 서툴더라도 부모가 먼저 아이가 이해할 수 있는 쉬운 단어를 써서 대화를 나누는 것도 좋다. 아이가 잠들기 전에 책을 읽어주면 아이가 특별한 감동을 느끼고 부모와 더욱 가까워질 수 있을 것이다.

특별한 유형의 아이들은 자기만의 독특한 생각과 감정을 세상에 드러내고자 한다. 외향적인 아이는 논쟁이나 토론에 적극 참여하여 자신의 주장을 확실하게 펼치지만, 내성적인 아이는 자신만의 세계에 들어가 살면서 외부세계에 신경 쓰지 않는다. 이들 모두 자존감에 상처를 받으면 심한 좌절감과 우울함을 느끼므로 어릴 때는 부모가 지나치게 엄격하거나 보수적으로 양육하기보다는 자기 주장을 당당하게 표현할 수 있도록 자신감을 북돋아주는 것이 좋다. 부모가 엄격하고 보수적으로 통제하면 자신만의 은밀한 세계에 빠져 세상 밖으로 나오기를 거부하거나 컴퓨터, 음악, 쇼핑 등에 중독되는 경우가 있다. 이 유형의 아이들은 부모의 사소한 기대에도 엄청난 부담을 느낄 만큼 복잡한 내면세계와 민감한 감수성을 가지고 있다. 부모의 생각을 강요하거나 부모의 이상을 요구하기보다는 특별한 아이들만이 가지고 있는 특별함을 존중해주고, 끊임없이 대화를 나누어야 한다.

3) 특별한 유형의 부모

특별한 유형의 부모는 창의력이 있고, 통찰력과 감각이 남다르며, 따스한 태도로 자녀를 대한다. 그들은 자녀를 임신했을 때 새로운 생명 잉태의 신비감과 경이로움에 감격하는 동시에 알 수 없는 슬픔과 우울함에 빠진다.

이들은 자신과 교감하지 못하는 자녀를 압박하는 경향이 있다. 부모가 특별한 유형이지만 자녀는 그렇지 않은 경우가 얼마든지 있으므로 있는 그대로 자녀를 인정하고 지지하고 격려해주어야 한다.

특별한 유형의 부모 밑에서 자란 사람은 성인이 된 후 자신의 부모가 매우 매력적인 성격이었고, 그로 인해 행복했다고 기억한다. 반대로 부모의 감수성이 너무 예민하고 우울하여 대하기 부담스럽고 두려웠다고 말하는 사람도 있다.

4) 특별한 유형의 직업 적성

특별한 유형은 활동적이거나 아름다움을 추구하는 직업에 가장 잘 어울린다.

- **학과** : 언론, 인문, 의학(정신과 · 신경외과 · 방사선과 · 안과), 약학, 법조계, 이공계열, 공군, 섬유학과, 의상학과, 무용학과.
- **직업** : 음악, 미술, 무용, 연주, 예술가, 탤런트 · 영화배우 · 가수 등 연예인, 아나운서 · MC 등 방송인, 시인 · 소설가 · 시나리오 작가 · 극작가, 기자 · PD 등 언론인, 심리학자 · 정신과 의사 등 상담가, 성형외과 의사, 패션디자이너, 헤어디자이너, 모델, 설계, 건축설계, 실내 인테리어 디자이너, 코디네이터, 샵마스터, 메이크업, 메이크업 아티스트, 교사, 교육자, 천문, 기상, 우주연구가, 천문학자, 사진작가, 연출가, 언론, 정치, 정치가, 법관, 공무원, 경호, 무역, 교육, 방송, 예능, 발명, 예식장, 조명, 극장, 안경, 항공, 운수업.

4. 여유로운 유형

1 기본 성향

POINT

여유로운 유형

토(土) 일간, 토(土) 발달·과다, 토(土) 점수가 많거나 명예살이 많은 사주, 인다신약 사주, 성격성명학의 정재가 여유로운 유형이다.

1) 형태적 특징

❶ 사주팔자

여유로운 유형은 인내심이 강한 사람과 편안함을 추구하는 사람으로 나누어진다.

① 토(土) 일간인 사람 : 무토(戊土) 일간은 인내심이 강하고 명예를 소중히 하는 평화주의자이고, 기토(己土) 일간은 편안함을 추구하고 수용적이며 수동적인 평화주의자이다.

② 토(土) 발달인 사람.

③ 토(土) 과다인 사람.

④ 명예살이 많은 사람 : 인내심이 강하고, 명예를 소중하게 생각하는 평화주의자.

⑤ 토(土) 점수가 많은 사람 : 인내심이 강하고, 명예를 소중하게 생각하는 평화주의자.

⑥ 인다신약(印多身弱)인 사람 : 편안함을 추구하고 수용적이며 수동적인 평화주의자.

예1) 1929년 1월 14일(양) 술(戌)시생

시	일	월	연
甲	己	乙	戊 (乾)
戌	未	丑	辰

75	65	55	45	35	25	15	5
癸	壬	辛	庚	己	戊	丁	丙
酉	申	未	午	巳	辰	卯	寅

위 사주의 주인공은 전 대통령 김영삼이다. 토(土) 일간이고, 목(木) 관성은 20점, 화

(火) 인성은 0점, 토(土) 비겁은 60점, 금(金) 식상은 0점, 수(水) 재성은 30점이다.

예2) 1973년 6월 29일(음) 신(申)시생

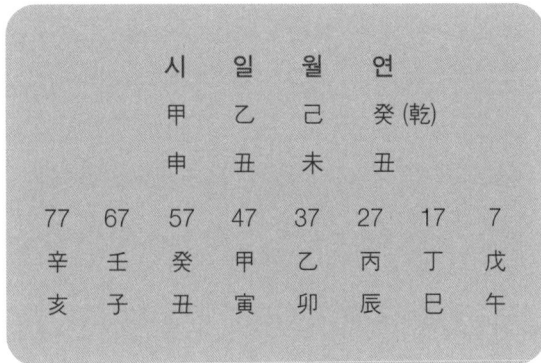

위 사주의 주인공은 메이저리그 투수 박찬호이다. 목(木) 일간이고, 목(木) 비겁은 20점, 화(火) 식상은 45점, 토(土) 재성은 35점, 금(金) 관성은 0점, 수(水) 인성은 10점이다.

예3) 1910년 1월 3일(음) 술(戌)시생

위 사주의 주인공은 전 삼성그룹 회장 이병철이다. 토(土) 일간이고, 목(木) 관성은 0점, 화(火) 인성은 0점, 토(土) 비겁은 45점, 금(金) 식상은 25점, 수(水) 재성은 40점이다.

예4) 1949년 10월 25일(음) 술(戌)시생

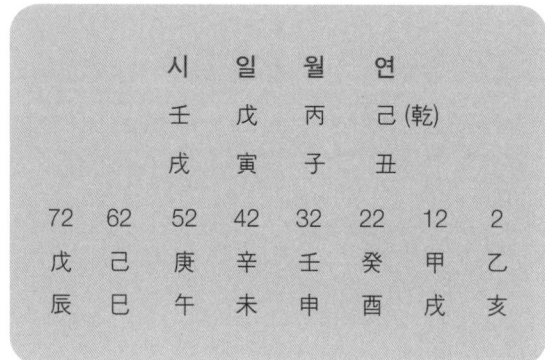

시	일	월	연
壬	戊	丙	己 (乾)
戌	寅	子	丑

72	62	52	42	32	22	12	2
戊	己	庚	辛	壬	癸	甲	乙
辰	巳	午	未	申	酉	戌	亥

위 사주의 주인공은 영화배우 최종원이다. 토(土) 일간이고, 목(木) 관성은 15점, 화(火) 인성은 10점, 토(土) 비겁은 45점, 금(金) 식상은 0점, 수(水) 재성은 40점이다.

예5) 1966년 12월 14일(음) 술(戌)시생

시	일	월	연
壬	戊	辛	丙 (乾)
戌	子	丑	午

74	64	54	44	34	24	14	4
己	戊	丁	丙	乙	甲	癸	壬
酉	申	未	午	巳	辰	卯	寅

위 사주의 주인공은 무술감독 정두홍이다. 토(土) 일간이고, 목(木) 관성은 0점, 화(火) 인성은 20점, 토(土) 비겁은 25점, 금(金) 식상은 10점, 수(水) 재성은 55점 이다.

예6) 1958년 6월 24일(음) 자(子)시생

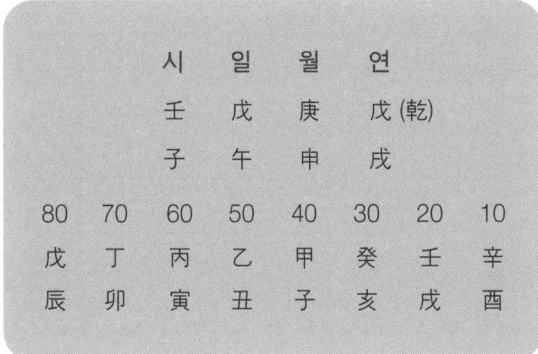

시	일	월	연
壬	戊	庚	戊 (乾)
子	午	申	戌

80	70	60	50	40	30	20	10
戊	丁	丙	乙	甲	癸	壬	辛
辰	卯	寅	丑	子	亥	戌	酉

위 사주의 주인공은 가수 설운도이다. 토(土) 일간이고, 목(木) 관성은 0점, 화(火) 인성은 45점, 토(土) 비겁은 30점, 금(金) 식상은 10점, 수(水) 재성은 25점이다.

예7) 1944년 4월 12일(음) 오(午)시생

시	일	월	연
戊	戊	戊	甲 (乾)
午	辰	辰	申

71	61	51	41	31	21	11	1
丙	乙	甲	癸	壬	辛	庚	己
子	亥	戌	酉	申	未	午	巳

위 사주의 주인공은 UN 사무총장 반기문이다. 토(土) 일간이고, 목(木) 관성은 10점, 화(火) 인성은 15점, 토(土) 비겁은 75점, 금(金) 식상은 10점, 수(水) 재성은 0점이다.

예8) 1959년 8월 11일(음) 오(午)시생

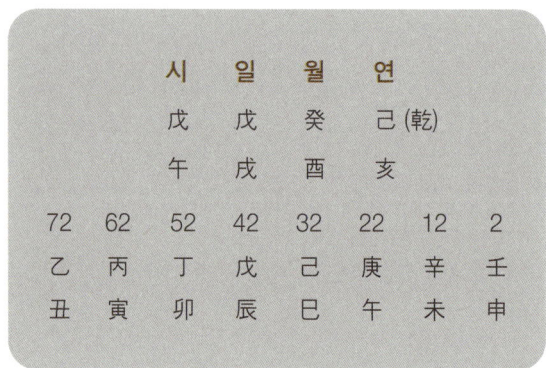

위 사주의 주인공은 음악평론가 임진모이다. 토(土) 일간이고, 목(木) 관성은 0점,
화(火) 인성은 15점, 토(土) 비겁은 45점, 금(金) 식상은 30점, 수(水) 재성은 20점
이다.

❷ 성격성명학

성격성명학의 정재 유형인 사람.

예1) 배용준(1972년 8월 29일 양력)

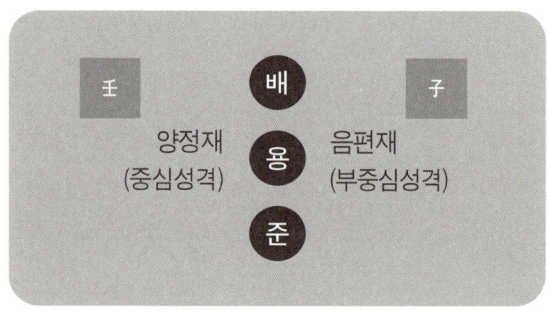

한류스타로 이름 높은 배우 배용준은 성격성명학의 중심성격이 양정재로, 계획적
이고 인내심이 강하며, 명예를 소중하게 생각하는 성격이다.

예2) 송혜교(1982년 2월 26일 양력)

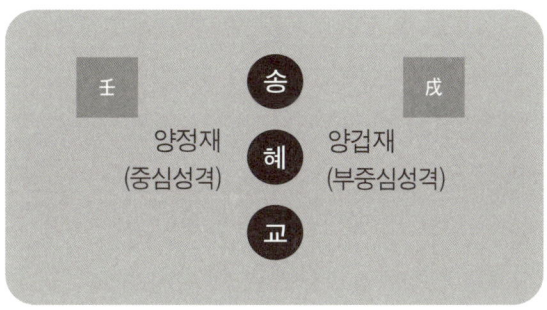

예3) 심은하(1972년 9월 23일 양력)

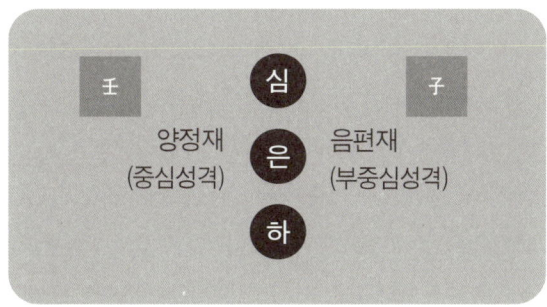

탤런트 송혜교와 심은하 역시 중심성격이 양정재이다. 정재 유형은 인내심이 강하고, 명예를 소중하게 생각하는 평화주의자 타입이다.

2) 여유로운 유형의 성격

여유로운 유형은 다음과 같은 성격을 가지고 있다.

- 느긋하고 온화한 편으로, 사람을 편안하게 해준다.
- 친밀한 사람들과 시간을 보내는 것을 좋아한다.
- 자신이 좋아하는 사람들의 말을 오랫동안 잘 들어주고, 이해심과 포용력이 있다.
- 전체 의견을 모두 듣고 수렴하여 중재하려고 노력한다.
- 한쪽으로 치우친 흑백논리를 강요당할 때 견디기 힘들어한다.

POINT

여유로운 유형의 성격

느긋하고 온화하며, 이해심이 있고 포용력이 있다.

- 여러 가지 중에서 한 가지만 선택하고 나머지는 포기해야 하는 것을 어려워한다.
- 때때로 이것도 맞고 저것도 맞는 것 같아서 결정을 내리기 힘들 때가 있다.
- 매우 수동적이고 수용적이며 우유부단하다는 평을 듣는다.
- 모든 선택에는 이로운 점과 불리한 점이 있기 때문에 결정하기 어렵다.
- 익숙한 일이나 생활습관을 바꾸는 것을 싫어하고 은근한 고집이 있다.
- 문제가 생기면 맞서서 해결하기보다는 관심을 다른 곳으로 돌려버린다.
- 갈등이 생기면 무리하지 않고 모두가 좋은 방향으로 해결하는 것이 좋다고 생각한다.
- 조화를 중시하고, 있는 그대로 존중하고 공통의 일에 협조하는 사람이 좋다.
- 친한 사람들과 함께 있을 때 자신이 무엇을 원하고 있는지 알기 어려울 때가 있다.
- 자신이 생각하기에 중요하거나 필요한 일을 하지 않고 별로 중요하지 않은 일을 할 때가 있다.
- 침착하고 서두르지 않는 안정감도 있지만, 때때로 평상시와 다른 모습도 보여준다.
- 평화롭고 안정된 세상을 바라지만 속으로는 큰 두려움을 갖고 있다.
- 은근한 고집이 있고, 사람들이 무엇을 하라고 명령하거나 강요하면 강하게 반발한다.
- 인내심이 매우 강하며, 어려움 속에서도 끝까지 해내는 힘이 있다.
- 내면의 안정에서 오는 강한 힘이 있기 때문에 위기상황을 잘 극복해낸다.
- 주위사람들이 불안 때문에 동요해도 차분하게 자신의 일에 집중할 수 있다.
- 가혹한 현실이나 죽음 같은 큰 일에 직면할수록 더욱 침착해진다.
- 일이 없으면 TV나 컴퓨터에 매달려 있거나 빈둥거리기를 좋아한다.
- 일을 선택할 때 자기 주장보다는 다른 사람의 의견을 따라 가는 편이다.
- 다른 사람에 비해 말하고 행동하는 것이 느린 편이다.
- 문제가 발생하면 다양한 상황을 검토하기 때문에 해결하는 데 어려움이 있다.
- 자기 생각이 따로 있는데 타인의 의견을 잘 듣는 것처럼 포장한다.

3) 여유로운 유형의 표현 단어

관대함, 온건함, 이해심, 침착함, 자율성, 감수성, 중재자, 조절하는, 표면에 나서지 않음, 수동적인, 운명론적인, 태만한, 자포자기하는, 평화로운, 인내심이 있는, 수용적인, 개방적인, 공감을 잘해주는, 사람을 잘 다루는, 고집센, 냉담한, 잘 잊어버림, 자기 보존, 은근과 끈기, 뚝심.

4) 여유로운 유형의 생활모습

여유로운 유형은 마음은 바쁘고 힘들어도 겉모습은 유유자적한 타입이다. 호수 위에서 우아하게 헤엄치고 있는 백조도 수면 아래서는 물 속에 잠기지 않기 위해 열심히 발을 움직인다. 바로 이런 백조의 이미지다. 또한 늘 평온하고 여유로워 보이면서도 신중한 성격이므로 한번 결정한 일들을 쉽게 바꾸지 않는다.

또한 이들은 자신에게 중요하게 생각하는 일들과 TV 보기, 영화 감상, 집안일 등의 일상적인 일이 잘 구분되지 않아 일의 순서가 바뀌기도 하고, 쉽게 산만해지기도 한다. 한쪽으로 치우치지 않고 전체 입장과 의견을 골고루 듣고 중재하려 하지만, 이것도 맞고 저것도 맞는 것 같아 결정하기 힘들 때가 많다.

5) 여유로운 유형의 긍정적 심리와 부정적 심리

어느 유형이든 장점과 단점이 존재한다. 자신이 바라는 대로 이루어지거나 주위 환경이 도와주면 긍정적인 모습이 강하게 나타나고, 자신의 뜻대로 되는 일이 드물고 주위환경도 꼬이고 막히면 부정적인 모습이 강하게 나타난다.

● 여유로운 유형의 긍정적 심리와 부정적 심리

긍정적 심리	부정적 심리
갈등을 중간에서 잘 중재한다	갈등을 쌓아두고, 갈등 상황을 회피한다
나름대로 최선을 다한다	게으르고 느리며, 시간을 어겨 무책임해 보인다
성실하고 책임감이 강하다	다른 사람보다 자신에게 집착한다
충실하다	걱정과 근심이 앞선다
솔직하다	의심이 많다
판단하지 않고 수용한다	온순하고 우유부단하다
주위사람들에게 편하게 대한다	주위의 비판에 예민하게 반응한다
현실을 잘 깨닫고 다양성을 인정한다	솔선수범하지 못하면 자책한다
침착하다	타인이 강요할 때 대답은 하지만 거꾸로 간다
감수성이 예민하다	분노를 부인하거나 마음 속에 간직한다
	자포자기가 빠르다

6) 다른 유형이 바라본 여유로운 유형

- 여유로운 유형과 함께 있으면 편안하다. 그들은 나를 있는 그대로 이해해주고 받아준다.

- 여유로운 유형은 내 말을 주의 깊게 듣고 내가 미처 깨닫지 못한 문제점을 찾아낸다.

- 여유로운 유형은 참을성이 많고 절제를 잘하는 자각이 있는 사람이다. 타인을 자기 생각대로 함부로 판단하지 않기 때문에 그 사람의 지시를 잘 따르고 싶어진다.

- 여유로운 유형은 자기가 평화를 사랑하고 갈등을 중재한다고 생각하지만, 다른 사람이 보기에는 평화를 핑계로 갈등을 덮어두거나 시간을 끌다가 오히려 곪게 만든다.

- 본인은 책임감이 있고 성실하다고 생각하지만, 종종 약속시간을 어겨 무책임하게 보인다.

- 자기가 가장 바쁘다고 엄살을 부리지만, 다른 사람들은 게으르고 느리다고 생각한다.

7) 여유로운 유형과 잘 지내기 위한 방법

- 여유로운 유형은 남의 말을 잘 들어주고 봉사하는 것을 좋아하지만, 누군가 그런 성격을 이용하려 들면 금세 알아차리므로 그 사람을 이용하려고 해선 안 된다.

- 타인이 자신에게 명령을 하거나 큰 기대를 보이면 회피하거나 고집을 부리는 등 부정적으로 반응하므로 주의한다.

- 여유롭고 느긋한 사람이므로 그의 생각을 충분히 들어주고, 약속할 때 여유를 준다.

- 그를 함부로 판단하지 말고 부드럽게 대화로 이해시킨다.

- 그를 이해하려면 먼저 대화를 시도한다.
- 의사 결정을 할 때 충분한 시간을 준다.
- 그는 빈말이나 아첨을 매우 싫어하므로 그의 어떤 모습이 좋은지 구체적으로 말해준다.
- 그는 대화와 소통을 좋아하지만 대결이나 말다툼은 거부한다.
- 그는 자신의 시간을 가지고 싶어하므로 너무 밀착해서 접근하지 않는다.

8) 여유로운 유형의 정신건강

탐색적 기회주의, 원한과 악의가 있는 정신질환, 의존적 인격장애, 분리불안장애, 조울증, 정신분열증, 해리장애. 해리장애는 일상적인 상태에서 내가 누구인지 무엇을 하는지를 알고 있는 일관된 자기로부터 분리되거나 분열된 상태를 말한다. 〈지킬박사와 하이드씨〉의 이야기는 해리장애의 전형적 이야기라고 할 수 있다.

9) 여유로운 유형과 다른 유형의 관계

여유로운 유형의 입장에서 다른 유형을 어떻게 생각하는지 알아본다. 생각의 차이를 알면 상대방을 이해하는 데 큰 도움이 될 것이다.

배려하는 유형

❶ 내가 배려하는 유형을 좋아하는 이유는?

- 그들은 명랑하고 밝은 성격으로 나를 편안하게 해주고 안락한 공간을 제공하기 때문이다.
- 그들은 내가 소중한 사람이고 꼭 필요한 존재로서 사랑받는 느낌을 주기 때문이다.
- 그들은 스킨십을 좋아하기 때문이다.
- 그들은 내가 힘들 때 위로해주고 나의 긍정적인 부분들을 인정해주기 때문이다.

❷ 내가 배려하는 유형을 싫어하는 이유는?

- 그들은 자신이 원하는 대로 되지 않으면 화를 내고, 내가 죄책감을 느끼게 하여 결국 자신이 원하는 것을 얻어내기 때문이다.
- 그들은 나의 의지와는 상관 없이 내 감정을 억지로 끄집어내려고 하기 때문이다.
- 그들은 내가 나서서 열심히 일하지 않는다고 생각하면서 화를 내기 때문이다.

- 그들은 조금이라도 무시당한다고 느끼거나 누군가 자신을 비난하거나 반대하면 화를 내고 냉정하게 마음의 문을 닫아버리기 때문이다.

특별한 유형

❶ 내가 특별한 유형을 좋아하는 이유는?

- 그들은 인정이 많고 이 세상을 살기 좋은 곳으로 만들고 싶어하기 때문이다.
- 그들은 차분한 성격으로 내가 하는 이야기들을 진지하게 들어주고, 내가 필요한 존재라고 느끼게 해주기 때문이다.
- 그들은 내 내면세계가 더 넓고 깊어지도록 도와주기 때문이다.
- 그들은 내가 그들의 세상에 속할 수 있게 해주기 때문이다.

❷ 내가 특별한 유형을 싫어하는 이유는?

- 그들은 모든 일들을 극단적으로 판단해서 나를 분노하게 만들기 때문이다.
- 그들은 자신만의 세계에 강하게 빠져들면 내게 무관심해지기 때문이다.
- 그들은 나를 재미없는 사람이라고 생각하기 때문이다.
- 그들은 지나치게 우울하고 비관적인 성격으로, 긍정적인 부분보다는 부정적인 부분을 더 바라보고 나를 자기 뜻대로 바꾸려고 하기 때문이다.

여유로운 유형

❶ 내가 여유로운 유형을 좋아하는 이유는?

- 그들은 사랑을 알고 있고, 나와 사랑을 주고받는다는 느낌을 주기 때문이다.
- 그들은 안정적이고 여유로움을 이해하며, 삶의 기쁨이 편안함에서 온다고 생각하기 때문이다.
- 그들은 내가 요구하는 것을 잘 이해해주고 받아들이기 때문이다.

❷ 내가 여유로운 유형을 싫어하는 이유는?

- 그들은 문제가 생겼을 때 그것을 깊이 살펴보지 않고 지나쳐버리는 성격으로, 문제를 너무 낙관적으로 바라보기 때문이다.
- 그들은 일을 바로 바로 처리하지 않고 자꾸만 뒤로 미루기 때문이다.

- 그들은 우유부단하여 쉽게 결정을 내리지 못하기 때문이다.
- 그들은 상대방으로 하여금 감정 표현을 제대로 할 수 없게 한다. 그래서 내가 많은 것들을 마음 속에 쌓아두게 만든다.

완벽한 유형

❶ 내가 완벽한 유형을 좋아하는 이유는?

- 그들은 규칙을 충실히 따르는 성격으로, 일단 다른 사람들과 좋은 관계를 만들겠다고 말하면 반드시 그 약속을 지키기 때문이다.
- 그들은 성격이 밝고 유머감각이 있어서 사람들을 즐겁게 해주기 때문이다.
- 그들은 나와 안정적이고 끈끈한 유대관계를 맺고 있기 때문이다.
- 그들은 나에게 명확한 틀과 올바른 생각을 제시하기 때문이다.
- 그들은 자신이 나아갈 길을 정확하게 파악하고 계획적으로 이루어 가기 때문이다.

❷ 내가 완벽한 유형을 싫어하는 이유는?

- 그들은 문제가 생기면 비난이나 논쟁을 즐기기 때문이다.
- 그들은 강박관념이 있어서 작은 일에도 지나치게 반응하기 때문이다.
- 그들은 성급한 성격으로, 나의 차분하고 안정된 성향을 부러워하면서도 빨리 일을 진행시키기 위해 나를 다그치기 때문이다.
- 그들은 자신의 기대에 미치지 못하면 나쁘게 말하기 때문이다.
- 그들은 항상 긴장하고 있기 때문이다.

❶ 내가 생각하는 유형을 좋아하는 이유는?

- 그들은 조용한 성격으로, 말하지 않아도 편안함과 안정감을 주기 때문이다.
- 그들은 내게 필요하지 않은 일들을 강요하거나 부탁하지 않기 때문이다.
- 그들은 부드러운 성격으로, 내 이야기를 진지하게 들어주고 솔직하게 대답하기 때문이다.
- 그들은 사물이나 현상을 남다른 시각으로 바라보고, 앞으로의 희망과 계획을 나와 함께 나누기 때문이다.

❷ 내가 생각하는 유형을 싫어하는 이유는?

- 그들은 비판적인 성격으로, 문제에 대해 냉정하게 말하여 나에게 상처를 주기 때문이다.
- 그들은 상대방과 공유하기보다는 혼자만의 공간과 생각을 가지려고 하기 때문이다.
- 그들은 혼자서 모든 것을 결정하고 생각하는 성격으로, 내 존재가 무의미하게 느껴지도록 만들기 때문이다.
- 그들은 앞장서서 일을 진행하지 않기 때문이다.
- 그들은 항상 내게서 멀리 떨어지려고 하기 때문이다.

보여주고 싶은 유형

❶ 내가 보여주고 싶은 유형을 좋아하는 이유는?

- 그들은 긍정적이고, 매사에 자신감이 넘치며, 사람과의 관계를 좋아하기 때문이다.
- 그들은 무슨 일이든 먼저 계획을 세우고 이루어가는 타입으로 나에게 좋은 본보기가 되기 때문이다.
- 그들은 생각으로만 끝내지 않고 행동으로 옮기기 때문이다.

❷ 내가 보여주고 싶은 유형을 싫어하는 이유는?

- 그들은 항상 긴장하고 있고, 나와 같이 여행을 떠나거나 취미생활을 즐긴 적도 거의 없으며, 나와 같이 보내는 시간이 부족하기 때문이다.
- 그들은 바쁘게 움직이므로 같이 있으면 나 역시 다급해지고 어찌할 바를 모르게 된다.
- 그들은 자기본위적이기 때문이다.

- 그들은 자신만큼 상대방이 열정적으로 일하지 않는다고 말하여 상처를 주기 때문이다.

창조적 유형

❶ **내가 창조적 유형을 좋아하는 이유는?**

- 그들은 긍정적이고 희망적으로 살아가기 때문이다.
- 그들은 자신이 하고자 하는 일에 확신이 있기 때문이다.
- 그들은 주위사람들에게 자신의 감정을 쉽게 표현할 줄 알기 때문이다.
- 그들은 순간적 대처능력이 있고, 성격이 원만하기 때문이다.
- 그들은 자신감이 넘치고 활발하기 때문이다.

❷ **내가 창조적 유형을 싫어하는 이유는?**

- 그들의 번잡함이 나의 여유로움을 방해하기 때문이다.
- 그들은 늘 누군가와 소통하려고 하여 나의 게으름을 방해하기 때문이다.
- 그들은 늘 관찰하고 분석하기 때문이다.
- 그들은 늘 다른 사람의 일에 간섭하고 참견하기 때문이다.
- 그들은 늘 자신의 체면이 서야 한다고 생각하기 때문이다.

어울리는 유형

❶ **내가 어울리는 유형을 좋아하는 이유는?**

- 그들은 긍정적인 성격으로, 내가 열정적으로 즐겁게 일할 수 있도록 도와주기 때문이다.
- 그들은 창조적이고 모험심이 있어서 항상 새로운 일들을 생각해내기 때문이다.
- 그들은 열심히 찾고 조사하여 자신이 필요로 하는 일들을 얻어내기 때문이다.
- 그들은 인생의 목표를 높게 설정하기 때문이다.

❷ **내가 어울리는 유형을 싫어하는 이유는?**

- 그들은 일을 급하게 처리하는 성격으로, 상대방이 따라가지 못하게 하기 때문이다.
- 그들은 흥미롭고 재미있는 일이 있으면 약속을 지키지 않거나 가정에 소홀한 경향이 있기 때문이다.

- 그들은 내가 느리다고 불평하기 때문이다.

- 그들은 결정적인 판단력이 부족하기 때문이다.

- 그들은 이기적이기 때문이다.

지배하는 유형

❶ 내가 지배하는 유형을 좋아하는 이유는?

- 그들은 일과 관련하여 결정이나 판단을 내릴 수 있기 때문이다.

- 그들은 적극적이고 에너지가 넘치기 때문이다.

- 그들은 직설적으로 의견을 제시하고 간단명료하게 주장하며, 바로 행동으로 옮기기 때문이다.

- 그들은 남에게 의존하지 않고 의지가 강하기 때문이다.

- 그들은 충실한 성격으로, 마음의 여유가 있고 믿을 수 있는 관계를 만들기 때문이다.

- 그들은 내가 화가 났을 때 숨기지 않고 그대로 드러낼 수 있도록 도와주기 때문이다.

❷ 내가 지배하는 유형을 싫어하는 이유는?

- 그들은 성격이 급하고, 지금의 행동이 앞으로 어떤 결과를 가져올지 판단하지 못하기 때문이다.

- 그들은 나를 함부로 대하기 때문이다.

- 그들은 자신의 의견만 내세우고 다른 사람의 의견은 받아들이지 않기 때문이다.

- 그들은 자기중심적이라서 세상이 자신을 중심으로 돌아간다고 생각하고, 상대방을 지나치게 통제하려고 하기 때문이다.

충성하는 유형

❶ 내가 충성하는 유형을 좋아하는 이유는?

- 그들은 관계에 충실한 성격으로 나에게 안정감을 주고 영원이 함께할 수 있다는 느낌을 주기 때문이다.

- 그들은 장난스런 성격으로 상대방에게 항상 즐거움을 주고 따뜻한 애정을 느끼게 해주기 때문이다.

- 그들은 다양한 분야의 일과 정보와 지식을 알고 있기 때문이다.

- 그들은 차분한 분위기를 좋아하는 성격으로, 나의 조용한 분위기를 좋아하기 때문이다.

- 그들은 나의 두려움이나 우울함을 감싸주고 이해해주기 때문이다.

❷ 내가 충성하는 유형을 싫어하는 이유는?
- 그들은 일이 실패하면 지나칠 정도로 걱정하고, 실수한 사람을 용서하지 못하고 상처를 주기 때문이다.
- 그들은 내 말 한마디에 예민하게 반응하고, 말 속에 담겨진 의미를 찾으려고 하기 때문이다.
- 그들은 나의 행동을 지나치게 제한하고, 자신의 행동이나 말에 무조건 반응하기를 원하기 때문이다.
- 그들은 내가 말이나 행동 없이 조용하게 있으면 못마땅하게 여기기 때문이다.
- 그들은 작고 사소한 일도 과장하여 생각하기 때문이다.

② 교육과 직업 적성

1) 여유로운 유형의 아이들

여유로운 유형의 아이는 은근한 고집과 인내심 그리고 안정지향과 현실지향 성향이 특징이다. 먼저 은근한 고집과 인내심을 가지고 있다는 것은 이들이 자신을 쉽게 드러내지는 않지만 인정받고자 하는 성향이 매우 강하고, 지기 싫어하는 기질이 가슴 속 깊이 존재하고 있음을 말해준다. 그러나 자신을 전적으로 드러내서 지기 싫어하는 기질을 보여주지는 않는다. 또 이들은 새롭고 낯선 곳보다는 익숙한 공간 그리고 불규칙적인 시간보다 규칙적인 시간에 반복적으로 행동하는 것이 편하고 쉽게 친밀해진다. 다만, 어느 순간 아무 것도 하지 않으려 하고, 욕심 없이 무심한 태도를 보이기도 한다.

또한 이 유형의 아이들은 감정을 쉽게 드러내지 않는다. 이들이 내면 깊숙이 숨기고 있는 감정은 크게 두 가지로, 지기 싫어하는 고집과 포기하고 싶은 마음이다. 이들은 지키기 어려운 약속도 쉽게 거절하지 못한다. 그러면서도 막상 약속 시간이 가까워지면 약속을 지키기 싫어서 몸부림을 친다. 만약 등교시간에 꾸물거리는 경우 잠을 충분히 못 잔 것이 아니라면 학교에서 선생님이나 반 친구들에게 표현하지 못한 불만이나 분노가 쌓여있는 등 분명 어떤 이유가 있을 것이다.

하지만 이들은 규칙적이고 반복적인 행동패턴을 쉽게 바꾸지 않기 때문에 기분이 좋아지도록 도와주기만 하면 효과가 있을 것이다. 강압이나 강요는 이들 내면에 있는 은근한 고집을 발동시켜서 오히려 역효과를 부를 수도 있다. 그러므로 이들이 무슨 일이든 하고자 할 때는 지켜봐주는 것이 현명하다.

2) 여유로운 아이들의 교육방법

이 유형의 아이들은 대부분 다른 사람들과 사이좋게 지내고 싶어하며, 최대한 예의바르게 행동한다. 그러나 자신이 하고 싶은 일이나 자신이 원하는 것이 제대로 이루어지지 않았을 때 그리고 부모가 자신의 생각을 제대로 이해해주지 않을 때는 고집이 매우 세지고, 행동이 공격적으로 변할 수도 있다. 따라서 집에서는 아이가 자신감 있게 행동할 수 있도록 격려해주고, 편안하고 자유로운 분위기를 만들어주되 지속적으로 관심을 기울이고, 아이에게 너는 소중한 존재라고 북돋아주면 다른 사람들과 더 잘 지낼 수 있게 된다.

이 유형의 아이들은 마음 속 생각을 겉으로 드러내지 않는 경향이 매우 강하다. 그래서 자신의 생각이나 목표를 이루기 위해 실천하는 것이 매우 어렵다. 이들은 자기 목표를 감추거나 서두르지 않음으로써 주위사람들과의 갈등에서 벗어나려고 한다. 쉽게 말해 목표를 세우거나 달성하기 위한 노력을 미루는 경향이 매우 크다. 그러므로 우선 해야 할 일을 뒤로 미루는 습관을 고치게 해야 한다. 그러기 위해서는 아이가 하고 싶은 일이나 목표들을 하나씩 써보게 하고, 그 중에서 우선적으로 할 일을 집중해서 실천해갈 수 있도록 도와주는 것이 중요하다. 또한 목표를 자유롭게 정하면 미루기 쉬우므로 시간과 해야 할 양을 정확하게 정하고 그 목표를 달성하면 충분히 칭찬해준다. 중간에 실수를 하더라도 일을 끝마치는 데 중점을 두고 과감하게 보상해준다. 보상이 이루어진 후에 목표까지 가기 위해서 어떻게 대처해야 하는지, 어떻게 시간관리를 해야 하는지 부모와 자녀가 솔직하게 대화를 나눈다.

여유로운 유형의 아이는 습관이 중요하다. 이들은 어릴 적 부모가 어떻게 학습태도를 잡아주는가에 따라 평생 학습태도가 결정되기 쉽다. 인내력 강한(고집센) 여유로운 유형은 표현하지는 않지만 은근한 경쟁심이 있어서 칭찬과 격려를 많이 해줄수록 공부에 몰두한다. 이들은 같은 장소에서 같은 시간에 규칙적으로 공부할 수 있도록 도와주는 것이 좋다. 한편 안정적인(현실을 지키는) 여유로운 유형은 게을러지기 쉬우므로 부모가 지속적인 관심을 기울이고 아이의 학습 분위기를 이끌어주는 것이 필요하다.

이들은 자신이 원하는 것이 확실하면 매우 능률적이고 계획적으로 움직이므로 먼저 뚜렷한 목표를 정할 수 있게 도와주어야 한다. 자신이 생각하고 있는 것이 무엇인지, 자신이 원하는 학습방법이나 직업은 무엇인지 정확하게 인식할 수 있게 충분한 대화를 나눈다. 이들은 마음 속에 있는 생각을 잘 드러내지 않는데, 그 이유는 자존심을 지키기 위해서 또는 성격이 소심해서이다. 따라서 부모는 아이가 원하지 않는 것을 억지로 하지는 않는지 파악하고, 사소한 것부터 스스로 결정하도록 격려하고 실천할 수 있게 도와주어야 한다. 그러다 점차 중요한 일로 강도를 높여가는 것이 자녀의 독립성을 키워주는 좋은 방법이다.

이 유형의 아이들은 관계지향적 성향이 강하다. 양적인 여유로운 유형은 어울리고 싶은 마음에, 음적인 여유로운 유형은 외로움이나 소심한 성격이나 두려움 때문에 관계를 유지하고 싶어한다. 그러므로 부모는 자녀가 사람들로부터 되도록 분리되지 않게 하고, 분리되어도 전혀 문제가 없음을 일깨워주어야 한다.

3) 여유로운 유형의 부모

여유로운 유형의 부모는 너그럽고 온화하여 자녀의 세계를 잘 이해하고 아이와 함께 어울리는 요령을 잘 알고 있다. 하지만 아이가 하고 싶어하는 것과 하지 말아야 할 것을 부모 입장에서 분명하게 표현할 필요가 있다.

한편 여유로운 유형의 부모 밑에서 자란 아이는 성인이 되어 부모에 대해 상반된 입장을 보인다. 즉, 어릴 때는 부모가 늘 융통성 있게 대하고 자신의 관심사에 흥미를 보이고 부모와 일체감이 느끼는 것이 안정감을 주고 좋았지만, 자라면서 오히려 그것 때문에 부모에게서 독립하기가 힘들었다는 것이다.

4) 여유로운 유형의 직업 적성

여유로운 유형의 사람은 안정적인 사람(자기를 지키는 사람), 인내력이 있는 사람(고집센 사람)의 두 분류로 나눌 수 있다. 두 유형 모두 상대의 말을 객관적으로 잘 들어주고 중재자 역할을 하는 직업을 선택하면 좋다.

- **학과** : 자연계열, 이공계, 의학(흉부외과 · 외과 · 내과 · 피부과 · 소아과), 한의학, 작곡과, 지질학과, 실업계, 농공계, 종교계, 육사, 공사, 해사, 정치학과, 상담학과, 교육학과.
- **직업** : 정치, 상담, 교육, 부동산, 부동산 중개, 소개업, 농산물, 토목, 건축, 종교, 철학, 무속, 예술, 시찰, 조경, 원예, 축산, 낙농, 도공예, 임업, 골동품, 공원묘지, 정육점, 독서실, 유통, 지압사, 고전품, 스포츠, 운동선수, 군인, 교도관, 외교관, 공무원, 관광안내, 건축설계, 컨설턴트, 중개업자, 상담원.

- -

5. 완벽한 유형

- -

1 기본 성향

- -

1) 형태적 특징

❶ 사주 팔자

① 금(金) 일간인 사람 : 금(金)은 둘 다 완벽 추구 성향인데, 경금(庚金)은 배짱 있게 밀고 나가고, 신금(辛金)은 예민하고 섬세한 점이 다르다.

② 금(金) 발달인 사람.

③ 금(金) 과다인 사람.

④ 금다(金多) 사주.

⑤ 월지가 금(金)인 사주.

예1) 1917년 9월 30일(음) 인(寅)시생

시	일	월	연
戊	庚	辛	丁 (乾)
寅	申	亥	巳

72	62	52	42	32	22	12	2
癸	甲	乙	丙	丁	戊	己	庚
卯	辰	巳	午	未	申	酉	戌

위 사주는 금(金) 일간이고, 목(木) 재성은 0점, 화(火) 관성은 20점, 토(土) 인성은 10점, 금(金) 비겁은 35점, 수(水) 식상은 45점이다. 사주 주인공은 전 대통령 박정희다.

예2) 1915년 11월 25일(양) 축(丑)시생

시	일	월	연
丁	庚	丁	乙 (乾)
丑	申	亥	卯

95	85	75	65	55	45	35	25	15	5
丁	戊	己	庚	辛	壬	癸	甲	乙	丙
丑	寅	卯	辰	巳	午	未	申	酉	戌

위 사주는 금(金) 일간이고, 목(木) 재성은 20점, 화(火) 관성은 20점, 토(土) 인성은 0점, 금(金) 비겁은 25점, 수(水) 식상은 45점이다. 사주 주인공은 현대그룹 창업주 고 정주영이다.

예3) 1970년 10월 27일(양) 유(酉)시생

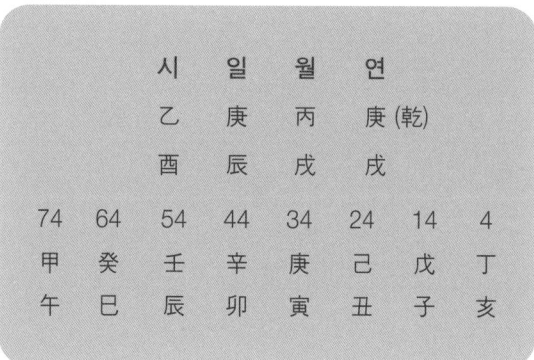

시	일	월	연
乙	庚	丙	庚 (乾)
酉	辰	戌	戌

74	64	54	44	34	24	14	4
甲	癸	壬	辛	庚	己	戊	丁
午	巳	辰	卯	寅	丑	子	亥

위 사주는 금(金) 일간이고, 목(木) 재성이 10점, 화(火) 관성이 10점, 토(土) 인성이 40점, 금(金) 비겁이 50점, 수(水) 식상이 0점이다. 사주 주인공은 방송인 박수홍이다.

예4) 1981년 11월 18일(양) 사(巳)시생

시	일	월	연
辛	庚	己	辛 (坤)
巳	子	亥	酉

76	66	56	46	36	26	16	6
丁	丙	乙	甲	癸	壬	辛	庚
未	午	巳	辰	卯	寅	丑	子

위 사주는 금(金) 일간이고, 목(木) 재성이 0점, 화(火) 관성이 15점, 토(土) 인성이 10점, 금(金) 비겁이 40점, 수(水) 식상이 45점이다. 사주 주인공은 코요테 멤버인 가수 신지다.

예5) 1959년 4월 11일(음) 자(子)시생

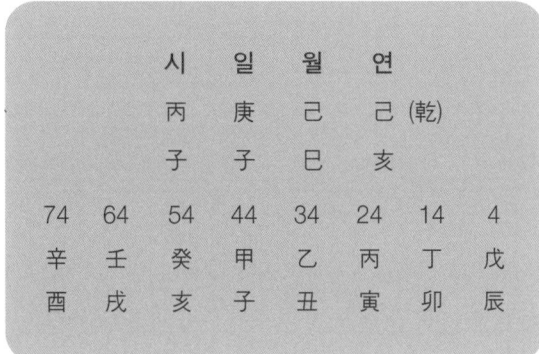

위 사주는 금(金) 일간이고, 목(木) 재성은 0점, 화(火) 관성은 40점, 토(土) 인성은 20점, 금(金) 비겁은 10점, 수(水) 식상은 40점이다. 사주 주인공은 가수 김흥국이다.

예6) 1933년 6월 22일(음) 인(寅)시생

위 사주는 금(金) 일간이고, 목(木) 재성은 15점, 화(火) 관성은 30점, 토(土) 인성은 0점, 금(金) 비겁은 40점, 수(水) 식상은 25점이다. 사주 주인공은 88올림픽조직위원장을 지낸 박세직이다.

예7) 1966년 8월 30일(양) 인(寅)시생

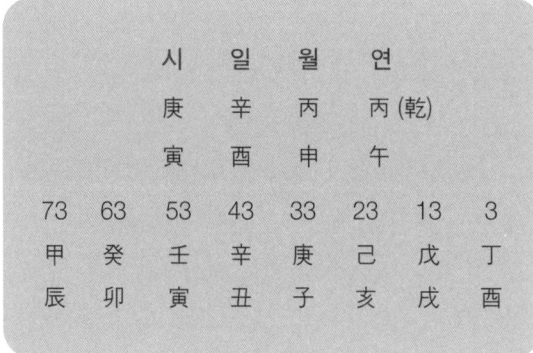

시	일	월	연
庚	辛	丙	丙 (乾)
寅	酉	申	午

73	63	53	43	33	23	13	3
甲	癸	壬	辛	庚	己	戊	丁
辰	卯	寅	丑	子	亥	戌	酉

위 사주는 금(金) 일간이고, 목(木) 재성은 15점, 화(火) 관성은 60점, 토(土) 인성은 0점, 금(金) 비겁은 35점, 수(水) 식상은 0점이다. 사주 주인공은 변호사이다.

예8) 1958년 10월 30일(음) 진(辰)시생

시	일	월	연
壬	辛	甲	戊 (乾)
辰	酉	子	戌

79	69	59	49	39	29	19	9
壬	辛	庚	己	戊	丁	丙	乙
申	未	午	巳	辰	卯	寅	丑

위 사주는 금(金) 일간이고, 목(木) 재성은 10점, 화(火) 관성은 0점, 토(土) 인성은 35점, 금(金) 비겁은 25점, 수(水) 식상은 40점이다. 사주 주인공은 대검찰청 차장 검사장이다.

❷ 성격성명학

성격성명학의 겁재 유형인 사람.

예) 이인제(1948년 12월 11일 음력)

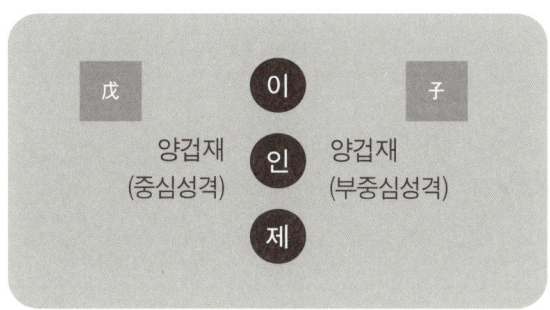

중심성격이 양겁재로, 이름의 주인공은 국회의원 이인제이다.

2) 완벽한 유형의 성격

완벽한 유형은 다음과 같은 성격이다.

- 원칙적이고 합리적이며, 객관적 판단력이 뛰어나다.
- 계획적이고 반복적으로 연습한다.
- 자신이 정한 원칙이나 신념을 쉽게 바꾸지 않는다.
- 실용적이고 실제적이며 이성적이다. 물건을 사거나 약속을 할 때도 왜 그것이 필요한지를 철저하게 따진다.
- 모든 것이 제 자리에 놓여있기를 원한다.
- 신중하게 계획을 세우고 모든 일을 정해진 계획대로 하려고 노력한다.
- 일이 잘 짜여 있고 정리되어 있는 것이 편하다.
- 다른 사람이 규칙을 어기는 것을 좋아하지 않는다.

- 정확하게 씌어 있지 않는 문자나 철자가 눈에 잘 들어오고 신경에 거슬린다.
- 자신과 남을 자주 비교한다.
- 사소한 것도 완벽하게 해내기를 원한다.
- 시간을 정확하게 지키고, 한번 약속한 것은 반드시 지키는 편이다.
- 모든 사물을 옳은가 그른가의 기준으로 판단하고, 모든 상황을 좋은가 나쁜가의 기준으로 판단한다.
- 다른 사람이 자신을 판단하거나 비판하는 것을 싫어한다.
- 질투심이 생기면 경쟁적으로 변하며 매우 불안해한다.
- 정의와 진실을 굳게 믿고 그것을 중요하게 생각한다.
- 늘 할 일은 많고 시간은 부족하다고 생각한다.
- 일을 제대로 못하면 죄책감을 느낀다.
- 화가 나면 오래 가고, 지나치게 걱정하는 편이다.
- 화가 나거나 질투심을 느낄 때 그것을 표현하지 않고 감춘다.
- 최대한 많은 정보를 수집하기 위해 노력한다.
- 다른 사람의 생각과 기대보다는 자신이 원하는 바를 따라 결정하고 판단한다.
- 다른 사람의 의견에 쉽게 휘둘리지 않고, 자신의 의견이 옳다고 생각하면 밀어붙이는 성격이다.
- 마음보다 머리를 더 사용한다.
- 스스로를 현명한 현실주의자라고 생각한다.

3) 완벽한 유형의 표현 단어
부지런하다, 도덕적이다, 원리원칙적이다, 계획적이다, 집착한다, 근검절약한다, 책임감이 있다, 성실하다, 융통성이 없다, 완벽하다, 공평하다, 올바르다, 현실적이다, 합리적이다, 정리정돈이 되어 있다, 청결하다, 판단한다, 엄격하다, 객관적이다, 강박적이다, 위선적이다, 보복한다, 체벌한다, 이상적이다, 논리적이다, 관찰력이 뛰어나다, 전략적이다, 분석적이다, 철저하다, 규칙적이다, 결정한다.

4) 완벽한 유형의 생활모습
완벽한 유형은 어떤 일이든 맺고 끊음이 분명하기 때문에 조직생활에 적합하다.

이들은 신뢰할 수 있는 사람으로 이들의 약속은 보증수표와 같다. 그중에서도 내성적인 완벽한 유형은 가정에서나 직장에서 비교적 조용하고 진지하며 참을성이 강하고, 자신의 생각을 쉽게 드러내지 않는다. 허세부리지 않고 일을 잘하며, 한번 말하면 반드시 지킨다. 이들은 완전한 것, 세부적인 것, 옳은 것, 실질적인 것, 계획적인 것에 대한 흥미가 크고, 어떤 것에 투자를 할 때 안정성을 우선하고 실질적인 절차에 흥미가 크다. 사람보다 일이 우선이기 때문에 자칫 냉혈인간처럼 보이기도 하고 배우자와의 관계에서도 자기 뜻대로 밀고 나가지만, 한번 한 약속은 반드시 지킨다. 이들은 부부 사이에는 의무감이 있어야 한다고 생각하고, 남편이 생계를 책임지고 아내가 살림을 책임지는 패턴을 이상적으로 생각한다. 특히 남자는 가부장적인 권위를 가지고 있어서 배우자가 자녀 교육이나 가정일을 책임지는 경우에만 외부 일이나 자신의 일을 갖도록 허락한다.

이들은 남녀 모두 성실하고 믿을 수 있는 파트너이며, 자녀들을 다루는 데 일관성이 있고 가정 규율도 엄격하다. 요란스러운 말과 의상, 허례허식을 싫어하고, 정갈하고 정돈된 가정 분위기를 선호한다.

5) 완벽한 유형의 긍정적 심리와 부정적 심리

다른 유형과 마찬가지로 완벽한 유형 또한 긍정적 심리와 부정적 심리를 모두 가지고 있다.

● 완벽한 유형의 긍정적 심리와 부정적 심리

긍정적 심리	부정적 심리
계획적이고 규칙적이다 균형감각이 있다 일처리가 완벽하고 능률적이다 믿을 만하다 분석적이다 섬세하고 꼼꼼하다 스스로 알아서 자신을 관리한다 어떤 일이든 완벽하게 해낸다	가지지 못한 것을 갈망하고 집착한다 강박관념에 사로잡혀 있다 걱정이 많다 기대를 충족시키지 못하면 화가 난다 늘 자책한다 분노를 자기 자신에게 투사해 우울해한다 사소한 것에 집착하는 경향이 심하다 스트레스에 사로잡힌다

긍정적 심리	부정적 심리
원리원칙적이다	어떤 상황이든 자연스럽지 않다
윤리적이다	원칙에 얽매이고 융통성이 없다
이상주의자이다	작은 것 때문에 큰 것을 포기할 때가 있다
이성적이고 현실적이다	작은 실수에도 짜증을 내고 지나치게 심각하다
정리정돈을 잘한다	죄책감이 강하다
정직하고 공정하다	질투심이 강하다
진실과 정의를 소중하게 생각하다	타인에게 비판적이고, 간섭하고 고쳐주려 한다
책임감이 강하다	타인의 비판에 매우 민감하다
통제력이 있다	판단하려고 한다
현명하다	화가 나면 오래 가는 편이다

6) 다른 유형이 바라본 완벽한 유형

- 완벽한 유형인 사람은 여행이나 출장을 떠날 때면 며칠 전부터 꼼꼼하게 조사하고 계획한다. 예를 들어 세면도구 등 사소한 준비물부터 가는 길과 교통편, 숙박시설, 보험 여부 등 모든 준비가 되어 있어야 마음이 편안하다.

- 완벽한 유형은 어떤 일을 시키든 효율적이고 끈기가 있다. 맡은 일은 끝까지 완성하려고 노력하고, 만약 그 일을 완성시키지 못하면 집으로 가져가서 밤을 세워서라도 해낸다. 아마 그 사람이 그만두면 그 자리를 채우기 위해 두 사람은 고용해야 할 것이다.

- 완벽한 유형은 비도덕적인 일 또는 본인이 오랫동안 하지 않겠다고 생각한 일은 그 누구가 지시해도 단호하게 거부한다. 부당한 압력과 거부가 있을 경우 학생은 학교를, 직장인은 일을 그만두기도 한다. 자신의 원칙과 계획을 어떠한 흔들림 없이 실천하려고 한다.

- 완벽한 유형은 자신의 일을 인정받고 만족을 느끼면 타인에게 친절해진다. 교사라면 학생들이 제출한 과제물을 꼼꼼하게 살피고 하나 하나 문장을 고쳐준다.

7) 완벽한 유형과 잘 지내기 위한 방법

- 완벽한 유형은 완벽한 추구하는 성격이므로 그들이 성취한 것을 그대로 인정해준다.

- 그들과 갈등이나 다툼이 있을 때 피하지 말고 당신이 문제 해결을 위해 노력하고 있음을 보여준다.

- 그들은 스스로에 대해 엄격하므로 현재의 모습도 충분하다고 격려해준다.
- 그들이 공정하고 사려 깊게 행동하는 것처럼 당신도 신뢰할 수 있게 행동한다.
- 그들이 다른 사람에 대해 관심을 보이거나 도우려 할 때 칭찬해준다.
- 잘못한 것은 바로 바로 인정한다. 그러면 그들은 곧 부드럽고 너그러워진다.
- 그들은 공정한 것을 좋아하므로 어떤 일이든 함께 한다.
- 아무리 화나도 비판보다는 칭찬과 격려가 더 큰 도움이 된다는 것을 말해준다.
- 매사에 원칙에 맞게 조직적으로 처리해주고 약속을 잘 지킨다.
- 그들이 불안해하거나 초초해하면 먼저 그의 근심거리를 들어주고, 다음으로 기분을 풀어주고 여유를 가질 수 있게 도와준다.

8) 완벽한 유형의 정신건강

우울증, 자기 억제, 자학, 자기파괴적 행동, 강박장애, 강박성 인격장애, 자폐증, 섭식장애, 사이코패스, 회피성 인격장애, 자살, 편집증적 인격장애.

9) 완벽한 유형과 다른 유형의 관계

완벽한 유형의 입장에서 다른 유형을 어떻게 생각하는지 알아본다.

배려하는 유형

❶ 내가 배려하는 유형을 좋아하는 이유는?
- 그들은 천진한 성격으로 아이같이 장난을 잘 치고 분위기를 밝게 해주기 때문이다.
- 그들은 따뜻한 성격으로 정이 있고 나에게 관심을 기울이며, 나를 도와주는 것을 기뻐하기 때문이다.
- 그들은 어떤 일이든 나보다 먼저 알아차리고 나에게 무슨 일이 일어나고 있는지 알려준다.
- 그들은 내가 사회활동을 같이 할 수 있도록 준비해주기 때문이다.
- 그들은 자신을 위해서 행동이나 말을 해주는 것을 고마워하기 때문이다.

❷ 내가 배려하는 유형을 싫어하는 이유는?
- 그들은 조직적이지 못하고, 체계적으로 생각하는 능력이 부족하기 때문이다.

- 그들은 어떤 일의 원인이나 결말을 생각하지 않기 때문이다.

- 그들은 예민한 성격이라서 작은 비판에도 힘들어하기 때문이다.

- 그들은 항상 더 많은 관심을 원하여 나를 힘들게 하기 때문이다.

특별한 유형

❶ 내가 특별한 유형을 좋아하는 이유는?

- 그들은 명석하고 분석력이 뛰어나기 때문이다.

- 그들은 유머감각이 있고 재치가 있으며 매력적이기 때문이다.

- 그들은 큰 꿈이 있고 계획적이며 규칙을 잘 지키기 때문이다.

- 그들은 따뜻한 성격으로 인정이 많고 남을 잘 도와주기 때문이다.

- 그들은 솔직하여 다른 사람이 그의 감정을 잘 알 수 있기 때문이다.

❷ 내가 특별한 유형을 싫어하는 이유는?

- 그들은 하고 싶다는 생각이 들 때까지 할 일을 미루기 때문이다.

- 그들은 자기 연민이 있어서 잘 토라지고 상처를 쉽게 받기 때문이다.

- 그들은 나의 감정을 이해하려고 하지 않고 분석하려고만 하기 때문이다.

- 그들은 언제나 많은 관심을 원하기 때문이다.

- 그들은 이기적이고 자기중심적이기 때문이다.

여유로운 유형

❶ 내가 여유로운 유형을 좋아하는 이유는?

- 그들은 상대방의 개인적인 일을 일방적으로 판단하거나 간섭하지 않기 때문이다.

- 그들은 포용력이 있고 이해심이 넓으며, 내가 다른 사람들을 받아들일 수 있게 도와주기 때문이다.

- 그들은 자기 마음대로 나를 통제하려고 하지 않기 때문이다.

- 그들은 여유로운 성격으로 넓은 시야에서 바라보기 때문이다.

- 그들은 안정된 성격으로 삶을 느긋하게 즐길 수 있도록 격려해주기 때문이다.

❷ 내가 여유로운 유형을 싫어하는 이유는?

• 그들은 문제를 적극적으로 해결하지 않고, 문제를 축소하거나 문제가 저절로 해결되기를 바라기 때문이다.

• 그들은 중요한 문제에 관심을 기울이지 않고 자신만의 세계에 빠져 있기 때문이다.

• 그들은 결정을 내려야 할 때 느리고 고집이 세어 상대방을 화나게 하기 때문이다.

• 그들은 직접 일하기보다는 다른 사람들을 통해서 해결하려고 하기 때문이다.

완벽한 유형

❶ 내가 완벽한 유형을 좋아하는 이유는?

• 그들은 유머가 있고, 상대와 즐거움을 나눌 줄 알기 때문이다.

• 그들은 높고 큰 꿈을 계획하고 추구하며, 상대방의 이상도 가치 있게 생각하기 때문이다.

• 그들은 원만한 가족관계와 유대감 깊은 사회관계를 이루는 것을 목표로 삼고, 그 관계를 유지하기 위해 노력하기 때문이다.

• 그들은 책임감이 있어서 자신의 일은 반드시 해내기 때문이다.

• 그들은 가정적인 성격으로 가사 분담을 당연하게 받아들이고 책임지기 때문이다.

❷ 내가 완벽한 유형을 싫어하는 이유는?

• 그들은 세상의 모든 일은 단 한 가지 방식으로 할 수 있다고 말하지만, 정작 그들이 말하는 방식은 서로 일치하지 않기 때문이다.

• 그들은 진지함이 지나쳐서 문제를 너무 심각하게 받아들일 때가 있기 때문이다.

• 그들은 소심한 성격으로 작은 일도 지나치게 걱정하여 상대방의 걱정을 키우기 때문이다.

• 그들은 일에 쫓겨 사는 성격으로 항상 바쁘게 움직이느라 상대방과 느긋한 시간을 즐기지 못하기 때문이다.

• 그들은 화나면 말없이 매섭게 쏘아보는 것으로 분노를 표현하기 때문이다.

생각하는 유형

❶ 내가 생각하는 유형을 좋아하는 이유는?

- 그들은 나에게 상처를 주지 않고 현명하게 충고하기 때문이다.

- 그들은 똑똑한 사람이라서 내가 흥미를 느낄 수 있게 해주기 때문이다.

- 그들은 진지한 성격으로 본질적인 이야기를 깊이 있게 주고받을 수 있기 때문이다.

- 그들은 마지막까지 끈기 있게 해내기 때문이다.

- 그들은 시간을 무리하게 요구하지 않기 때문이다.

- 그들은 도덕적이고 검소하기 때문이다.

- 그들은 신중한 성격으로 상대방의 개인적인 일에 간섭하지 않고 섣불리 판단하지 않기 때문이다.

❷ 내가 생각하는 유형을 싫어하는 이유는?

- 그들은 느긋한 성격으로 나보다 일이 늦어서 짜증나기 때문이다.

- 그들은 자기중심적인 성격으로 자신의 논리에 동의하지 않으면 다투기 때문이다.

- 그들은 일을 적극적으로 하지 않고 뒤에서 관망하기 때문이다.

- 그들은 내가 하고 싶어하는 일을 같이 하지 않기 때문이다.

보여주고 싶은 유형

❶ 내가 보여주고 싶은 유형을 좋아하는 이유는?

- 그들은 혼자서도 익숙하게 일을 잘 처리하기 때문이다.

- 그들은 나와 의견을 활발하게 주고받는 걸 즐기기 때문이다.

- 그들은 사교적이고 다른 사람들과 잘 어울리기 때문이다.

- 그들은 부지런한 성격으로 열심히 일한 만큼 성과가 나타나기 때문이다.

- 그들은 긍정적인 성격으로 희망적인 부분에 초점을 두어 말하기 때문이다.

❷ 내가 보여주고 싶은 유형을 싫어하는 이유는?

- 그들은 비난에 지나치게 민감하여 곤란한 상황이 되면 발을 뒤로 빼기 때문이다.

- 그들은 일은 능숙하게 하지만, 완벽하게 마무리하는 데는 관심이 없기 때문이다.

- 그들은 이기적인 성격으로 가족관계에서 책임감보다는 자기가 하고 있는 일을 더 중요시하기 때문이다.
- 그들은 자기애가 넘치는 성격으로 자기 자신과 자신의 성과물을 지나치게 내세워 상대방을 불편하게 만들기 때문이다.

창조적 유형

❶ 내가 창조적 유형을 좋아하는 이유는?

- 그들은 내가 가지고 있지 못한 순간적 재치가 있기 때문이다.
- 그들은 감각적이고 창조적인 능력을 가지고 있기 때문이다.
- 그들은 새로운 것에 대한 관심이 많고 자신감이 있기 때문이다.
- 그들은 자신의 감정을 표현하는 능력이 있기 때문이다.
- 그들은 다른 사람들과 소통하는 능력이 있기 때문이다.

❷ 내가 창조적 유형을 싫어하는 이유는?

- 그들은 변화를 빠르게 추구하기 때문이다.
- 그들은 순간적으로 모면하려고 하기 때문이다.
- 그들은 일을 복잡하게 하거나 새로운 일을 계획하기 때문이다.
- 그들은 엉뚱한 상상력을 발휘해 나를 불안하게 만들기 때문이다.
- 그들은 자신의 생각과 의견을 지나치게 내세우기 때문이다.

어울리는 유형

❶ 내가 어울리는 유형을 좋아하는 이유는?

- 그들은 침착하면서도 여유가 있고 자발적으로 생각하기 때문이다.
- 그들은 꿋꿋한 성격으로 실패를 두려워하지 않고 좌절하지 않기 때문이다.
- 그들은 자유로운 성격으로 내게 삶을 즐기는 방법들을 알려주기 때문이다.
- 그들은 나처럼 꿈과 계획이 높아서 지금보다 발전된 세상을 원하기 때문이다.
- 그들은 자신의 모습을 발전시키기 위해 노력하고, 새로운 지식과 경험을 찾기 때문이다.

❷ 내가 어울리는 유형을 싫어하는 이유는?

- 그들은 자기방어적인 성격으로 자기중심적이며 비판적이기 때문이다.

- 그들은 자신만이 옳다고 생각하고 독선적으로 행동하기 때문이다.

- 그들은 성급한 성격으로 언제나 바쁘게 서두르기 때문이다.

- 그들은 나의 의견이나 걱정을 끝까지 듣지 않기 때문이다.

- 그들은 불규칙적이고, 내가 중요하게 생각하는 것을 하지 않기 때문이다.

- 그들은 일을 할 때 사전에 미리 살펴보거나 검토하지 않기 때문이다.

지배하는 유형

❶ 내가 지배하는 유형을 좋아하는 이유는?

- 그들은 적극적인 성격으로 어떤 일을 하든 열정적이고 에너지가 넘치기 때문이다.

- 그들은 하고 싶은 일이 있을 때 적극적으로 나서기 때문이다.

- 그들은 담담한 성격으로 나처럼 긴장을 많이 하지 않기 때문이다.

- 그들은 내가 원하는 목표를 추구할 수 있도록 격려해주기 때문이다.

- 그들은 자신이 확신하는 것을 위해서는 두려움 없이 나서기 때문이다.

❷ 내가 지배하는 유형을 싫어하는 이유는?

- 그들은 나의 방법이나 형식을 존중하지 않기 때문이다.

- 그들은 내게 쉽게 상처를 주고도 그 사실을 모르고 미안해하지 않기 때문이다.

- 그들은 적당한 거리나 선을 지키지 못하기 때문이다.

- 그들은 참견하기 좋아하는 성격이라서 도가 넘치게 간섭하기 때문이다.

- 그들은 나와 심하게 싸울 때가 있기 때문이다.

- 그들은 나를 당황스럽게 할 정도로 거칠고 예의가 없기 때문이다.

충성하는 유형

❶ 내가 충성하는 유형을 좋아하는 이유는?

- 그들은 책임감이 강하고 믿음을 주기 때문이다.

- 그들은 근면한 성격으로 신뢰할 수 있기 때문이다.

- 그들은 인정이 있는 성격으로 남을 도와주려는 따뜻한 마음을 가지고 있기 때문이다.
- 그들은 내가 어려울 때 잘 도와주기 때문이다.
- 그들은 마땅히 지켜야 할 도리를 위해서 열심히 살기 때문이다.

❷ 내가 충성하는 유형을 싫어하는 이유는?
- 그들은 나보다 걱정이 더 많기 때문이다.
- 그들은 항상 변덕스럽고 별스런 성격으로 복잡한 부분이 있기 때문이다.
- 그들은 두려울 때는 냉소적인 비난을 잘하고 화를 잘내며 나를 난처하게 만들기 때문이다.
- 그들은 꾸물거리는 성격으로 일처리가 느리기 때문이다.

2 교육과 직업 적성

1) 완벽한 유형의 아이들

완벽한 유형의 아이는 사소한 일도 단계적이고 꼼꼼하게 처리하기 때문에 다른 유형의 아이들에 비해 스트레스가 매우 심하다. 부모와 좋은 관계이면 공부도 1등을 하지만, 부모와 사이가 좋지 않으면 최악이 되기 쉽다. 이들은 가지고 싶은 물건이나 하고 싶은 일에 대한 집착이 강한데, 그 대상이 공부일 경우에는 매우 긍정적인 학습태도를 보이지만, 옷이나 컴퓨터, 오락 등에 관심을 두기 시작하면 부모와 갈등이 심해질 수 있다. 또한 이들은 책상이나 가방 등의 물건이 자기가 정돈해놓은 대로 있지 않으면 공부에 집중하지 못하고, 스트레스가 다른 사람에 비해 많기 때문에 두통이나 복통을 호소하는 경우가 많다.

이들은 등교하여 집에 돌아오기까지 짬짬이 쉬는 시간을 제외하고 하루 종일 공부에 집중하는 한국적 학습방식이 잘 맞는다. 무엇보다 공부할 수 있는 분위기가 조성되어야 하는데, 분위기가 좋으면 새벽부터 밤늦은 시간까지 꾸준하게 공부할 수 있다. 이들이 공부의 필요성을 스스로 깨닫기만 하면 공부에 집중하여 좋은 성적을 내겠지만, 부모나 선생님이나 친구들과 갈등이 있으면 학교를 포기하거나 공부를 포기하는 극단적 상황이 벌어질 수 있다.

이들은 규칙적으로 계획된 대로 살아간다. 억지로 한 약속이나 마음 속으로 거부한 약속이 아니면 대개 약속을 철저하게 지킨다. 예를 들어, 학교에 늦게 등교하는 일이 거의 없다. 이들이 학교에 지각하거나 결석하는 것은 반드시 어떤 일이 벌어졌기 때문이다. 선생님의 꾸중이나 선생님과의 갈등, 선배의 구타나 친구들과의 다툼 등 분명한 이유가 있다는 말이다. 따라서 이들이 약속을 어기면 야단치고 혼내기보다는 먼저 충분하게 대화해야 한다. 부모에게는 아무렇지 않은 일 같지만 이들에게는 매우 심각한 일일 수 있음을 명심한다. 자녀가 죄책감을 느끼거나 화가 나서 부모와의 대화마저 거부하지 않도록 주의하고, 아이가 생각하고 원하는 것이 무엇인지를 확실하게 알아야 비로소 이야기를 나눌 수 있다.

2) 완벽한 아이들의 교육방법

사람은 상황에 따라 객관적인 규칙과 원칙을 따라야 할 경우가 있는가 하면, 주관적인 생각과 감정을 따라야 할 경우가 있다. 선택이 필요한 순간에 완벽한 유형의 사람들은 객관적인 규칙과 원칙을 우선한다. 다시 말해 객관적인 규칙과 원칙을 정해놓고 그것에 따라 결정하고 판단한다는 뜻이다.

그러나 객관화시키는 것 자체가 한계를 내포한다. 이들의 객관적 기준이란 바로 스스로 정해놓은 주관적 결정에 따르기 때문이다. 그래서 이 유형의 아이들이 다른 사람의 시선에 맞추어 객관적으로 행동하는 것 같지만, 실제로는 자신이 결정하고 규칙과 원칙을 정한 경우에만 움직이고 있음을 파악해야 한다. 이들이 부모나 선생님이 내려준 결정에 따라 움직이는 것처럼 보여도, 그것이 자신이 정해놓은 규칙과 원칙에서 완전히 벗어난다고 생각되면 어떤 상황이 오더라도 그것을 거부하게 된다는 말이다. 따라서 이들에게는 세상은 하나의 길만 존재하지 않고, 아무리 객관적인 것이라고 해도 변화와 변동이 생겨날 수 있음을 알려주어야 한다. 또한 주위사람들이 결정했건 아니면 스스로 결정했건 간에

그 선택을 고집하지 말고 융통성을 발휘할 수 있도록 가르쳐주어야 한다. 어릴 때부터 선택할 수 있는 몇 가지를 주고 그 안에서 선택하는 방법을 가르쳐주고, 나아가 이 세상은 자신이 생각한 규칙과 원칙 이외에 수없이 많은 방법과 대안들이 존재하고 선택의 조건도 다양함을 알려주는 것이 좋다.

이 유형의 아이들은 사람에 대한 관심을 가질 수 있도록 도와주어야 한다. 특히 식사시간은 매우 중요하다. 가족이 모두 모여 대화하면서 서로의 이야기를 주고받으면 매우 좋을 것이다. 식사시간에는 가족이 서로 대화하며 즐겁고 편안한 시간을 가진다는 것을 알려주되, 아이들의 행동이 바로 부모의 모습을 비춰주고 있음을 깨달아야 한다. 예를 들어, 아이들이 식사시간에 버릇없이 군다면 부모가 식탁에서 TV만 보거나 신문만 읽는 행동을 보고 은연중에 자신이 부모에게서 무시당했다고 느끼고 정서적으로 산만해졌다고 보면 된다.

이 유형의 아이들은 남의 의견에 끌려 다니거나 남에게 쉽게 동화되지 않는다. 자신이 옳다고 생각한 것을 밀고 나가고, 자신의 입장을 고집한다. 한번 자기 생각을 고집하기 시작하면 그 누구도 말리기 어려울 정도이다. 이럴 때는 식사시간처럼 자연스러운 분위기에서 많은 대화를 나누어야 한다. 특히 아이에게 자기와 다른 생각을 가지고 있는 사람이 매우 많으므로 그들의 입장에서 생각해볼 수 있도록 충분히 대화하고 설득해야 한다.

이들 유형은 항상 자신을 분석하고 자신을 개선해 나가려고 한다. 그러다 보니 연습벌레라고 불릴 만큼 반복적으로 연습한다. 하지만 같은 것을 반복하거나 계획된 일을 하다 보면 멀리 내다보지 못한다. 실수하지 않고 완벽하게 하려다 보니 늘 긴장되어 있고, 자연스러운 감성이나 창의력이 발달하기 어렵다.

부모나 교사는 연극이나 그림그리기 등의 활동을 함께 하면서 아이들에게 실수를 할 수도 있고 실수를 해도 괜찮으며, 실수가 필요할 때도 있음을 알려주어야 한다. 늘 완벽해야 한다는 집착이 불필요함을 알려주고, 아이들이 화를 내거나 어떤 것을 거부하거나 실수를 해도 여전히 그들을 사랑하고 신뢰하고 있음을 확신시켜주면 아이들의 완벽주의 성향이 조금씩 여유롭게 변화할 것이다. 또한 때때로 공부나 아이가 몰두하는 일에서 벗어나 새로운 환경을 보여주는 것도 좋다. 의외로 자유로워지고 즐거워할 것이다.

3) 완벽한 유형의 부모

완벽한 유형의 부모는 계획적이고 구체적이며, 정돈되어 있기를 바란다. 또한 아이가 스스로 계획적으로 해나갈 수 있게 도와주고 안정감을 준다. 그러나 변화에 대한 대처나 새로운 것에 대한 재미와 흥미를 차단시켜버리기도 한다.

이러한 유형의 부모 밑에 성장한 자녀는 성인이 된 후 부모를 신뢰할 수 있었고 부모가 시키는 대로만 하면 안전하고 불안감이 없었던 점을 고맙게 생각한다. 그러나 부모가 지나치게 간섭하고 지나치게 비판적이어서 자신의 생활을 누리기 어려웠다고 아쉬워하기도 한다.

4) 완벽한 유형의 직업 적성

완벽한 유형은 원리원칙을 중시하고 맺고 끊음이 명확한 분야의 직업이 잘 맞는다.

- **학과** : 이공계, 자연계열, 의학계(외과 · 성형외과 · 정형외과 · 피부과 · 치과 · 이비인후과), 해군, 육군, 인문계, 재정계.
- **직업** : 정치가, 법관, 법률가, 공무원, 의사, 경호, 경비, 경찰, 기계, 선박, 자동차정비, 중장비, 요리사, 운수업, 철도, 항공, 모터사이클, 과학, 피부미용, 철물, 금은보석, 광업, 도축업, 군인, 치과, 도자기예술, 조각예술, 의상디자이너, 헤어디자이너, 금융업, 경제, 사채, 회계, 통계, 과학, 기계공학, 컴퓨터공학, 의료, 보건, 교육, 종교, 경영.

6. 생각하는 유형

1 기본 성향

1) 형태적 특징
❶ 사주팔자
① 수(水) 일간인 사람.

② 수(水) 발달인 사람.

③ 수(水) 과다인 사람.

POINT

생각하는 유형

수(水) 일간, 수(水) 발달 · 과
다 사주, 성격성명학의 식신
이 생각하는 유형이다.

예1) 1924년 1월 6일(양) 유(酉)시생

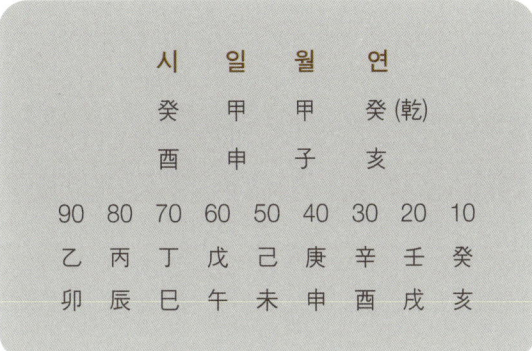

	시	일	월	연
	癸	甲	甲	癸 (乾)
	酉	申	子	亥

90	80	70	60	50	40	30	20	10
乙	丙	丁	戊	己	庚	辛	壬	癸
卯	辰	巳	午	未	申	酉	戌	亥

위 사주는 목(木) 일간이고, 목(木) 비겁은 20점, 화(火) 식상은 0점, 토(土) 재성은 0점, 금(金) 관성은 30점, 수(水) 인성은 60점이다. 사주 주인공은 전 대통령 김대중이다.

예2) 1947년 1월 24일(음) 묘(卯)시생

	시	일	월	연
	丁	甲	壬	丁 (乾)
	卯	子	寅	亥

73	63	53	43	33	23	13	3
甲	乙	丙	丁	戊	己	庚	辛
午	未	申	酉	戌	亥	子	丑

위 사주는 목(木) 일간이고, 목(木) 비겁은 25점, 화(火) 식상은 20점, 토(土) 재성

은 0점, 금(金) 관성은 0점, 수(水) 인성은 65점이다. 사주 주인공은 전 국회의원 김근태이다.

예3) 1947년 10월 10일(음) 해(亥)시생

시	일	월	연
丁	乙	辛	丁 (乾)
亥	巳	亥	亥

75	65	55	45	35	25	15	5
癸	甲	乙	丙	丁	戊	己	庚
卯	辰	巳	午	未	申	酉	戌

위 사주는 목(木) 일간이고, 목(木) 비겁은 10점, 화(火) 식상은 35점, 토(土) 재성은 0점, 금(金) 관성은 10점, 수(水) 인성은 55점이다. 사주 주인공은 정치인 손학규이다.

예4) 1972년 2월 21일(양) 진(辰)시생

시	일	월	연
甲	壬	壬	壬 (乾)
辰	午	寅	子

74	64	54	44	34	24	14	4
庚	己	戊	丁	丙	乙	甲	癸
戌	酉	申	未	午	巳	辰	卯

위 사주는 수(水) 일간이고, 목(木) 식상은 10점, 화(火) 재성은 15점, 토(土) 관성은

15점, 금(金) 인성은 0점, 수(水) 비겁은 70점이다. 사주 주인공은 가수 서태지다.

예5) 1960년 8월 1일(음) 묘(卯)시생

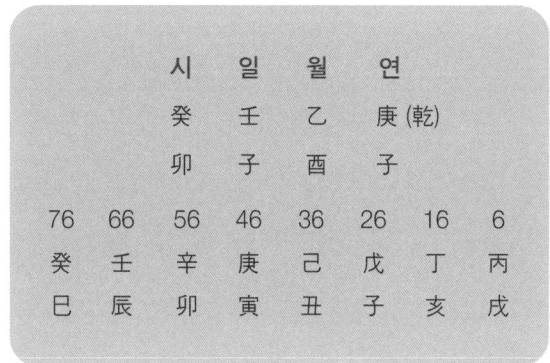

시	일	월	연
癸	壬	乙	庚 (乾)
卯	子	酉	子

76	66	56	46	36	26	16	6
癸	壬	辛	庚	己	戊	丁	丙
巳	辰	卯	寅	丑	子	亥	戌

위 사주는 수(水) 일간이고, 목(木) 식상은 25점, 화(火) 재성은 0점, 토(土) 관성은 0점, 금(金) 인성은 40점, 수(水) 비겁은 45점이다. 사주 주인공은 개그맨 이경규 이다.

예6) 1961년 3월 25일(음) 술(戌)시생

시	일	월	연
庚	壬	癸	辛 (乾)
戌	寅	巳	丑

71	61	51	41	31	21	11	1
乙	丙	丁	戊	己	庚	辛	壬
酉	戌	亥	子	丑	寅	卯	辰

위 사주는 수(水) 일간이고, 목(木) 식상은 15점, 화(火) 재성은 30점, 토(土) 관성은 25점, 금(金) 인성은 20점, 수(水) 비겁은 20점이다. 사주 주인공은 경찰총경이다.

예7) 1971년 2월 17일(양) 인(寅)시생

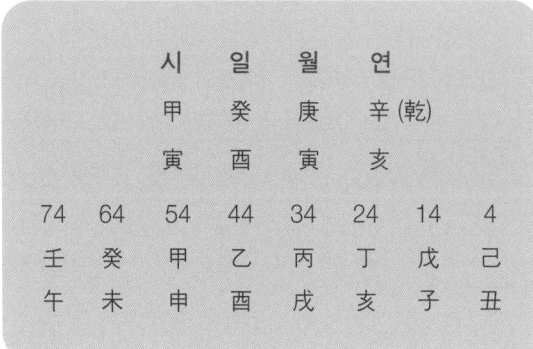

시	일	월	연
甲	癸	庚	辛 (乾)
寅	酉	寅	亥

74	64	54	44	34	24	14	4
壬	癸	甲	乙	丙	丁	戊	己
午	未	申	酉	戌	亥	子	丑

위 사주는 수(水) 일간이고, 목(木) 식상은 10점, 화(火) 재성은 0점, 토(土) 관성은 0점, 금(金) 인성은 35점, 수(水) 비겁은 65점이다. 사주 주인공은 개그맨 신동엽 이다.

예8) 1961년 1월 4일(양) 자(子)시생

시	일	월	연
庚	丁	戊	庚 (乾)
子	酉	子	子

80	70	60	50	40	30	20	10
丙	乙	甲	癸	壬	辛	庚	己
申	未	午	巳	辰	卯	寅	丑

위 사주는 화(火) 일간이고, 목(木) 인성은 0점, 화(火) 비겁은 10점, 토(土) 식상은 10점, 금(金) 재성은 35점, 수(水) 관성은 55점이다. 사주 주인공은 서울시장 오세 훈이다.

예9) 1963년 2월 26일(음) 자(子)시생

시	일	월	연
壬	癸	乙	癸 (乾)
子	亥	卯	卯

75	65	55	45	35	25	15	5
丁	戊	己	庚	辛	壬	癸	甲
未	申	酉	戌	亥	子	丑	寅

위 사주는 수(水) 일간이고, 목(木) 식상은 50점, 화(火) 재성은 0점, 토(土) 관성은 0점, 금(金) 인성은 0점, 수(水) 비겁은 60점이다. 사주 주인공은 국회의원 송영길이다.

예10) 1942년 12월 22일(음) 오(午)시생

시	일	월	연
壬	乙	癸	壬 (坤)
午	酉	丑	午

77	67	57	47	37	27	17	7
乙	丙	丁	戊	己	庚	辛	壬
巳	午	未	申	酉	戌	亥	子

위 사주는 목(木) 일간이고, 목(木) 비겁은 10점, 화(火) 식상은 25점, 토(土) 재성은 0점, 금(金) 관성은 15점, 수(水) 인성은 60점이다. 사주 주인공은 드라마작가 김수현이다.

예11) 1970년 6월 29일(음) 묘(卯)시생

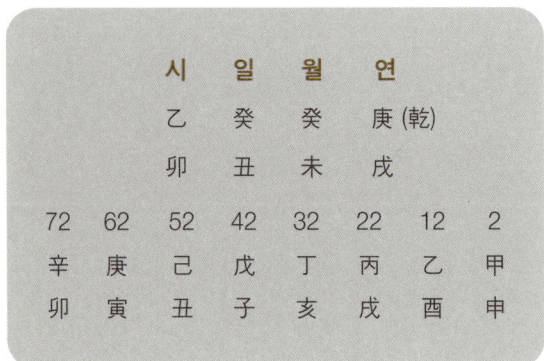

시	일	월	연
乙	癸	癸	庚 (乾)
卯	丑	未	戌

72	62	52	42	32	22	12	2
辛	庚	己	戊	丁	丙	乙	甲
卯	寅	丑	子	亥	戌	酉	申

위 사주는 수(水) 일간이고, 목(木) 식상은 25점, 화(火) 재성은 30점, 토(土) 관성은 25점, 금(金) 인성은 10점, 수(水) 비겁은 20점이다. 사주 주인공은 탤런트 이병헌이다.

❷ 성격성명학

성격성명학의 식신 유형인 사람.

예1) 김민석(1964년 4월 18일 음력)

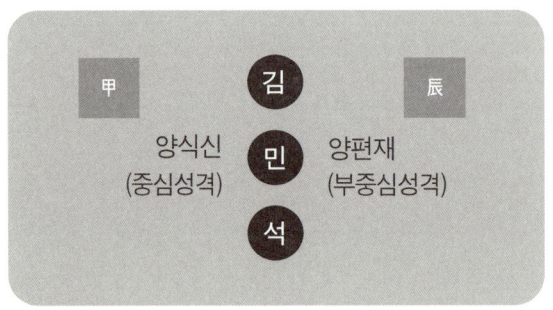

甲　　김　　辰
　　양식신　민　양편재
　　(중심성격)　　(부중심성격)
　　　　석

예) 우상호(1962년 11월 16일 음력)

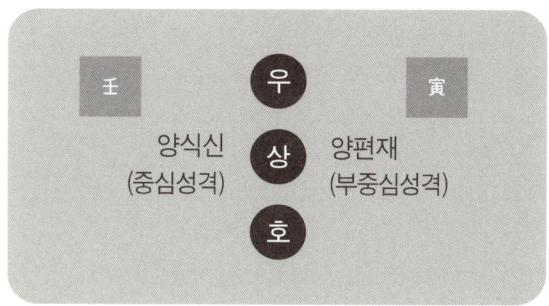

壬 | 우
양식신
(중심성격)

寅 | 양편재
(부중심성격)

상
호

민주당 최고위원인 김민석과 민주당 대변인인 우상호는 모두 성격성명학의 식신 유형이다.

2) 생각하는 유형의 성격

생각하는 유형은 다음과 같은 특징이 있다.

- 많은 정보를 수집하려고 노력하고, 새로운 것에 대해 알고 싶어한다.
- 심사숙고하고 미리 준비하는 것이 편하다.
- 불확실한 미래는 불안하고 싫다.
- 미래를 준비하기 위한 지식을 쌓을 시간이 필요하다고 생각한다.
- 생각이 많고 감정 변화가 잦다.

제가 감정 변화가 좀 심해요

- 여러 가지 관점과 상황을 종합해서 본다.
- 공격적이거나 지나치게 감성적인 사람은 좋아하지 않는다.

- 사람들이 많은 장소에서는 부끄러움을 많이 타고 불편해한다. 시끌벅적한 모임보다 혼자 있거나 몇몇 친한 사람들과 함께 있는 것이 편하다.
- 문제가 생기면 다른 사람에게 조언을 구하거나 상담하기보다는 혼자서 해결하거나 걱정만 하는 편이다.
- 느낌보다는 생각을 표현하는 것이 쉽다.
- 혼자서 시간을 보내는 것이 좋다.
- 내가 다른 사람에게 접근하기보다는 상대방이 먼저 다가오는 것이 편하다.
- 갑자기 일이 생기면 순간적으로 어떻게 대처할지 모르는 경우가 많다.
- 이미 끝난 상황에 대해 더 잘 대처했어야 한다고 후회하는 경우가 많다.
- 밤에 혼자 있을 때 하루를 반성하고 하룻동안 만난 사람을 평가한다.
- 생각이나 감정을 다른 사람들이 알까봐 두려워 함부로 이야기하지 않고 감춘다.
- 화가 날 때마다 표현하지 않고 차곡차곡 쌓아두었다가 어느 순간 폭발하여 오래된 일까지 끄집어낸다.
- 아는 것이 많다고 사람들이 칭찬할 때 기분이 좋아진다.
- 갈등 상황에 말려들지 않으려고 노력한다.
- 생각을 완벽하게 정리하기 전에는 말을 하지 않고, 말하기 전에 먼저 생각을 정리한다.
- 자신이 좀더 적극적이고 외향적이고 사교적이면 좋겠다고 생각한다.
- 다른 사람들이 자신의 생활을 통제하려고 들 때 은근히 짜증이 난다.
- 실제 경험하는 것보다 독서나 관찰을 통해서 더 많은 정보나 지식을 얻는다.
- 감정을 그때 그때 표현하는 것이 어렵다.
- 혼자 있을 때 자신의 감정을 깊이 느끼고 타인을 잘 분석할 수 있다.
- 부정적이고 의심이 많으며 두려움이 많다고 느끼고, 그런 소리를 듣는 편이다.
- 자기 주장을 펼치거나 공격적이 되는 것이 부담스럽다.
- 조용하게 있는 것, 남에게 드러나지 않게 있는 것이 하나의 방어수단이다.

3) 생각하는 유형의 표현 단어

감수성이 강하다, 심사숙고한다, 민감하다, 현명하다, 준비성이 있다, 모범적이다, 생각이 많다, 관찰한다, 통찰력이 있다, 몽상한다, 지식이 있다, 분석한다, 몰입한다, 양면성, 불안정, 공허하다, 망상적이다, 허무적이다, 움츠려 있다, 계획한다, 정보를 수집한다, 성실하다, 헌신적이다.

4) 생각하는 유형의 생활모습

생각하는 유형의 사람들은 논쟁이 없고 불화가 없는 공간을 선호한다. 그들은 늘 생각하고 걱정하며 머리를 사용하기 때문에 다른 사람에 비해 두려움과 공포가 심하다. 그러므로 될 수 있는 한 혼자 있어도 안전한 주변의 익숙한 공간과, 밤늦게까지 간섭 없이 혼자 있는 것을 좋아한다.

생각하는 유형의 사람들은 단순하다. 하루 종일 자기만의 안정된 공간에서 자유롭게 먹고 공부하고 씻고 책을 읽고 정보를 수집하고 몇몇의 사람을 만나고 낙서하고 TV를 보는 것을 좋아한다. 또한 이들은 다른 유형의 사람들도 자신만의 공간을 가지고 싶어한다고 생각한다. 이들에게는 반복적인 시간 활용이 매우 편하다. 그러면서도 생각이 많고 자신만의 의견을 많이 가지고 있다. 그러나 그런 생각이나 의견을 언어로 표현하지 못하고 가슴에 담아둔다.

5) 생각하는 유형의 긍정적 심리와 부정적 심리

생각하는 유형도 다른 유형처럼 긍정적 심리와 부정적 심리를 모두 가지고 있다.

생각하는 유형의 긍정적 심리와 부정적 심리	
긍정적 심리	부정적 심리
감수성과 상상력이 풍부하다	과거의 부정적인 모습을 기억한다
객관적이다	내성적이다
관찰력과 분석력이 뛰어나다	다른 사람들에 대해 비판적이다
수용적이다	두려워한다
심사숙고한다	몰아서 화를 낸다
유비무환의 정신이 있다	부정적이다
정보를 수집한다	사람과의 만남에 쉽게 지친다
준비성이 있다	생각이 분산된다
지적이고 논리적이다	스트레스가 심하고 걱정이 많다

긍정적 심리	부정적 심리
차분하다 충실하다 통찰력이 있다 합리적이다 호기심이 많다	예민하고 자기중심적이다 의심과 두려움이 많다 자기방어적이다 좋고 싫은 것이 분명하다 판단하려 한다

6) 다른 유형이 바라본 생각하는 유형

- 생각하는 유형은 논리적이고 분석적이다.
- 생각하는 유형은 객관적으로 인생을 관찰하는 타입이다.
- 생각하는 유형은 사실적인 정보를 모으기 좋아한다. 비조직화된 사실을 조직화하는 법률, 경제, 마케팅, 판매, 통계, 회계 등의 분야에 관심이 많다.
- 생각하는 유형은 관련이 없으면 어떤 상황에서든 다른 사람 일에 관여하지 않으려 한다.
- 생각하는 유형은 필요 이상으로 자신을 개방하려 하지 않는다. 가까운 친구들 외에는 쉽게 말을 걸지 않고 사귀려 하지 않는다.
- 생각하는 유형은 실생활에서 적응력이 있고, 기계나 엔지니어링 분야에 관심이 있는 사람이 많다.
- 생각하는 유형은 조용하고 호기심이 많으며 수줍어한다.
- 생각하는 유형은 자신의 관심사에 깊이 몰두하는 경향이 있다.
- 생각하는 유형은 많은 정보를 가지고 있고 표현할 수 있는데도 표현을 억제하는 편이다.
- 생각하는 유형은 마음 속에 느낌이나 정보, 생각, 계획을 저장하고 있고 나누는 노력이 부족하다.

7) 생각하는 유형과 잘 지내기 위한 방법

- 위기상황이나 비상사태 등 미래에 대해 예측하고, 그것을 극복해내는 능력을 높이 평가해준다.
- 나에게는 사소한 일이지만 그들에게는 매우 소중하고 중요하다는 것을 인정한다.
- 그들이 풀기 힘든 문제들로 어려움을 겪을 때 새로운 생각이나 해결방법 등을 제시하고 격려해준다.

- 그들과 솔직한 대화를 나눈다. 모든 것을 공유할 수 있고 어떤 일이 발생해도 두 사람의 관계는 변치 않는다는 확신을 준다.
- 그들은 끊임 없이 불안해하고 걱정과 문제점을 만들어간다. 그 이유가 무엇인지 이야기를 들어준다.
- 그들이 누군가에게 상처받았을 때 상대방의 생각과 의도를 확인해보고 현실적으로 돌아보도록 조언해준다.
- 그들과 대화할 때는 과도한 표현과 지나친 친절이나 아부를 하지 말고 요점을 정확하게 표현한다. 정확한 표현, 명백한 합의를 해서 그들을 안심시킨다.
- 그들은 오랫동안 차곡차곡 쌓아두었다가 한꺼번에 폭발시키는 타입이다. 그들이 화가 나면 한발짝 물러나서 분노가 가라앉을 때까지 기다려준다.
- 불안과 걱정, 스트레스가 쌓이기 쉬운 유형이므로 취미나 운동 등을 통하여 스트레스를 해소하도록 도와준다.
- 그들이 열의를 보이지 않아도 강요하지 않는다.
- 그들은 행동해야 할 시기에도 생각이나 걱정만 하는 경우가 있으니 적당한 시기에 자신의 생각을 행동으로 옮길 수 있도록 도와준다.

- 그들에게 자신의 생각이 충분히 가치 있고, 자신의 생각을 신뢰하라고 조언해준다.
- 그들과 갈등이 생기면 구체적으로 그 문제에 대해 대화를 나눈다.
- 가장 위험한 상태보다는 가장 희망적인 상태를 생각할 수 있도록 도와준다.
- 그들은 관심이 집중될 때 당황하므로 그런 환경을 피하도록 신경 쓴다.

8) 생각하는 유형의 정신건강

허무함, 공허감, 정신분열증, 망상적 정신장애, 편집증적 인격장애, 의존성 인격장애, 우울증, 경계성 인격장애, 수동적·공격적 행동(악플러), 불안발작, 해리성 인격장애, 회피성 성격.

9) 생각하는 유형과 다른 유형의 관계

생각하는 유형의 사람들이 다른 유형의 사람들을 어떻게 바라보는지 알아본다.

배려하는 유형

❶ 내가 배려하는 유형을 좋아하는 이유는?

- 그들은 유머감각이 많고 나의 재주와 솜씨를 높이 평가해주기 때문이다.
- 그들은 내게 필요한 사람으로서 사랑스럽기 때문이다.
- 그들은 나의 입장을 너그럽게 이해해주고 친절하게 대해주기 때문이다.
- 그들은 타인에게 어렵지 않게 다가서고 사람들과 자연스럽게 어울리기 때문이다.
- 그들은 나의 침착함과 노력을 칭찬해주기 때문이다.
- 그들은 자신의 생각과 감정을 잘 보여주고 내가 잘 표현할 수 있게 도와주기 때문이다.

❷ 내가 배려하는 유형을 싫어하는 이유는?

- 그들은 내 바쁜 일에 도움이 안 되기 때문이다.
- 그들은 자신이 원하는 것을 이야기하지 않기 때문이다.
- 그들은 감성적이고 자만심이 강하여 나를 불편하게 만들기 때문이다.
- 그들은 나의 지적인 부분을 채워주지 못하기 때문이다.
- 그들은 지나치게 사교적이고 끝없이 칭찬해줘야 하기 때문이다.

특별한 유형

❶ 내가 특별한 유형을 좋아하는 이유는?

- 그들은 이해심이 많고 나의 생각과 느낌을 제대로 표현할 수 있게 해주기 때문이다.
- 그들은 흥미로운 성격으로 심미안이 있고, 폭넓은 정신세계를 가지고 있기 때문이다.
- 그들은 자신만의 시간을 좋아하고, 개성 있으며, 남다른 나의 삶을 어렵지 않게 받아들이기 때문이다.
- 그들은 안정적인 성격으로 나의 감정을 편안하게 드러낼 수 있게 해주기 때문이다.
- 그들은 재미있는 주제를 놓고 분석적으로 토론하기를 즐기기 때문이다.

❷ 내가 특별한 유형을 싫어하는 이유는?

- 그들은 외로움을 많이 타는 성격으로 상대방이 자꾸 자신을 봐주길 원하기 때문이다.
- 그들은 예민한 성격으로 쉽게 상처받기 때문이다.
- 그들은 의존적인 성격으로 자신의 감정을 내가 처리해주기를 원하기 때문이다.
- 그들은 우울한 감정을 자주 느끼기 때문이다.
- 그들은 감정 기복이 심하고, 사람들과 깊은 관계를 형성하지 못하고 비판적이기 때문이다.

여유로운 유형

❶ 내가 여유로운 유형을 좋아하는 이유는?

- 그들은 따뜻하고 부드러운 성격으로 안정감을 느끼게 해주기 때문이다.
- 그들은 다양한 분야에서 연구하고 지식을 얻어내기를 좋아하기 때문이다.
- 그들은 타인을 자신의 기준으로 판단하지 않고, 인내심이 있고 타인을 배려하기 때문이다.
- 그들은 내가 싫어하는 일을 강요하지 않기 때문이다.
- 그들은 스킨십을 좋아하는 성격으로 대화하지 않아도 생각이 통하기 때문이다.
- 그들은 내가 의견을 제시하고 분석해주고 조언해주는 것을 기쁘게 받아들이기 때문이다.

❷ 내가 여유로운 유형을 싫어하는 이유는?

- 그들은 자신이 화가 났다는 것을 직접적으로 표현하지 않고 전혀 다른 일로 드러내기 때문이다.
- 그들은 나와의 시간을 중요하게 생각하지 않기 때문이다.
- 그들은 나의 의견에 너무 쉽게 동의하거나, 신중하게 듣지 않고 건성으로 듣기 때문이다.
- 그들은 내가 나만의 세계를 원하면 자신을 무시했다고 생각하기 때문이다.

완벽한 유형

❶ 내가 완벽한 유형을 좋아하는 이유는?

- 그들은 합리적인 성격으로 특히 금전적인 문제에서 실질적이고 조심스럽게 행동하기 때문이다.
- 그들은 신중하고 객관적인 성격으로 감정을 조절할 수 있고 독립적이기 때문이다.
- 그들은 내가 관심을 갖지 않는 사소한 문제나 집안일을 효율적으로 처리해주기 때문이다.
- 그들은 하고자 하는 의지가 있을 때 그 일을 이루어내기 때문이다.

❷ 내가 완벽한 유형을 싫어하는 이유는?

• 그들은 내가 침묵하고 있으면 자신을 나쁘게 여긴다고 생각하기 때문이다.

• 그들은 스스로 좋아하는 일을 하기보다는 맡겨진 일이라 하는 경우가 많기 때문이다.

• 그들은 나에게 원칙을 강조하고 나를 숨막히게 하기 때문이다.

• 그들은 완고하고 고지식한 시선으로 다른 사람들을 판단하기 때문이다.

• 그들은 필요 없는 걱정을 많이 하기 때문이다.

생각하는 유형

❶ 내가 생각하는 유형을 좋아하는 이유는?

• 그들은 책임감 있고 윤리적인 원칙을 따르기 때문이다.

• 그들은 상대방을 평범하게 보지 않고 비범한 능력을 발휘할 수 있게 해주기 때문이다.

• 그들은 조용한 성격으로 시끄럽게 즐기기보다는 차분한 관계 속에서 즐거움을 느끼고, 힘들이지 않고도 서로를 이해하게 해주며, 상대방이 혼자 있게 배려하기 때문이다.

• 그들은 논리적인 성격으로 인생과 세계에 대한 정돈된 철학을 가지고 있어 즐겁게 토론할 수 있기 때문이다.

❷ 내가 생각하는 유형을 싫어하는 이유는?

• 그들은 무관심한 성격으로 나에게 무심할 때가 있기 때문이다.

• 그들은 민감한 성격으로 사소한 걱정을 크게 키우기 때문이다.

• 그들은 자신만의 세계를 가지고 있어서 일을 같이 하기 어려울 때가 있기 때문이다.

• 그들은 부정적인 성격으로 나의 단점만 보기 때문이다.

• 그들은 상대방을 무시하고 말로 공격하는 사람들이기 때문이다.

보여주고 싶은 유형

❶ 내가 보여주고 싶은 유형을 좋아하는 이유는?

- 그들은 에너지가 넘치고 정열적이기 때문이다.
- 그들은 스스로가 무엇을 원하고 있는지 잘 알기 때문이다.
- 그들은 재주가 있어서 어떤 일을 맡겨도 능숙하게 잘 처리하기 때문이다.
- 그들은 일이 바빠도 나에게 힘든 요구를 하지 않기 때문이다.
- 그들은 자신의 생각과 의견을 효과적으로 표현하기 때문이다.

❷ 내가 보여주고 싶은 유형을 싫어하는 이유는?

- 그들은 성급한 성격으로 일을 빨리 처리하려고 하며, 외부 활동을 많이 하기 때문이다.
- 그들은 나와 가치관이 다르기 때문이다.
- 그들은 타인이 평가하는 자신의 모습에 신경 쓰기 때문이다.
- 그들은 자기애가 지나치게 강하고 자기합리화를 잘하기 때문이다.

창조적 유형

❶ 내가 창조적 유형을 좋아하는 이유는?

- 그들의 새로운 것에 대한 생각과 창조적인 생각이 나와 비슷하기 때문이다.
- 그들은 자신의 로맨틱한 감정을 더욱 로맨틱하게 음악이나 시, 아름다운 글로 표현할 줄 알기 때문이다.
- 그들은 사람들과 관계를 맺으면 지속적인 관심을 표현하기 때문이다.
- 불가능한 꿈을 꾸고 인생의 깊은 의미를 찾는 그들의 모습이 나와 비슷하기 때문이다.
- 그들은 호기심이 많고 관찰하고 분석하는 능력이 있기 때문이다.

❷ 내가 창조적 유형을 싫어하는 이유는?

- 그들은 말이 많고 표현이 넘쳐나서 나의 생각을 방해하기 때문이다.
- 그들은 작은 아이디어도 크게 과장하기 때문이다.
- 그들은 변화 변동이 너무 많아서 겁 많은 나를 두렵게 하기 때문이다.
- 그들은 호기심이 너무 많아서 내성적인 나의 속마음을 알려고 집착하기 때문이다.

- 그들은 자기과시욕이 너무 강하고 자만심이 강하기 때문이다.

❶ 내가 어울리는 유형을 좋아하는 이유는?

- 그들은 사교적인 성격으로 다른 사람과 잘 어울리기 때문이다.
- 그들은 자립적인 성격으로 나의 일에 관심을 가져주고 독립적으로 일하기 때문이다.
- 그들은 명랑하고 밝으며 근심걱정이 없어 보이기 때문이다.
- 그들은 야무진 성격으로 실수를 해도 크게 걱정되지 않기 때문이다.
- 그들은 항상 즐거운 마음으로 색다르고 신나는 일들을 생각해내기 때문이다.

❷ 내가 어울리는 유형을 싫어하는 이유는?

- 그들은 내가 언제나 자신들을 관심 있게 봐주길 원하기 때문이다.
- 그들은 나에게 신뢰감을 주지 못하고 약속을 지키지 않으며, 어떤 행동을 할 지 알 수 없기 때문이다.
- 그들은 사람들과 적극적으로 관계를 맺으라고 나에게 강요하기 때문이다.
- 그들은 가정적이기보다는 외부활동에 시간을 많이 투자하기 때문이다.
- 그들은 집에서 차분하지 못하고 항상 산만하게 움직이기 때문이다.
- 그들은 깊게 연구하고 탐색할 줄 모르기 때문이다.
- 그들은 어떤 일을 시작하면 빨리 싫증을 내기 때문이다.

❶ 내가 지배하는 유형을 좋아하는 이유는?

- 그들은 어떤 상황에서도 빨리 반응하기 때문이다.
- 그들은 나처럼 권위적이지 않기 때문이다.
- 그들은 자신이 생각한 것을 행동으로 옮기기 때문이다.
- 그들은 강한 사람보다는 약한 사람들을 챙기고 변호할 줄 알기 때문이다.
- 그들은 타인에게 의존하기보다는 자신을 믿고 독립적이기 때문이다.
- 그들은 공명정대한 의견을 내놓기 때문이다.

- 그들은 언제든 변화할 수 있는 능력을 가지고 있기 때문이다.

❷ 내가 지배하는 유형을 싫어하는 이유는?

- 그들은 내가 제시하는 모든 의견에 반대하고 말다툼을 일으키기 때문이다.

- 그들은 부드러운 대화보다는 거친 말투와 큰 목소리로 이야기하기 때문이다.

- 그들은 자기 본위대로 판단하기 때문이다.

- 그들은 부정적인 성격으로 타인에게 상처주고 주위사람들을 멀어지게 만들기 때문이다.

- 그들은 쉽게 할 수 있는 일들도 힘들게 하기 때문이다.

충성하는 유형

❶ 내가 충성하는 유형을 좋아하는 이유는?

- 그들은 유머감각이 뛰어나고 나를 즐겁게 해주기 때문이다.

- 그들은 혼자 있고 싶은 내 마음을 이해해주기 때문이다.

- 그들은 나의 불안한 마음을 알아주기 때문이다.

- 그들은 나처럼 두뇌회전이 빠르고 지적 호기심이 많으며, 폭넓은 지식이 있기 때문이다.

- 그들은 따뜻한 성격으로 상대방을 쉽게 판단하지 않기 때문이다.

- 그들은 진실한 성격으로 깊은 관계를 맺으며, 나를 불안하게 하지 않기 때문이다.

❷ 내가 충성하는 유형을 싫어하는 이유는?

- 그들은 내가 혼자만의 시간을 가지는 것을 존중하면서도 그것이 자신을 위협한다고 생각하기 때문이다.

- 그들은 독립적이지 못하고 의존적인 성향이 강하기 때문이다.

- 그들은 지배욕이 강해서 나를 통제하려고 하기 때문이다.

- 그들은 성급한 성격으로 타인을 비난하고 판단하는 경향이 있기 때문이다.

- 그들은 그들의 진심이 무엇인지 알 수 없는 경우가 있기 때문이다.

- 그들은 한 가지에 지나치게 몰입하는 편집증이 있어서 나를 힘들게 하기 때문이다.

- 그들은 완벽주의적 성격으로 반복해서 확인하고 요구해서 나를 불편하게 만들기 때문이다.

2 교육과 직업 적성

1) 생각하는 유형의 아이들

이 유형의 아이들은 다른 사람들의 시선이 자신에게 집중되는 것을 두려워하고 싫어한다. 학교에 갈 때도 평범한 옷을 선호하고, 친구들에게 시선을 받을 것이 두려워 등교를 거부할 수도 있다. 이들은 원칙적으로 약속을 잘 지키기 위해 미리미리 확인해두는 성격이다. 다만, 예상치 못한 변화를 두려워하기 때문에 학교에서 모르는 문제나 어려운 문제를 물어볼까 봐 학교가 두려워질 수도 있다. 이렇게 예상치 못한 일을 두려워하고 자신이 감당하기 어려운 문제를 회피하는 성향이 강한 아이들은 새로운 변화에 대처할 수 있도록 도와주고, 어려운 문제에 도전하는 방법을 길러주어야 한다. 틀리는 것보다 도전하지 않는 것이 더 문제가 크고, 누구나 틀릴 수 있고 완벽한 사람은 없다는 사실을 알려주어야 한다. 도전과 모험이 삶의 큰 활력소가 되며, 스스로를 성장하게 만든다는 것을 깨닫게 해주어야 한다.

또한 이 유형의 아이들은 경쟁에 대한 두려움이나 거부감을 가지고 있고, 친구들과 함께 어울리기보다는 자신의 공간에서 혼자 정보를 수집하거나 상상하는 것이 더 편안하다. 학교에서 친구들과 경쟁하는 것이 싫고 친구들과 어울리는 것 또한 익숙하지 않다. 따라서 수업이나 학교가 재미 없을 가능성이 높다. 따라서 세상은 사람과 사람의 관계 속에서 이루어지고, 사교적이고 활동적인 성격이 반드시 필요함을 알려주어야 한다.

이들 유형은 새로운 정보나 다른 사람에 대한 비밀 등을 공유함으로써 친해진다고 생각하므로 부모는 아이가 부모와 비밀을 공유하고 있다고 생각하도록 충분히 대화해야 한다. 하지만 자기가 잘 알거나 신뢰할 만한 사람이 아니면 대화를 거부하기 때문에 이들과 비밀을 공유하려면 꽤 오랜 기간 신뢰를 주어야 하고 충분한 대화를 나누어야 한다. 이들은 혼자 있을 때 안정감이 있고, 더 많은 생각을 할 수 있고 더 많은 정보를 얻을 수 있다고 생각한다. 감정적인 성향이 강해서 특정한 분야의 지식을 가지고 있는 사람이 자기 이야기를 잘 들어주고 존중해주면 그 사람은 믿을 만하다고 생각한다.

이 유형의 아이들은 세상으로부터, 사람들로부터 떨어져 지내는 것 같지만, 사실은 더 가까운 관계를 만들기 위해 상대를 관찰하고 더 많은 정보를 수집하고 있다. 따라서 아이가 자신만의 공간(예를 들어 방)에서 나오지 않는다고 해서 사람을 전혀 싫어하는 것은 아니므로 크게 걱정하지 않아도 된다. 다만, 아이에게 그 사람에 대한 정보가 없어도 충분히 친구가 될 수 있음을 알려주어야 한다.

이 유형의 아이들은 나와 아주 가까운 사람, 나에게 중요한 사람들에게 칭찬받기를 원하지만, 그런 마음을 드러내지 않는다. 또한 어떤 일을 처리할 때 다른 사람의 도움과 조언을 구하기보다는 자기 자신에게 의존하는 편이다. 그러나 자신이 철저하게 의존할 수 있고 신뢰할 수 있는 사람이 있으면 도움을 청할 수도 있다.

2) 생각하는 아이들의 교육방법

생각하는 유형의 아이들은 변화에 대한 두려움, 새로운 것에 대한 두려움, 타인의 시선이 자신에게 집중되는 것에 대한 두려움이 다른 유형에 비해 크다. 그리고 학교에서는 선생님이 자신에게 무엇을 시킬까, 선생님이 자신에게 무엇을 요구할까 걱정하고 두려워한다.

이들은 안정되고 편안한 공간에서 학습능률이 올라간다. 계속적이고 적극적인 참여를 요구하는 학습 분위기보다는 스스로 꾸준히 공부할 수 있는 공간이 필요하다. 주위사람들은 아무렇지 않게 생각하는 일도 크게 생각하고 걱정하는 타입이기 때문에 자칫 부모나 교사의 작은 꾸중이나 요구에도 두려움을 갖기 쉽다. 그래서 책상 앞에는 앉아 있지만 머릿속에서는 공부보다 주변 상황을 걱정하고 있을 가능성이 높다.

또한 이들은 자신이 정해놓은 규칙이나 관심이나 보살핌 등을 부담스러워한다. 내성적이고 비사교적이어서 경쟁을 싫어하고, 아이들과 어울리기 싫어서 서서히 학교 수업이 싫어지고 흥미를 잃을 수도 있다. 이렇게 학습의욕이 떨어질 때는 가정에서나 학교에서 아이에게 지속적인 관심을 갖고 공부할 수 있는 분위기를 만들어주어야 한다. 이들은 직접적인 학습방법보다는 간접적인 관찰학습이 흥미를 불러일으키므로 체험학습이나 동영상 자료 등을 학습에 적절하게 활용한다.

3) 생각하는 유형의 부모

생각하는 유형의 부모는 생각이 많기 때문에 앞으로 일어날 일들에 대해 미리부터 생각하고 걱정하고 대비한다. 그리고 정보를 수집하고 그것에 대해 생각하기를 게을리하지 않는다. 자녀에게 많은 지식과 정보를 주면서 모험보다는 안정된 삶에 대처할 수 있게 알려주려고 한다.

그러나 본인에게 사소한 걱정거리라도 있을 때는 자녀가 다가올 때 짜증내거나 권위를 내세우기도 하고, 부모가 세운 계획을 따르지 않는 아이를 보고 혹시 잘못될까 두려워하고 간섭한다.

생각하는 유형의 부모 밑에서 자란 자녀는 성인이 된 후 부모의 다양한 생각과 아이디어, 주변을 살펴보는 능력 덕분에 주변에 관심과 흥미를 갖게 되어 좋았다고 생각한다. 그러나 부모에게서 거리감이 느껴지고, 늘 불안감과 우울함에 기분이 나빴다고 말하는 경우도 있다.

4) 생각하는 유형의 직업 적성

생각하는 유형은 암기력과 지혜가 필요한 직업이나, 수리능력과 정확성이 필요한 직업이 잘 맞는다.

- **학과** : 상업계, 법조계, 의학계, 교육계, 경상계열, 산부인과, 비뇨기과, 임상병리학과 해군, 식품영양학과.
- **직업** : 의사, 약사, 군인, 경찰, 공무원, 법관, 교육, 보험, 금융, 경제, 경제(금융) 분석, 직무 분석, 재정 상담, 경제연구원, 은행원, 건축설계사, 교수, 학자, 엔지니어, 시스템 개발, 데이터베이스 관리자, 외교, 무역, 관광경영, 유통, 호텔, 목욕탕, 냉동업, 수산물, 해운업, 수도사업, 유흥업, 양조장, 정수기, 양어장, 식품, 요식업, 접객, 의약, 정치, 장의사, 회계, 통계, 수학, 문학, 평론가, 영화감독, 바둑기사, 기술고문, 지질학자, 항공기 정비사.

7. 보여주고 싶은 유형

1 기본 성향

1) 형태적 특징
❶ 사주팔자
① 사주팔자의 육친 중 비겁(비견 · 겁재) 발달인 사람.

② 사주팔자의 육친 중 비겁(비견 · 겁재) 과다인 사람.

③ 도화살이 많은 사주.

POINT

보여주고 싶은 유형

사주팔자의 육친 중에서 비겁 발달 · 과다인 사람, 도화살이 많은 사주, 성격성명학의 비견이 보여주고 싶은 유형이다.

예1) 1952년 5월 19일(음) 인(寅)시생

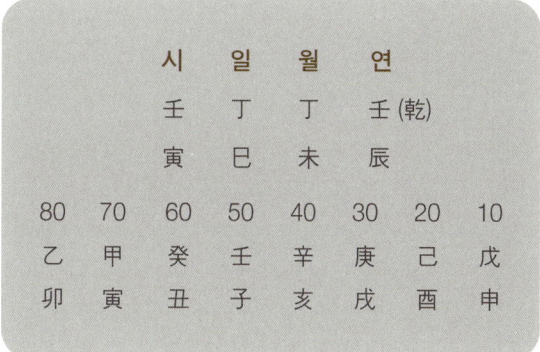

시	일	월	연
壬	丁	丁	壬 (乾)
寅	巳	未	辰

80	70	60	50	40	30	20	10
乙	甲	癸	壬	辛	庚	己	戊
卯	寅	丑	子	亥	戌	酉	申

위 사주는 화(火) 일간이고, 목(木) 인성은 15점, 화(火) 비겁은 65점, 토(土) 식상은 10점, 금(金) 재성은 0점, 수(水) 관성은 20점이다. 사주 주인공은 전 국무총리 이해찬이다.

예2) 1929년 1월 14일(양) 술(戌)시생

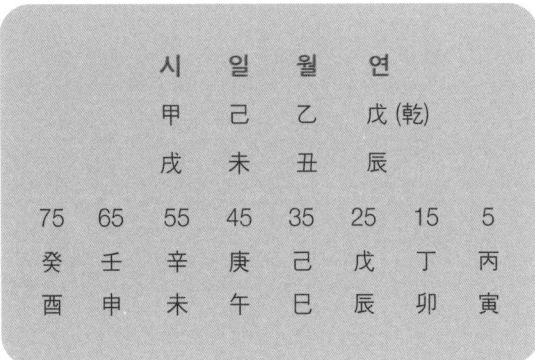

시	일	월	연
甲	己	乙	戊 (乾)
戌	未	丑	辰

75	65	55	45	35	25	15	5
癸	壬	辛	庚	己	戊	丁	丙
酉	申	未	午	巳	辰	卯	寅

위 사주는 토(土) 일간이고, 목(木) 관성은 20점, 화(火) 인성은 0점, 토(土) 비겁은 60점, 금(金) 식상은 0점, 수(水) 재성은 30점이다. 사주 주인공은 전 대통령 김영삼이다.

예3) 1971년 12월 18일(음) 오(午)시생

시	일	월	연
戊	癸	辛	辛 (乾)
午	亥	丑	亥

78	68	58	48	38	28	18	8
癸	甲	乙	丙	丁	戊	己	庚
巳	午	未	申	酉	戌	亥	子

위 사주는 수(水) 일간이고, 목(木) 식상은 0점, 화(火) 재성은 15점, 토(土) 관성은 10점, 금(金) 인성은 20점, 수(水) 비겁은 65점이다. 사주 주인공은 개그맨 김한석이다.

예4) 1967년 5월 5일(음) 오(午)시생

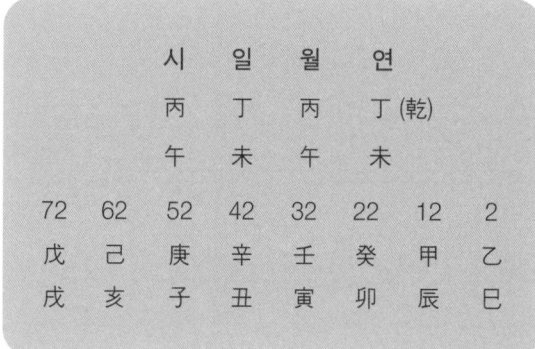

위 사주는 화(火) 일간이고, 목(木) 인성은 0점, 화(火) 비겁은 85점, 토(土) 식상
은 25점, 금(金) 재성은 0점, 수(水) 관성은 0점이다. 사주 주인공은 정치학과 교
수이다.

예5) 1967년 5월 15일(음) 인(寅)시생

				시	일	월	연
				壬	丁	丙	丁(乾)
				寅	巳	午	未
75	65	55	45	35	25	15	5
戊	己	庚	辛	壬	癸	甲	乙
戌	亥	子	丑	寅	卯	辰	巳

위 사주는 화(火) 일간이고, 목(木) 인성은 15점, 화(火) 비겁은 75점, 토(土) 식상
은 10점, 금(金) 재성은 0점, 수(水) 관성은 10점이다. 사주 주인공은 정치학과 교
수이다.

예6) 1944년 4월 12일(음) 오(午)시생

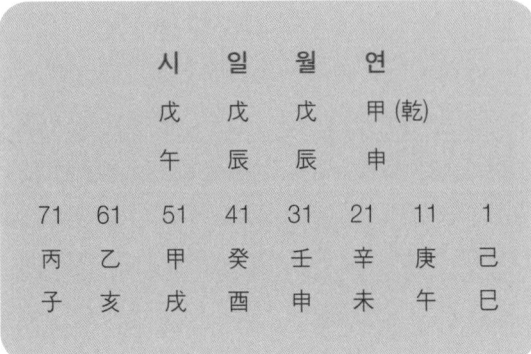

	시	일	월	연			
	戊	戊	戊	甲 (乾)			
	午	辰	辰	申			
71	61	51	41	31	21	11	1
丙	乙	甲	癸	壬	辛	庚	己
子	亥	戌	酉	申	未	午	巳

토(土) 일간이고, 목(木) 관성은 10점, 화(火) 인성은 15점, 토(土) 비겁은 75점, 금(金) 식상은 10점, 수(水) 재성은 0점이다. 위 사주의 주인공은 UN 사무총장 반기문이다.

예7) 1972년 2월 9일(음) 해(亥)시생

	시	일	월	연			
	癸	癸	癸	壬 (乾)			
	亥	丑	卯	子			
74	64	54	44	34	24	14	4
辛	庚	己	戊	丁	丙	乙	甲
亥	戌	酉	申	未	午	巳	辰

위 사주는 수(水) 일간이고, 목(木) 식상은 30점, 화(火) 재성은 0점, 토(土) 관성은 15점, 금(金) 인성은 0점, 수(水) 비겁은 65점이다. 사주 주인공은 탤런트 김민종이다.

예8) 1972년 1월 22일(음) 인(寅)시생

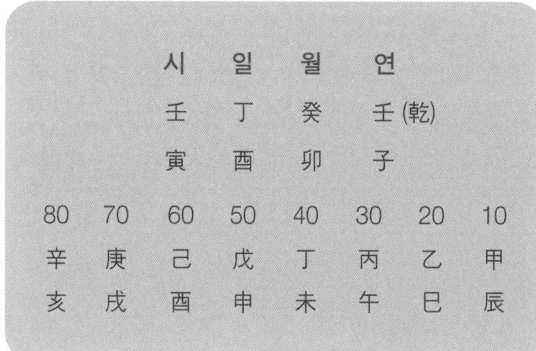

시	일	월	연
壬	丁	癸	壬 (乾)
寅	酉	卯	子

80	70	60	50	40	30	20	10
辛	庚	己	戊	丁	丙	乙	甲
亥	戌	酉	申	未	午	巳	辰

위 사주는 화(火) 일간이고, 목(木) 인성은 45점, 화(火) 비겁은 10점, 토(土) 식상은 0점, 금(金) 재성은 15점, 수(水) 관성은 40점이다. 사주 주인공은 영화배우 장동건이다.

예9) 1972년 2월 21일(양) 진(辰)시생

시	일	월	연
甲	壬	壬	壬 (乾)
辰	午	寅	子

74	64	54	44	34	24	14	4
庚	己	戊	丁	丙	乙	甲	癸
戌	酉	申	未	午	巳	辰	卯

위 사주는 수(水) 일간이고, 목(木) 식상은 10점, 화(火) 재성은 15점, 토(土) 관성은 15점, 금(金) 인성은 0점, 수(水) 비겁은 70점이다. 사주 주인공은 가수 서태지다.

❷ 성격성명학

성격성명학의 육친 유형 중 비견인 사람.

예1) 김영삼(1929년 1월 14일 양력)

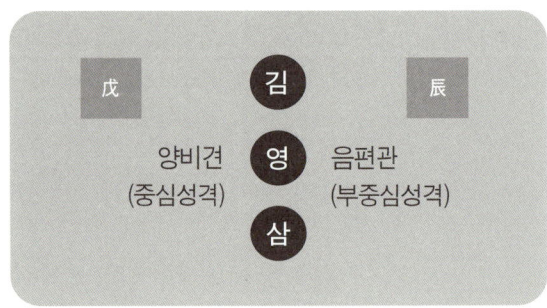

예2) 심형래(1958년 1월 3일 양력)

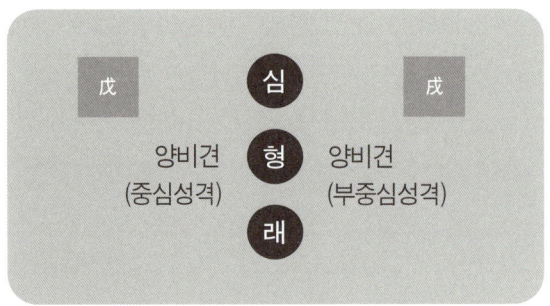

예3) 최민수(1962년 3월 26일 양력)

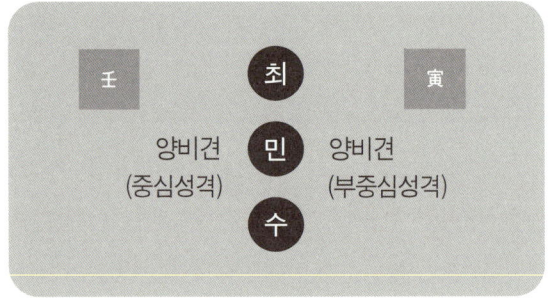

예4) 황수경(1971년 1월 7일 음력)

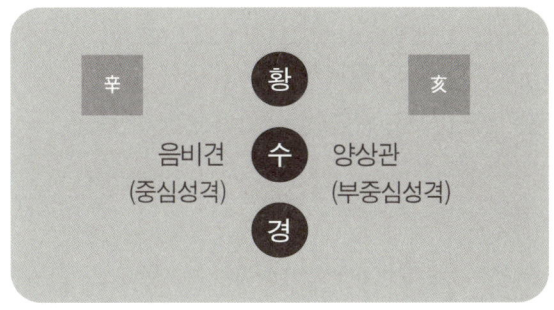

위 네 가지 예는 성격성명학의 성격 유형이 양비견과 음비견이다.

2) 보여주고 싶은 유형의 성격

보여주고 싶은 유형의 성격은 다음과 같다.

- 인정 많고 착하다.
- 재주가 많다.
- 자존심이 강하고 승부욕이 강하다.
- 자유지향적이다.
- 간섭과 비교에 민감하다. 비교당하는 것을
  정말 싫어한다.
- 인정하고 칭찬해주는 사람을 좋아한다.
- 청각지향적 · 시각지향적이다.
  주위사람들의 모습과 대화하는 소리에 민감하게 반응한다.
- 다른 사람들이 무슨 이야기를 하는지 특히 자신에 대한 이야기를 하는지 궁금해하고 듣고
  싶어한다.
- 남에게 강렬한 인상을 남기고 싶어서 매너 있게 행동한다.
- 모든 사람들이 자신을 좋아하리라 생각하고 또 좋은 평을 들을 수 있도록 노력한다.
- 자기를 좋아하지 않는 사람을 이해하지 못한다. 또 자신을 받아들이지 않고 존재를 인정하지
  않으면 어쩔 줄 몰라 한다.

- 깊고 친밀한 인간관계를 맺는 것 같지만 실제로는 얕은 인간관계를 맺는 편이다.
- 다른 사람들이 자신을 쳐다볼 때 힘이 난다.
- 주위사람들에게 자신을 보여주고 싶어한다.
- 조화를 중시하고 다른 사람을 지지해주며 잘 공감하는 편이다.

3) 보여주고 싶은 유형의 표현 단어

감각적, 경쟁적, 고상함, 독립적, 따뜻함, 방어적, 배려심, 변덕스러움, 보여주고 싶은, 부드러움, 섬세함, 세련된, 수용적, 염세적, 우울함, 이상적, 자기 확신, 자랑, 자기 만족, 자유적, 재치, 창조적, 특별함, 특이함, 판단적, 표현, 허영, 화려함.

4) 보여주고 싶은 유형의 생활모습

보여주고 싶은 유형은 자신의 감성과 자존감을 무엇보다 중요하게 여긴다. 칭찬받고 싶은 마음을 이해하지 못하는 사람들에게는 실망하고 좌절하며, 자신을 이해해줄 완전하고 이상적인 사람을 동경한다. 자신만의 생각과 자존감의 성을 쌓고 그 안에서 끊임없이 자신을 내보이려고 노력하며, 사람들이 자신에게 관심을 쏟아주길 기대한다.

이들은 자신의 모습, 생각, 마음이 다른 사람들에게 어떻게 보일까에 대한 생각으로 가득하다. 그러다 보니 타인의 시선을 받는 것을 중요하게 여긴다. 자신의 진정한 모습이 어떤지, 어떻게 자존감을 세워가야 하는지 알지 못한다. 자신이 말할 때는 주위사람들이 자신에게 관심을 가지고 집중하기를 기대지만, 막상 주위 사람들의 말에는 귀기울이지 않고 심하면 잔소리라고 생각한다.

이들은 어릴 적 무슨 이유로 칭찬받았느냐가 매우 중요하고, 칭찬받은 이유가 어른이 되었을 때 생활습관으로 자리잡는다. 즉, 어렸을 때 착한 행동을 하고 칭찬받은 적이 있으면 성인이 되어서도 착한 사람이 되기 위해 베풀고 나누어주는 일에 관심을 두고, 어렸을 때 예쁘고 멋지다고 칭찬받은 적이 있으면 예쁜 옷, 예쁜 모습, 멋진 모습 등 자신을 꾸미는 일에 관심을 둔다. 하지만 비판적인 부모 밑에서 자랐다면 칭찬받고 싶은 욕심 때문에 허영심이 발동하여 씀씀이가 커지거나, 일확천금을 꿈꾸기도 한다.

5) 보여주고 싶은 유형의 긍정적 심리와 부정적 심리

어느 유형이든 장점과 단점이 존재한다. 보여주고 싶은 유형 또한 다음과 같은 긍정적 심리와 부정적 심리가 모두 나타난다.

● 보여주고 싶은 유형의 긍정적 심리와 부정적 심리

긍정적 심리	부정적 심리
경쟁을 좋아한다 남을 잘 도와준다 독립적이다 따뜻하고 인정이 많다 사랑받으면 헌신한다	계획성이 없고 변덕스럽다 관심을 끌려고 한다 대략적이다 비교당하는 것을 싫어한다 비판적이다
야망이 있다 어려움에 처한 사람을 도와주려고 한다 인정받으면 힘이 난다 자신을 잘 표현한다 재능이 있고 재치가 있다 품위가 있다 현재를 즐기며 산다	샘이 많고 잘 토라진다 생각이 너무 많다 쉽게 상처받는다 엘리트 의식이 강하다 작은 질책에도 좌절한다 충동적이고 준비성이 없다 질투가 심하다

6) 다른 유형이 바라본 보여주고 싶은 유형

- 보여주고 싶은 유형은 매력적이고 착한 사람들이다.
- 보여주고 싶은 유형은 다른 이들로 하여금 자신을 특별한 사람, 중요한 사람으로 느끼도록 만들 줄 안다.
- 보여주고 싶은 유형은 감수성이 발달되어 있고 감각적이며, 아이디어가 반짝인다.
- 보여주고 싶은 유형은 칭찬해주고 맡겨주면 자신을 희생하면서도 능력을 발휘하는 힘이 있다.
- 보여주고 싶은 유형은 수줍음을 잘 타고, 예술적이며, 상상력이 풍부하다.
- 보여주고 싶은 유형은 자신을 내세우기를 좋아하고, 잘난 척하는 경향이 있다.
- 보여주고 싶은 유형은 자신이 진정으로 바라는 일과 타인에게 보여주고 싶어서 하는 일을 구분하지 못한다.

7) 보여주고 싶은 유형과 잘 지내기 위한 방법

- 칭찬할 만한 일은 적극적으로 격려해주고 칭찬해준다. 그들은 칭찬받을수록 더 열심히 노력한다.
- 그들에게 당신의 감정을 보여주되 지나치게 비판적이면 안 된다. 또한 당신의 생각을 이야기하되 당신이 그들을 판단한다고 느끼게 해서는 안 된다.
- 부정적인 말로 부담감을 주지 말고 긍정적인 이야기를 해준다.
- 늘 평화롭고 안정되고 조화로움을 유지하도록 도와준다.
- 그가 해낸 일이나 성과들에 대해 자랑스럽다고 말해준다.
- 그가 있어서 행복하고 기쁘다고 이야기해준다.
- 그를 인정해주고, 간섭하지 말고 맡겨준다.

8) 보여주고 싶은 유형의 정신건강

열등감, 과잉반응, 히스테리, 패배적인 심리, 피학증, 가학증, 자기애성 인격장애. 사람들의 관심을 끌거나 주목을 받지 않으면 마음이 불편하다.

9) 보여주고 싶은 유형과 다른 유형의 관계

보여주고 싶은 유형의 사람들이 다른 유형의 사람들을 어떻게 생각하는지 알아본다.

❶ 내가 배려하는 유형을 좋아하는 이유는?

- 그들은 나에게 관심을 기울이고 애정을 갖고 있기 때문이다.
- 그들은 다정하고 다른 사람들에게 좋은 이미지를 주기 때문이다.
- 그들은 사교적인 성격으로 어떤 사람과도 쉽게 친해지기 때문이다.
- 그들은 직관력이 있어서 내가 필요로 하는 것을 미리 파악하고 알아주기 때문이다.
- 그들은 나를 지지해주며, 내가 필요한 사람이라고 깨닫게 해주기 때문이다.
- 그들은 이해심이 많은 성격으로 같이 있으면 편안함과 즐거움을 주기 때문이다.

❷ 내가 배려하는 유형을 싫어하는 이유는?

- 그들은 독선적인 성격으로 자신의 일을 하도록 남에게 강요하기 때문이다.
- 그들은 항상 관심을 요구하기 때문이다.
- 그들은 소심한 성격으로 자신의 요구가 받아들여지지 않으면 토라지기 때문이다.
- 그들은 과민한 성격으로 사소한 일에도 감정적으로 행동하기 때문이다.

특별한 유형

❶ 내가 특별한 유형을 좋아하는 이유는?

- 그들은 부드러운 성격으로 주위사람들에게 편안하고 따뜻하게 대하기 때문이다.
- 그들은 미적 감각을 지니고 있어 옷을 세련되게 입고 집안도 근사하게 꾸밀 줄 알기 때문이다.
- 그들은 나의 재능과 능력을 인정해주고 용기를 주기 때문이다.
- 그들은 그들 자신이 자립적인 성격으로 나 또한 독립적이 되도록 도와주기 때문이다.
- 그들은 타인의 시선이나 생각에 지나치게 신경 쓰지 않도록 해주기 때문이다.
- 그들은 모험심이 있고, 무엇이든 관심 있는 것을 탐구하기 때문이다.

❷ 내가 특별한 유형을 싫어하는 이유는?

- 그들은 변덕스런 성격으로 급격한 감정 변화가 나를 힘들게 하기 때문이다.
- 그들은 자신만의 울타리를 치고 그 안에 들어갈 때가 있기 때문이다.
- 다른 사람들과 전혀 다른 옷차림으로 주위사람들을 당황하게 만들기 때문이다.

- 그들은 감정 기복이 심하여 친한 사이인데도 갑자기 멀어질 때가 있기 때문이다.
- 그들은 일에 빠져 있는 내 모습과 내 감정을 제대로 이해하지 못하고 상처를 주기 때문이다.

여유로운 유형

❶ 내가 여유로운 유형을 좋아하는 이유는?

- 그들은 내 이야기에 관심을 갖고 나를 지지해주기 때문이다.
- 그들은 자신이 관심 있는 일이나 좋아하는 일들을 나와 같이 하려고 하기 때문이다.
- 그들은 이해심이 깊은 성격으로, 서두르지 않고 침착하며 여유 있는 모습이 나를 편안하게 해주기 때문이다.
- 그들은 타인의 일에 간섭하지 않고 섣불리 결론짓지 않기 때문이다.
- 그들은 일의 결과물과 의지를 믿고 인정해주기 때문이다.

❷ 내가 여유로운 유형을 싫어하는 이유는?

- 그들은 당장 해야 할 나중으로 미루기 때문이다.
- 그들은 자신이 원하는 것이 무엇인지 알지 못하고 항상 질문하고 의심하기 때문이다.
- 나는 행동이 빠른 것을 좋아하는데 그들은 행동이 느리기 때문이다.
- 그들은 사소한 일도 결정을 내리지 못하고, 자신의 의견을 제대로 표현하지 못하기 때문이다.

완벽한 유형

❶ 내가 완벽한 유형을 좋아하는 이유는?

- 그들은 자기 발전을 위해 끊임없이 노력하기 때문이다.
- 그들은 예의바르고, 상대방을 대하는 몸가짐과 말투가 반듯하기 때문이다.
- 그들은 성취욕이 강한 성격으로 나와 마찬가지로 명예를 걸고 일을 이루어내기 때문이다.
- 그들은 확실한 결단력이 있는 성격으로 이상과 계획대로 행동하기 때문이다.
- 그들은 실질적이고 효율적으로 일하며, 현실적이고 믿음을 주는 사람들이기 때문이다.

❷ 내가 완벽한 유형을 싫어하는 이유는?

- 그들은 남을 칭찬하는 데 인색하기 때문이다.

- 그들은 원리원칙적인 성격으로, 타인이 그들의 원칙을 지키지 않으면 비난하기 때문이다.
- 그들은 필요 이상으로 긴장하기 때문이다.
- 그들은 약속을 지키지 않으면 미워하기 때문이다.
- 그들은 타인의 삶의 방식을 인정하지 않고 자신의 방식만을 고집하는 독선적인 면이 있기 때문이다.

생각하는 유형

❶ 내가 생각하는 유형을 좋아하는 이유는?

- 그들은 명석하고 재치가 있으며 머리가 좋기 때문이다.
- 그들은 깊은 지식이 있고 그 지식을 나와 공유하기 때문이다.
- 그들은 내가 하는 일에 관심을 가지고 조언을 아끼지 않기 때문이다.
- 그들은 부드러운 성격으로 나를 편안하게 해주기 때문이다.
- 그들은 타인과 같은 곳을 바라보는데도 다른 관점으로 보고 새롭게 생각할 줄 알기 때문이다.
- 그들 자신이 바쁜 사람이라서 내가 일에 빠져 있어도 불평하지 않기 때문이다.

❷ 내가 생각하는 유형을 싫어하는 이유는?

- 그들은 의욕이 부족하고, 일할 때에도 성취욕이 없어 보이기 때문이다.
- 그들은 무신경한 성격이며, 외모가 너무 수수하고 자신을 꾸밀 줄 모르기 때문이다.
- 그들은 내가 혼자만의 시간을 갖고 싶어하는 것을 불만스러워 할 때가 있기 때문이다.
- 그들은 비현실적인 성격으로 실질적이지 못할 때가 있기 때문이다.
- 그들은 일을 새롭게 시작할 때 엉뚱한 이야기를 하기 때문이다.
- 그들은 사교적이지 못해서 사람들과 잘 어울리지 못하기 때문이다.

보여주고 싶은 유형

❶ 내가 보여주고 싶은 유형을 좋아하는 이유는?

- 그들은 동적인 성격으로 사색하는 것보다 행동하는 것을 좋아하기 때문이다.
- 그들은 어떤 일이든 성사시키고 결과물을 만들어내기 때문이다.
- 그들은 열심히 일하는 나를 잘 이해해주기 때문이다.

- 그들은 사교적인 성격으로 다른 사람들과 어울리는 것을 즐기기 때문이다.
- 그들은 자신감 있는 성격으로 자신의 외모에 만족하기 때문이다.

❷ 내가 보여주고 싶은 유형을 싫어하는 이유는?

- 그들은 몰입하는 성격으로 일단 일에 집중하면 상대방에게 관심을 두지 않기 때문이다.
- 그들은 무뚝뚝한 성격으로 마음 속의 진실된 감정을 잘 표현하지 못하기 때문이다.
- 그들은 경쟁심이 많은 성격으로 항상 치열하게 싸우기 때문이다.
- 그들은 지나치게 활동적인 성격으로, 활동 반경이 넓다 보니 스스로 스트레스를 받고 피로를 느끼기 때문이다.

창조적 유형

❶ 내가 창조적 유형을 좋아하는 이유는?

- 그들은 솔직담백하기 때문이다.
- 그들은 호기심이 많고 상상력이 뛰어나기 때문이다.
- 그들은 사교성이 있고, 자신의 의견을 숨기지 않고 이야기하기 때문이다.
- 그들은 그들은 주변 상황에 빠른 반응을 보이기 때문이다.
- 그들은 새로운 것을 창조하고 투쟁심이 있는 것이 나와 비슷하기 때문이다.

❷ 내가 창조적 유형을 싫어하는 이유는?

• 그들은 나에게 관심을 갖지 않고 자기 이야기만 많이 하기 때문이다.

• 그들은 자기 자신에 대해 거침없이 홍보하여 나를 위축시키기 때문이다.

• 그들은 솔직하게 표현하다가 가끔 나의 자존심을 다치게 만들기 때문이다.

• 그들은 감정에 충실하여 상황을 논리적으로 처리하지 못할 때가 있기 때문이다.

• 그들은 교제에 능숙하고 영리하여 순수한 것을 좋아하는 나와는 맞지 않기 때문이다.

어울리는 유형

❶ 내가 어울리는 유형을 좋아하는 이유는?

• 그들은 유머가 있고, 항상 긍정적으로 생각하기 때문이다.

• 그들은 한 가지 일에만 빠지지 않고 다방면에 관심을 갖고 그 일을 잘해내기 때문이다.

• 그들은 활력이 있고 상대방과 잘 어울리기 때문이다.

• 그들은 나와 항상 함께 할 수 있는 새롭고 재미있는 일들을 생각해내기 때문이다.

❷ 내가 어울리는 유형을 싫어하는 이유는?

• 그들은 변덕이 심해서 어떤 일을 하든 끝까지 해내지 못하고 옆으로 새기 때문이다.

• 그들은 책임감이 없어서 나에게 책임을 떠넘기려고 하기 때문이다.

• 그들은 주변을 잘 정돈하지 못하는 성격이라서 주변이 항상 어수선하기 때문이다.

• 그들은 우월감을 가지고 있고, 불친절하고 건방질 때가 있기 때문이다.

• 그들은 상대방을 무시하거나 생각 없이 함부로 말할 때가 있기 때문이다.

지배하는 유형

❶ 내가 지배하는 유형을 좋아하는 이유는?

• 그들은 열정적인 성격으로 무슨 일을 하든 열심이기 때문이다.

• 그들은 언제나 자신감을 가지고 성공적으로 일을 처리하기 때문이다.

• 그들은 직설적으로 자신의 생각이나 판단을 말하기 때문이다.

• 타인의 시선이나 생각에 신경 쓰지 않는 그들의 성격을 닮고 싶기 때문이다.

• 그들은 베푸는 것을 좋아하는 성격으로 나에게 충실한 사랑을 주기 때문이다.

❷ 내가 지배하는 유형을 싫어하는 이유는?

• 그들은 권위적인 성격으로 나를 항상 혼내려고 하기 때문이다.

• 그들은 나에게 잘해줄 때와 전혀 다른 모습으로 거친 말을 할 때가 있기 때문이다.

• 그들은 소유욕이 강하고 지배욕이 강하기 때문이다.

• 그들은 내가 본질적인 것을 알지 못하고 겉으로 드러나는 모습만 본다고 비난하기 때문이다.

충성하는 유형

❶ 내가 충성하는 유형을 좋아하는 이유는?

• 그들은 신뢰를 주는 성격으로 무슨 일이 있어도 내 곁에 있을 같은 믿음을 주기 때문이다.

• 그들은 따뜻한 성격으로 성실하고 온화하며 인정이 있기 때문이다.

• 그들은 재미있고 유머감각이 있기 때문이다.

• 그들은 진실한 성격으로 책임감이 강하고 양심적이기 때문이다.

• 그들은 나의 일과 성취를 높이 평가하고 나를 있는 그대로 사랑해주기 때문이다.

❷ 내가 충성하는 유형을 싫어하는 이유는?

• 그들은 거만한 성격으로 다른 사람들에게 모욕감을 주기 때문이다.

• 그들은 부정적인 성격으로 성공 가능성을 낮게 보기 때문이다.

• 그들은 우울한 성격으로 나를 불안하게 만들기 때문이다.

• 그들은 문제에 직면했을 때 책임지기보다는 다른 사람들에게 떠넘기려고 하기 때문이다.

• 그들은 나의 작은 무관심을 완벽한 거절이라고 판단하기 때문이다.

2 교육과 직업 적성

1) 보여주고 싶은 유형의 아이들

이 유형의 아이들은 다른 사람들이 평범하게 생각하는 사물이나 상황을 자신만의 독특하고 특별한 감성과 감각으로 받아들이고, 상징적인 표현을 잘하며, 풍부한 상상력을 가지고 있다. 또한 스타일에 대한 감각이 남다르고, 미적 감각도 뛰어나며, 남들이 우러러보는 예술작품을 만들어내는 능력이 뛰어나다.

또한 이들은 기본적으로 자존감과 질투심이 매우 강하다. 그 대상이 누구건 간에 자신이 가지지 못한 것에 대한 선망과 부러움이 굉장히 크다. 자신이 가진 것에 감사하기보다는 남들이 가지고 있는 것을 유난히 부러워하고, 조금이라도 비교당하면 큰 스트레스를 받고 좌절감에 빠진다. 대신 자신이 한 일, 예를 들어 공부 등으로 칭찬받으려고 열심히 노력한다.

2) 보여주고 싶은 아이들의 교육방법

이 유형의 아이들은 어떤 장소, 어떤 상황에서도 멋있게 보이고, 착하게 보이고, 돋보이는 것을 좋아한다. 자신이 분명 장점을 가지고 있다고 믿고, 그것이 착하기 때문이든 공부를 잘하기 때문이든 씩씩하기 때문이든 주위사람들이 그것을 알아주고 칭찬해주기를 바란다. 또한 칭찬을 받은 만큼 자신감이 생기고, 장점을 더욱 키우기 위해 노력한다. 따라서 부모나 교사는 아이들에게 다른 사람에게 칭찬을 받지 않아도 분명히 사랑받을 수 있고 인정받을 수 있음을 알려주고, 타인이 원하는 대로 따라갈 것이 아니라 자신이 정말로 원하는 것을 찾을 수 있게 도와주어야 한다. 아이가 스스로 계획을 정하고 원칙을 지켜 나가도록 격려하고 계획을 실천하도록 조언해주어야 한다.

네가 정말 원하는 것을 찾아야지

3) 보여주고 싶은 유형의 부모

이 유형의 부모는 남에게 뒤처지지 않고, 어느 분야에서나 남보다 재주가 있어야 하며, 주위사람들에게 자랑할 것이 있어야 한다고 생각한다. 이러한 생각이 자녀 교육에도 영향을 미친다. 결과적으로 자녀들에게 특별한 재능이나 특성을 요구하기 때문에 평범한 자녀에게 스트레스를 많이 주게 된다. 또한 부모 생각대로 자녀가 재능을 최대한 발휘하여 성공적인 삶을 살기 원한다. 그러나 부모와 자녀는 별개의 인격체이고, 자녀의 평범한 능력이 부모의 기대에 못 미치더라도 존중하고 관심을 기울여야 한다.

보여주고 싶은 유형의 부모 밑에서 자란 자녀들은 성인이 된 후 부모의 자존감과 욕심으로 자신들이 공부에 더욱 열중할 수 있어서 고맙게 생각한다. 그러나 부모의 자존심과 열정이 힘겨웠다는 사람도 있다. 부모의 뜻에 따라 움직이다 보니 부모와 따뜻한 감정을 주고 받을 기회가 적었다고 아쉬워하기도 한다.

4) 보여주고 싶은 유형의 직업 적성

보여주고 싶은 유형은 비즈니스 관련 분야, 예술 및 체육 분야, 상담 및 교육 분야의 직업이 잘 맞는다.

- **학과** : 미학과, 의상디자인학과, 건축학과, 무용학과, 체육학과, 신문방송학과, 뮤지컬학과.
- **직업** : 홍보·기획, 디자이너, 동시통역사, 번역가, 변호사, 음악가, 성악, 화가, 무용가, 배우, 연예인(가수·탤런트), 영화제작사, 시인, 소설가, 운동선수, 코치, 경호원, 극작가, 연출가, 사진작가, 사회복지사, 컨설턴트, 상담심리학자, 언어치료사, 정치가, 출판, 종교, 행정, 요리사, 자영업, 군인, 경찰.

가수는 제게 아주 잘맞는 직업이에요

8. 창조적 유형

1 기본 성향

1) 형태적 특징

❶ 사주팔자

① 사주팔자의 육친 중 식상 발달인 사람.

② 사주팔자의 육친 중 식상 과다인 사람.

③ 월지가 식상인 사주.

④ 도화살이 많은 사주.

⑤ 연살도화격 사주 : 인오술(寅午戌)생이 월에 묘(卯), 신자진(申子辰)생이 월에 유(酉), 사유축(巳酉丑)생이 월에 오(午), 해묘미(亥卯未)생이 월에 자(子)가 오면 연살도화격이다.

⑥ 편인이 많은 사주.

⑦ 신금(申金)이 많은 사주.

예1) 1962년 12월 2일(음) 진(辰)시생

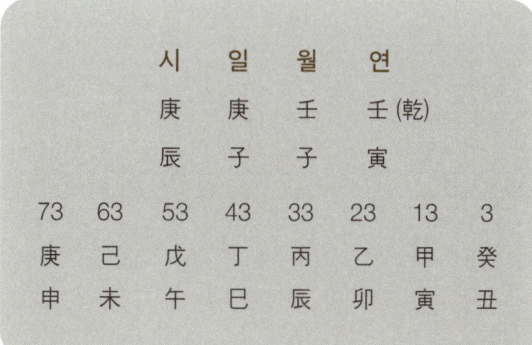

시	일	월	연
庚	庚	壬	壬 (乾)
辰	子	子	寅

73	63	53	43	33	23	13	3
庚	己	戊	丁	丙	乙	甲	癸
申	未	午	巳	辰	卯	寅	丑

위 사주는 금(金) 일간이고, 목(木) 재성 10점, 화(火) 관성 0점, 토(土) 인성 15점, 금(金) 비겁 20점, 수(水) 식상 65점이다. 사주 주인공은 탤런트 최수종이다.

예2) 1960년 8월 1일(음) 묘(卯)시생

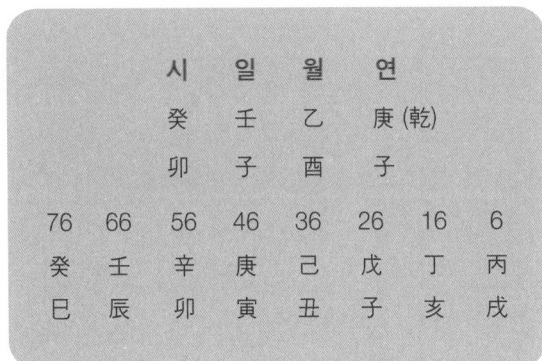

위 사주는 수(水) 일간이고, 목(木) 식상은 25점, 화(火) 재성은 0점, 토(土) 관성은 0점, 금(金) 인성은 40점, 수(水) 비겁은 45점이다. 사주 주인공은 개그맨 이경규이다. 지지가 모두 도화살이다.

예3) 1959년 8월 11일(음) 오(午)시생

시	일	월	연
戊	戊	癸	己 (乾)
午	戌	酉	亥

72	62	52	42	32	22	12	2
乙	丙	丁	戊	己	庚	辛	壬
丑	寅	卯	辰	巳	午	未	申

위 사주는 토(土) 일간이고, 목(木) 관성은 0점, 화(火) 인성은 15점, 토(土) 비겁은 45점, 금(金) 식상은 30점, 수(水) 재성은 20점이다. 사주 주인공은 음악평론가 임진모이다.

예4) 1977년 9월 28일(양) 술(戌)시생

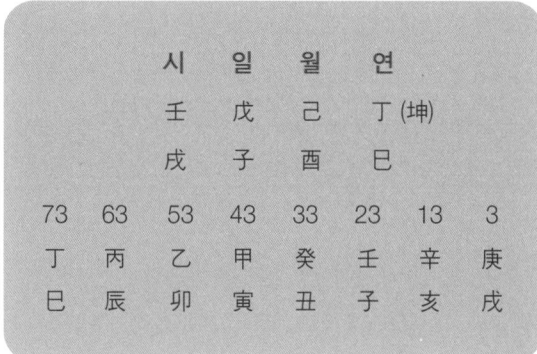

	시	일	월	연
	壬	戊	己	丁 (坤)
	戌	子	酉	巳

73	63	53	43	33	23	13	3
丁	丙	乙	甲	癸	壬	辛	庚
巳	辰	卯	寅	丑	子	亥	戌

위 사주는 토(土) 일간이고, 목(木) 관성은 0점, 화(火) 인성은 20점, 토(土) 비겁은 20점, 금(金) 식상은 45점, 수(水) 재성은 25점이다. 사주의 주인공은 LPGA 프로 골퍼 박세리다.

예5) 1966년 5월 17일(음) 진(辰)시생

	시	일	월	연
	庚	乙	甲	丙 (乾)
	辰	丑	午	午

71	61	51	41	31	21	11	1
壬	辛	庚	己	戊	丁	丙	乙
寅	丑	子	亥	戌	酉	申	未

위 사주는 목(木) 일간이고, 목(木) 비겁은 20점, 화(火) 식상은 50점, 토(土) 재성은 30점, 금(金) 관성은 10점, 수(水) 인성은 0점이다. 사주 주인공은 MIT를 졸업하였다.

예6) 1955년 12월 8일(음) 미(未)시생

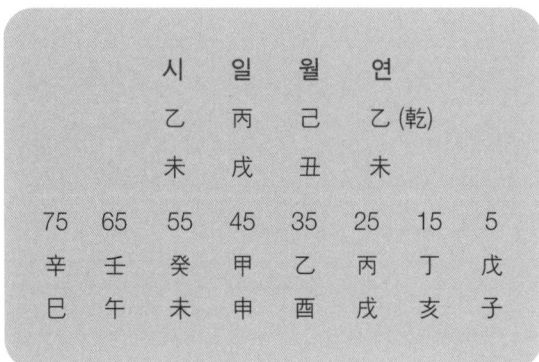

	시	일	월	연
	乙	丙	己	乙 (乾)
	未	戌	丑	未

75	65	55	45	35	25	15	5
辛	壬	癸	甲	乙	丙	丁	戊
巳	午	未	申	酉	戌	亥	子

위 사주는 화(火) 일간이고, 목(木) 인성은 20점, 화(火) 비겁은 10점, 토(土) 식상
은 50점, 금(金) 재성은 0점, 수(水) 관성은 30점이다. 사주의 주인공은 지방법원
장이다.

예7) 1920년 7월 17일(음) 신(申)시생

	시	일	월	연
	甲	庚	甲	庚 (坤)
	申	申	申	申

97	87	77	67	57	47	37	27	17	7
甲	乙	丙	丁	戊	己	庚	辛	壬	癸
戌	亥	子	丑	寅	卯	辰	巳	午	未

위 사주는 금(金) 일간이고, 목(木) 재성은 20점, 화(火) 관성은 45점, 토(土) 인성
은 0점, 금(金) 비겁은 45점, 수(水) 식상은 0점이다. 사주에 식상이 하나도 없지
만, 지지가 모두 신금(申金)으로 이루어져 있으므로 창조적 유형으로 분류된다.
사주 주인공은 궁중요리전문가로 무형문화재에 지정된 고 황혜성이다.

❷ **성격성명학**

성격성명학의 상관 유형인 사람.

예1) 김혜수(1970년 9월 5일 양력)

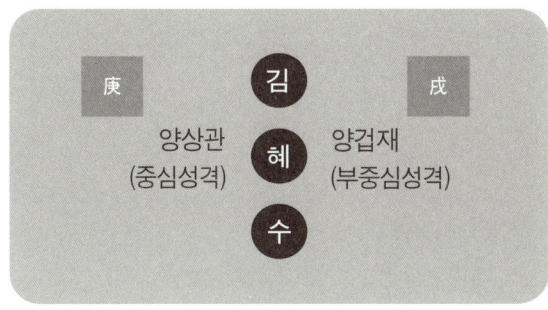

예2) 박태환(1989년 9월 27일 양력)

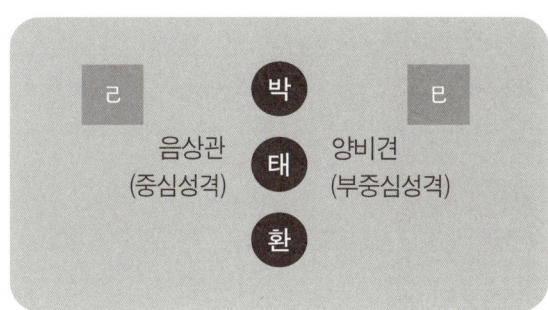

영화배우 김혜수는 성격성명학의 양상관, 수영선수 박태환은 성격성명학의 중심
성격이 음상관이다.

2) 창조적 유형의 성격

창조적 유형은 다음과 같은 성격을 가지고 있다.

• 창의적이고 창조력이 있으며 열정적이다.

• 감각과 감수성이 발달되어 있고, 다른 사람에 비해 특별한 재능이 있다.

• 사람들에게 조언해주고 상담해주는 데 재능이 있다.

POINT

창조적 유형의 성격

창의적이고 열정적이며, 아이
디어가 뛰어나고, 일정한 틀
에 얽매이는 것을 싫어한다.

- 예술, 연예, 방송, 기술 분야에 끼가 있다.

- 아이디어가 뛰어나다.

- 화려한 언어구사능력과 표현력이 있다.

- 순간적 재치가 있다.

- 사색적이고 연구능력이 발달하였다.

- 느낌이나 생각을 이야기하고 싶어한다.

- 본능적 직관이 뛰어나다.

- 예지력이 있다.

- 인정이 많고 베풀 줄 알며 도움을 주려고 한다.

- 하나의 지식에 만족하지 않고 새로운 것에 관심이 크다.

- 즉흥적인 면이 많고 일정한 틀에 얽매이는 것을 싫어한다.

- 풍부한 상상력과 영감을 가지고 새로운 일을 시작한다.

- 새로운 가능성을 추구하고 창의적으로 일한다.

- 어려운 일이 생기면 더욱 자극받고, 매우 독창적인 방법으로 어려움을 해결한다.

3) 창조적 유형의 표현 단어

가능성, 감각적, 다재다능함, 상상력, 새로움, 세련미, 솔선수범, 아이디어, 열성적, 영감, 자기 계발, 즉흥적, 창의성, 창조성, 충동적, 통찰력, 표현성, 풍부함.

4) 창조적 유형의 생활모습

창조적 유형의 사람들은 옷 하나를 입더라도 나름대로 멋을 생각하고 입는다. 감각이나 감수성이 남다르기 때문에 문학성, 예술성, 창작성이 가미된 일에 흥미를 느끼고 매진한다. 어릴 적에는 순수함이 강하기 때문에 감각이나 창조적인 면이 잘 드러나지 않지만, 나이가 들어가면서 재능과 재주가 드러난다.

이들은 넘치는 에너지를 바탕으로 즉흥적으로 일을 재빠르게 해결하며, 솔선수범하고 상상력이 있다. 특히 자신이 관심을 둔 분야에는 무한한 흥미를 갖고 관련된 일을 척척 해낸다. 뛰어난 통찰력으로 상대방이 가지고 있는 발전 가능성을 찾아내며, 다른 사람들도 일이나 프로젝트에 흥미를 가지게 하고, 다른 사람을 잘 도와준다. 어느 분야에서나 재능을 발휘하지만, 특히 상담이나 교육 분야에서 더 큰 능력을 발휘한다. 어려움에 처하면 더욱 자극받고, 독창적인 방법으로 어려움을 해결한다.

5) 창조적 유형의 긍정적 심리와 부정적 심리

어느 유형이든 장점과 단점이 존재한다. 창조적 유형의 긍정적 심리와 부정적 심리는 다음과 같다.

● 창조적 유형의 긍정적 심리와 부정적 심리

긍정적 심리	부정적 심리
관심 있는 일에 열성적이다	거짓말을 잘한다
다방면에 재능과 영감이 있다	경쟁적이다
상상력이 풍부하다	과로한다
아이디어가 반짝인다	무리하게 확장한다
솔선수범한다	새로운 것을 지나치게 추구한다
이해가 빠르고 직관력이 있다	지나치게 몰입한다
자신감이 있고 가능성이 열려 있다	변화가 너무 크다
지적 관심이 많다	쉽게 상처받는다
창의적이고 독창적이다	다방면에 관심이 커 산만하다
통찰력이 뛰어나고 안목이 넓다	즉흥적이다
혁신적이다	현실감이 떨어진다

6) 다른 유형이 바라본 창조적 유형

- 창조적 유형은 다른 사람의 태도를 민감하게 판단하기보다는 이해하려고 한다.
- 창조적 유형은 반복적인 일이나 일상적인 일로 스트레스를 받는다.
- 창조적 유형은 사람을 다루는 솜씨가 뛰어나다.
- 창조적 유형은 상담이나 교육, 목회, 문학, 예술 등의 일에 잘 어울릴 것 같다.
- 창조적 유형은 새로운 아이디어나 관심거리에 충실하려고 한다.
- 창조적 유형은 새로운 지식이나 책이나 표현에 관심이 크고, 열성이 있다.

- 창조적 유형은 세부적이고 섬세하게 보지 않고 큰 틀에서 접근한다.
- 창조적 유형은 열성적이다.
- 창조적 유형은 일의 우선 순위를 정하는 데 미숙하다.
- 창조적 유형은 자신의 신념이나 느낌이 와 닿으면 몰입하는 경향이 있다.
- 창조적 유형은 자신이 가지고 있는 지식이나 재주를 가지고 설득한다.
- 창조적 유형은 자신이 관심 가는 일만 시도하고 그 일에만 열정적이다.
- 창조적 유형은 즉흥적이면서도 창의적이다.
- 창조적 유형은 지나치게 확장하고, 너무 많은 일들을 벌이는 경향이 있다.
- 창조적 유형은 하던 일을 끝맺기도 전에 새로운 것에 관심을 보인다.

7) 창조적인 유형과 잘 지내기 위한 방법

- 그들이 새로운 아이디어에 관심을 보이고 자신의 생각을 표현할 때 잘 들어준다.
- 그들의 표현력에 대해 긍정적인 반응을 보여준다.
- 그들은 자유주의자 기질이 강하므로 틀에 가두려 하지 않는다.
- 그들의 의상이나 액세서리에 관심을 보여준다.
- 그들은 구조화와 틀을 부담스럽게 여기므로 명령이나 잔소리를 하지 않는다.
- 그들은 문학적, 예술적, 감각적인 기능이 뛰어나므로 적극적으로 인정해준다.
- 허무맹랑한 이야기나 과도한 표현도 그들에게는 진지한 내용이므로 귀담아 들어준다.
- 그들은 자신이 관심을 가지고 있는 사물이나 사람에 대해 수용적이다. 당신도 그 안에 흡수 될 수 있게 노력한다.
- 그들은 이상적인 것을 선호한다. 그들의 꿈에 동참한다.
- 그들은 자신이 믿는 사람이나 대의명분을 위해서 기꺼이 희생한다. 그들의 희생정신을 격려 해준다.

8) 창조적인 유형의 정신건강

강박증, 경계선적 인격장애(경계성 인격장애), 공항증, 과도한 물질주의, 도피, 물 질남용, 방탕, 조울증, 충동적, 히스테리성 인격장애.

9) 창조적 유형과 다른 유형의 관계

창조적 유형의 사람이 다른 유형을 어떻게 생각하는지 알아본다.

배려하는 유형

❶ **내가 배려하는 유형을 좋아하는 이유는?**

- 그들은 따뜻한 마음을 가지고 있고, 나의 재능을 이해하고 격려해주기 때문이다.
- 그들은 내가 창의성을 마음껏 발휘하도록 칭찬해주기 때문이다.
- 그들은 감수성이 발달하였고, 배려하는 모습이 나와 닮았기 때문이다.
- 그들은 내가 미처 생각하지 못한 부분, 즉 타인을 배려하고 봉사하는 능력이 있기 때문이다.
- 그들은 표현하지 않으면서도 사람의 마음을 읽고 묵묵히 도와주기 때문이다.

❷ **내가 배려하는 유형을 싫어하는 이유는?**

- 그들은 사람의 마음을 꿰뚫는 능력이 있지만 그것을 말하지 않기 때문이다.
- 그들은 무모하게 자기 자신을 희생하면서도 누군가를 도와야 한다고 생각하기 때문이다.
- 그들은 무조건적으로 착해야 한다고 생각하기 때문이다.
- 그들은 체계적이지 못하고 지나치게 자유분방하기 때문이다.

특별한 유형

❶ **내가 특별한 유형을 좋아하는 이유는?**

- 그들의 창조적인 모습과 변화 변동을 추구하는 모습이 나와 비슷하기 때문이다.
- 그들의 예민한 감수성과 솔직한 성격이 나와 닮았기 때문이다.
- 그들의 꿈과 희망적인 모습이 나의 염세적인 생각을 자극하기 때문이다.
- 그들의 표현능력과 감각이 나와 일맥상통하기 때문이다.
- 그들의 계획적이고 원리원칙적인 모습이 나에게 자극제가 되기 때문이다.

❷ **내가 특별한 유형을 싫어하는 이유는?**

- 그들은 쉽게 지치고 염세적이어서 나의 열정에 찬물을 끼얹기 때문이다.
- 그들은 쉽게 토라지고 상처받아 나를 위축시키기 때문이다.

- 그들은 자기중심적이어서 늘 자신을 바라보아주길 원하기 때문이다.
- 그들은 자신이 하고 싶을 때만 일하기 때문이다.
- 그들의 엉뚱한 상상력과 자기 포장이 솔직한 나에게는 답답하게 느껴지기 때문이다.

여유로운 유형

❶ 내가 여유로운 유형을 좋아하는 이유는?

- 그들은 편안하고 안정된 분위기를 만들어주기 때문이다.
- 그들은 상대방의 이야기를 부담 없이 들어주고 대화를 이끌어 나가기 때문이다.
- 그들은 자신이 하려는 일을 끈기 있고 고집스럽게 밀고 나가기 때문이다.
- 그들은 대인관계가 여유롭고 잘 적응하며 분위기를 잘 이끌어가기 때문이다.
- 그들은 맡겨주고 인정해주면 자기 주관대로 끝까지 밀고 나가는 배짱이 있기 때문이다.

❷ 내가 여유로운 유형을 싫어하는 이유는?

- 그들은 화나거나 불만이 있으면 아무 것도 안하거나 잠을 자는 경우가 많기 때문이다.
- 그들은 진지하게 이야기해도 무관심하거나 웃어 넘길 때가 많기 때문이다.
- 그들은 겉으로는 여유로워 보이고 내 의견을 따르는 것 같지만, 속으로는 자신의 생각이 확고하게 잡혀 있기 때문이다.
- 그들은 아집과 고집이 매우 강해서 가끔은 벽창호 같기 때문이다.
- 그들은 내 이야기를 들어주기보다는 자신의 생각과 말만 되풀이할 때가 많기 때문이다.

완벽한 유형

❶ 내가 완벽한 유형을 좋아하는 이유는?

- 그들은 자신에게 맡겨진 일들은 확실하게 마무리하기 때문이다.
- 그들은 계획적이고 구체적이어서 어떤 일이든 한눈에 알아볼 수 있게 설명하기 때문이다.
- 그들은 내가 창의적으로 생각해낸 것들을 현실화하는 데 큰 역할을 하기 때문이다.
- 그들은 절제력이 있고 손해 보는 상황을 만들지 않기 때문이다.
- 그들은 현실적이어서 실용화하고 구체화시키는 능력이 탁월하기 때문이다.

❷ 내가 완벽한 유형을 싫어하는 이유는?

- 그들은 지나치게 꼼꼼하고 섬세하여 새로운 것을 창조하는 데 오히려 방해가 되기 때문이다.
- 그들은 깐깐하고 꼬장꼬장하여 너무 많은 설명을 하기 때문이다.
- 그들은 창조성과 창의성이 떨어져 답답해 보이기 때문이다.
- 그들은 어떤 일을 하든 반복적으로 질문하고 확인하기 때문이다.
- 그들은 새로운 것을 개발하거나 창조하는 능력이 떨어지기 때문이다.

생각하는 유형

❶ 내가 생각하는 유형을 좋아하는 이유는?

- 그들은 무엇이 현실적인지를 정확하게 인식하고 있기 때문이다.
- 그들의 새로운 생각이나 감각은 나를 뛰어넘기 때문이다.
- 그들은 창조적이고 창의적이며, 아이디어가 기발하기 때문이다.
- 그들은 신중하고 계획적인 모습을 보여주기 때문이다.

❷ 내가 생각하는 유형을 싫어하는 이유는?

- 그들은 자신이 하고 싶은 일에만 참여하기 때문이다.
- 그들은 매사에 자신감이 없고 적극성이 없어서 답답하기 때문이다.
- 그들은 생각과 아이디어는 많은데 그것을 현실로 만드는 재주가 부족하기 때문이다.
- 그들은 자기중심적이고 현실적이어서 나의 모험적인 면을 두려워하기 때문이다.
- 그들은 새로운 변화를 두려워하고 뒤에서 잔소리만 하기 때문이다.

보여주고 싶은 유형

❶ 내가 보여주고 싶은 유형을 좋아하는 이유는?

- 그들은 굳세고 힘이 있지만 무모하게 행동하지 않기 때문이다.
- 그들은 주변 상황을 위해 자신의 감정을 조절하려고 노력하기 때문이다.
- 그들은 감수성이 예민하고 감각적이어서 예술, 기술 등에 두각을 나타내기 때문이다.
- 그들은 칭찬하고 맡겨주면 자신 있게 밀고 나가는 추진력이 있기 때문이다.
- 그들은 독립성이 있고 자유로운 행동과 자주적이기 때문이다.

❷ 내가 보여주고 싶은 유형을 싫어하는 이유는?

- 그들은 행동이 느리고 자만심이 지나치게 강하기 때문이다.

- 그들은 충동적이고 감정적이기 때문이다.

- 그들은 자존심을 지나치게 앞세우고 예민하기 때문이다.

- 그들은 칭찬에 지나치게 민감하고, 경솔하게 굴거나 격분할 때가 많기 때문이다.

- 그들은 독단적으로 행동하고 마음 속에 숨은 욕망이 강하기 때문이다.

창조적 유형

❶ 내가 창조적 유형을 좋아하는 이유는?

- 그들은 통찰력이 있고 감수성이 뛰어나기 때문이다.

- 그들은 창조적인 감각이 있기 때문이다.

- 그들은 표현력과 예술적 감각이 뛰어나기 때문이다.

- 그들은 낭만적이고 변화에 대처하는 능력이 뛰어나기 때문이다.

- 그들은 상상력이 넘쳐나고 순간적인 대처능력이 뛰어나기 때문이다.

❷ 내가 창조적 유형을 싫어하는 이유는?

- 그들은 자기가 하고 싶은 것에 지나치게 몰입하기 때문이다.

- 그들은 야심이 매우 크고 하려는 것이 너무 많기 때문이다.

- 그들은 말재주가 너무 뛰어나고 비위를 잘 맞추기 때문이다.

- 그들은 잔재주가 많고 모략이 뛰어나기 때문이다.

- 그들은 신중함이 지나쳐서 때로는 지나치게 관찰하고 분석하기 때문이다.

어울리는 유형

❶ 내가 어울리는 유형을 좋아하는 이유는?

- 그들은 사람에게 집착하지 않고 웬만한 실수에도 신경 쓰지 않기 때문이다.

- 그들은 관계맺기를 좋아하고 움직이는 것을 좋아하여 대인관계가 무난하기 때문이다.

- 그들은 계산능력과 수리감각이 뛰어나며 중후하기 때문이다.

- 그들은 긍정적이고 희망적어서 늘 명랑한 성격으로 주변을 즐겁게 해주기 때문이다.

- 그들은 명쾌하고 적극적이며 세상에 대해 쉽게 만족하기 때문이다.

❷ 내가 어울리는 유형을 싫어하는 이유는?

- 그들은 목표의식이 뚜렷하지 않고 어울려 노는 데 관심이 크기 때문이다.
- 그들은 위급상황에서도 지나치게 긍정적이고 희망적이기 때문이다.
- 그들은 세상사를 너무 쉽게 생각하고 흥미 위주로만 바라보는 경향이 있기 때문이다.
- 그들은 겉으로 보기에는 호탕하지만 결정적인 순간에 모험을 두려워하고 인색하기 때문이다.
- 그들은 바른 것을 좋아하고 현실을 중시하지만, 미래에 대한 대책이 부족하기 때문이다.

지배하는 유형

❶ 내가 지배하는 유형을 좋아하는 이유는?

- 그들은 책임감이 강하고 추진력이 있기 때문이다.
- 그들은 적극적이고 행동적이어서 시원시원하기 때문이다.
- 그들은 성공에 대한 강한 열망이 있고 편안하기 때문이다.
- 그들은 머뭇거리지 않고 적극적으로 힘을 합쳐 끌고 나가기 때문이다.
- 그들은 부지런하고 적극적이며 일을 맡기면 완성해내는 능력이 있기 때문이다.

❷ 내가 지배하는 유형을 싫어하는 이유는?

- 그들은 무슨 일이든 명령적이며 목소리를 높이기 때문이다.
- 그들은 강박적으로 사람들을 관리하기 때문이다.
- 그들은 나를 누르고 복종시키려는 경향이 강하면서도 본인은 억압을 강하게 거부하고 지배 받기 싫어하기 때문이다.
- 그들은 조직이나 규칙을 격렬하게 거부하기 때문이다.

충성하는 유형

❶ 내가 충성하는 유형을 좋아하는 이유는?

- 그들은 사람들을 보호하고 교육하고 육성하기 때문이다.
- 그들은 타인을 배려하고 한번 맡으면 신임하고 지켜주려고 하기 때문이다.

- 그들은 포용적이고 관용적이며 가정을 중요하게 생각하기 때문이다.

- 그들은 온순하고 선량하며 안정적이기 때문이다.

- 그들은 부모나 윗사람과 친밀한 관계를 맺기 때문이다.

❷ 내가 충성하는 유형을 싫어하는 이유는?

- 그들은 의지하려고 하고, 추진력이나 배짱이 부족하기 때문이다.

- 그들은 자신의 감정을 쉽게 표현하지 않고 감추기 때문이다.

- 그들은 자발적이지 않고 수동적이며 게으르기 때문이다.

- 그들은 주변에 누군가가 도와줄 거라 믿고 엉뚱한 일을 벌이는 경우가 있기 때문이다.

- 그들은 부주의하고 보수적이며 손해 보기 싫어하기 때문이다.

2 교육과 직업 적성

1) 창조적 유형의 아이들

창조적 유형의 아이들은 자신이 좋아하는 일은 계획을 세우고 그 계획대로 잘 지켜 나간다. 정확하게 표현하고, 호기심이 많고 재주도 많으며, 자신이 하고자 일에는 늘 적극적이며, 성적도 우수하다. 이들은 부모의 기분에 많은 영향을 받고, 특별히 관심받고 싶어서 착한 일을 많이 한다. 숙제나 준비물을 화려하고 예쁘게 꾸미려고 노력하고, 예능 방면에 소질이 많다. 즉흥적이지만 창의성과 다양한 재능과 재주를 발휘하고, 최고로 잘하려고 노력하다가 병이 날 때도 있다.

또한 이들은 모든 것에 의미를 부여하는데, 특히 가지고 있는 물건마다 의미를 부여하거나 이야기를 만들어낸다. 예를 들어, 선물을 받으면 포장지를 버리지 않고 모아놓고 그것을 볼 때마다 선물에 대해 이야기한다. 그러다 보니 필요 없는 물건이 방안 가득 쌓이기도 한다. 이렇게 물건이나 정보를 수집하기 좋아하고, 물건들을 여기저기 펼쳐놓기에 주위가 산만하다고 혼나기도 하고, 여러 가지를 동시에 하려다 야단을 맞기도 한다. 그러나 칭찬해주면 몰입하여 열심히 한다.

양의 기운이 많은 창의적인 유형은 사교적이고 인사성이 밝기 때문에 주위사람들로부터 많은 사랑을 받는다. 집에 손님이나 친구들이 오는 것을 좋아하고, 자기

가 초대받아 가는 것도 좋아한
다. 어릴 적부터 아는 사람들, 친
구들, 친척들에게 전화나 안부편지
등을 잘 보내므로 주위사람들과 좋은 관계
를 유지한다.

　이들은 늘 자신만만하고 활발하며, 어울
려 노는 것을 좋아하고, 자기 의견을 쉽게
표현할 줄 안다. 그렇다고 꼭 이치에 맞는 말만 하는 것은 아닌데, 자기 논리가 강
하고 타인이 들으면 꼭 맞는 말처럼 들린다. 친구들과 어울려 공부할 때는 집중하
지 않고 반은 놀면서 하므로 제대로 공부가 안 된다. 그런데도 걱정 없는 아이처
럼 태평하고 산만하다. 숙제를 미루다 막판에 몰아서 하는 경우가 많고, 호기심을
자극하는 숙제, 활동적이고 창의적인 과제를 더 좋아한다.

2) 창조적인 아이들의 교육방법

창조적 유형의 아이들은 자신만이 가지고 있는 특별한 방법으로 공부계획을 세
운다. 따라서 부모는 대화를 통해 아이가 원하는 학습목표와 계획을 정확하게 파
악한 후, 보조 역할을 하는 데 초점을 두어야 한다. 이들은 기본적으로 심성이 착
하고 여리면서 자신만의 생각이 있으므로 부모가 관심을 가지고 대화를 나누면
쉽게 의사소통이 될 것이다.

　이 아이들이 비록 새로운 아이디어로 똘똘 뭉쳐 있지만 부모 입장에서는 아이
가 착하고 약간은 어수룩하다고 느낄 수 있다. 또한 때때로 철없고 또래 아이들보
다 부족하다고 생각할 수도 있다. 특히 보수적인 부모나 교사는 이러한 아이들의
장점을 파악하는 데 어려움이 있을 수 있으니 섬세하게 살펴보아야 한다.

3) 창조적 유형의 부모

창조적 유형의 부모는 감각적이고 창의력과 표현력이 발달하였다. 이들은 앞으
로의 가능성에 초점을 두고 희망적으로 생각한다. 또한 원만하고 개방적이며, 재
치 있고 미래적이며, 영리하고 말을 잘한다. 자녀들에게도 표현을 많이 해주고 자

상하기 때문에 아이들 역시 부모와 함께 있으면 기분이 좋다. 실천하는 행동파로 세상을 낙관적으로 살아가지만, 간혹 허무맹랑한 발상과 행동으로 자녀들에게 두려움을 주거나 혼란을 초래할 수 있다. 또한 인생을 먹고 즐기는 데 중점을 두다 보니 계획대로 되지 않고 어긋날 수도 있다.

　창조적 유형의 부모 밑에서 자란 사람은 자유롭고 희망적인 부모 때문에 변화를 두려워하지 않고 창조적으로 생각할 수 있었다고 한다. 다만, 때때로 허무맹랑한 발상을 주입시키거나 그런 행동을 하여 당황스러울 때도 있었다고 한다.

4) 창조적 유형의 직업 적성
창조력과 창의력이 필요하고, 재치와 아이디어가 필요한 직업에 잘 어울린다.

- **학과** : 연예방송과, 언론정보학과, 신문방송학과, 국문과, 종교학과, 상담학과, 의상학과, 심리학과, 성형외과, 광고학과, 레크레이션학과, 항공학과.
- **직업** : 저널리스트, 영화평론가, 음악평론가, 문학평론가, 광고기획, 성직자, 목회자, 작가, 문인, 발명가, 컨설턴트, 교육가, 종교인, 음식업, 상담가, 사회복지사, 법조인, 예술가, 대변인, 교수, 아나운서, 연예인, 방송작가, 기자, 샐러리맨.

9. 어울리는 유형

1 기본 성향

1) 형태적 특징
❶ 사주팔자
① 사주팔자의 육친 중 재성 발달인 사람.
② 사주팔자의 육친 중 재성 과다인 사람.
③ 도화살이 많은 사주.

예1) 1966년 4월 24일(음) 오(午)시생

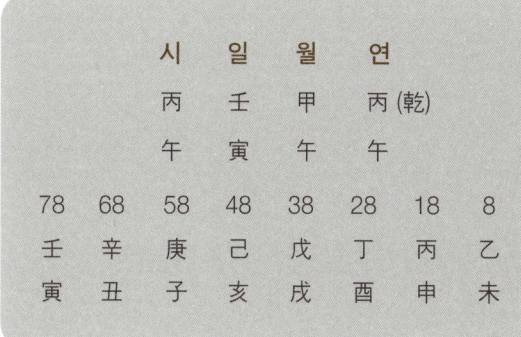

		시	일	월	연		
		丙	壬	甲	丙 (乾)		
		午	寅	午	午		
78	68	58	48	38	28	18	8
壬	辛	庚	己	戊	丁	丙	乙
寅	丑	子	亥	戌	酉	申	未

위 사주는 수(水) 일간이고, 목(木) 식상은 25점, 화(火) 재성은 75점, 토(土) 관성은 0점, 금(金) 인성은 0점, 수(水) 비겁은 10점이다. 사주 주인공은 전 국회의원 임종석이다.

예2) 1972년 4월 28일(양) 해(亥)시생

		시	일	월	연		
		乙	己	甲	壬 (坤)		
		亥	丑	辰	子		
78	68	58	48	38	28	18	8
丙	丁	戊	己	庚	辛	壬	癸
申	酉	戌	亥	子	丑	寅	卯

위 사주는 토(土) 일간이고, 목(木) 관성은 35점, 화(火) 인성은 0점, 토(土) 비겁은 40점, 금(金) 식상은 0점, 수(水) 재성은 35점이다. 사주 주인공은 전 동국대 미대 교수 신정아이다.

POINT

어울리는 유형

사주팔자의 육친 중에서 재성 발달·과다 사주, 도화살이 많은 사주, 성격성명학의 편재 유형이 어울리는 유형이다.

예3) 1968년 11월 5일(음) 축(丑)시생

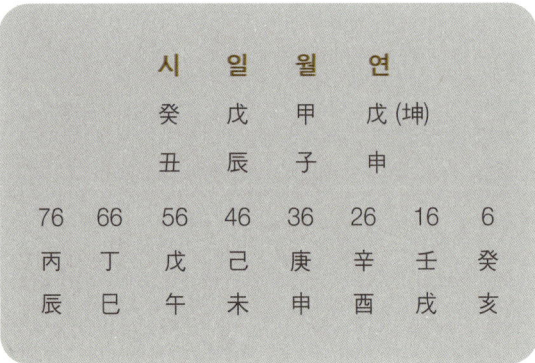

시	일	월	연
癸	戊	甲	戊 (坤)
丑	辰	子	申

76	66	56	46	36	26	16	6
丙	丁	戊	己	庚	辛	壬	癸
辰	巳	午	未	申	酉	戌	亥

위 사주는 토(土) 일간이고, 목(木) 관성은 10점, 화(火) 인성은 0점, 토(土) 비겁은 35점, 금(金) 식상은 10점, 수(水) 재성은 55점이다. 사주 주인공은 고 최진실이다.

예4) 1966년 12월 14일(음) 술(戌)시생

시	일	월	연
壬	戊	辛	丙 (乾)
戌	子	丑	午

74	64	54	44	34	24	14	4
己	戊	丁	丙	乙	甲	癸	壬
酉	申	未	午	巳	辰	卯	寅

위 사주는 토(土) 일간이고, 목(木) 관성은 0점, 화(火) 인성은 20점, 토(土) 비겁은 25점, 금(金) 식상은 10점, 수(水) 재성은 55점이다. 사주 주인공은 무술감독 정두홍이다.

예5) 1951년 10월 27일(음) 축(丑)시생

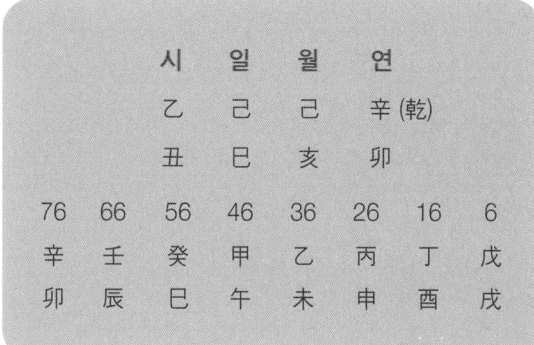

시	일	월	연
乙	己	己	辛 (乾)
丑	巳	亥	卯

76	66	56	46	36	26	16	6
辛	壬	癸	甲	乙	丙	丁	戊
卯	辰	巳	午	未	申	酉	戌

위 사주는 토(土) 일간이고, 목(木) 관성은 20점, 화(火) 인성은 15점, 토(土) 비겁은 20점, 금(金) 식상은 10점, 수(水) 재성은 45점이다. 사주 주인공은 한나라당 최고대표위원 정몽준이다.

예6) 1953년 2월 29일(음) 진(辰)시생

시	일	월	연
丙	癸	丙	癸 (乾)
辰	巳	辰	巳

72	62	52	42	32	22	12	2
戊	己	庚	辛	壬	癸	甲	乙
申	酉	戌	亥	子	丑	寅	卯

위 사주는 수(水) 일간이고, 목(木) 식상은 20점, 화(火) 재성은 45점, 토(土) 관성은 25점, 금(金) 인성은 0점, 수(水) 비겁은 20점이다. 사주 주인공은 대법원 대법관이다.

예7) 1972년 10월 2일(양) 묘(卯)시생

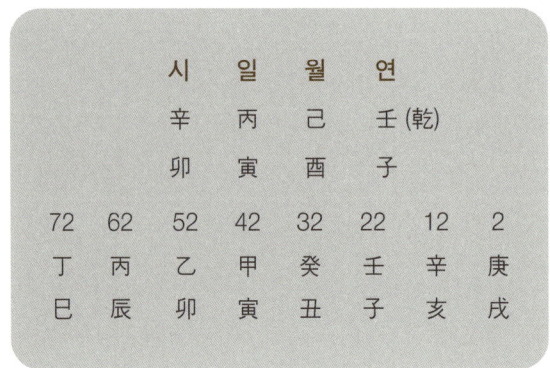

시	일	월	연
辛	丙	己	壬 (乾)
卯	寅	酉	子

72	62	52	42	32	22	12	2
丁	丙	乙	甲	癸	壬	辛	庚
巳	辰	卯	寅	丑	子	亥	戌

위 사주는 화(火) 일간이고, 목(木) 인성은 30점, 화(火) 비겁은 10점, 토(土) 식상
은 10점, 금(金) 재성은 40점, 수(水) 관성은 20점이다. 사주의 주인공은 개그맨
윤택이다.

❷ 성격성명학
성격성명학의 편재 유형.

예1) 원희룡(1964년 1월 3일 음력)

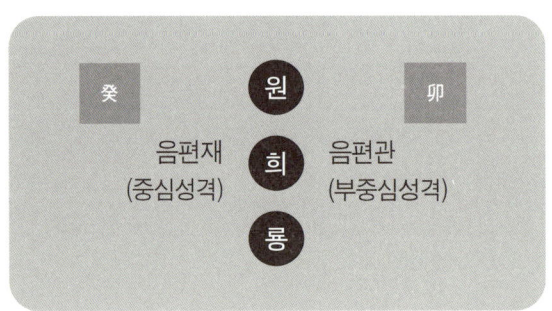

예2) 김현주(탤런트 한가인, 1982년 2월 2일 양력)

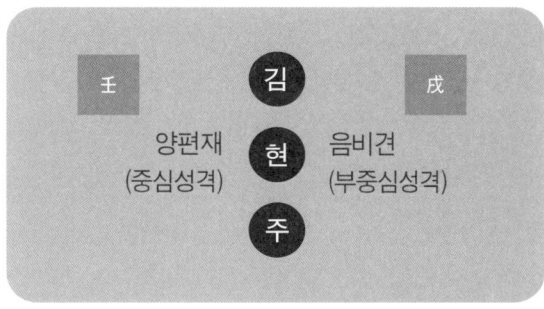

예3) 정주영(1915년 11월 25일 양력)

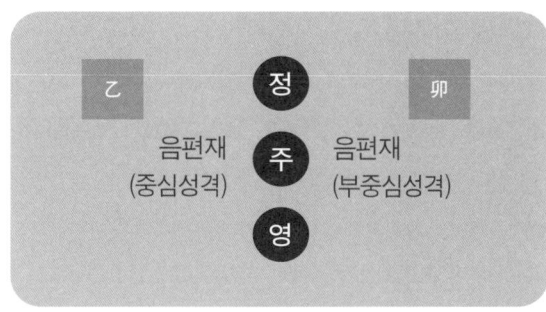

예4) 이지연(1975년 8월 8일 양력)

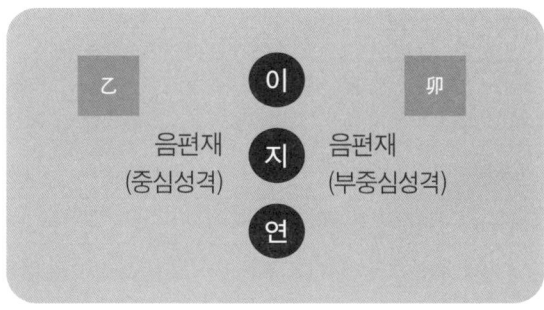

국회의원 원희룡, 탤런트 한가인(본명 김현주), 현대그룹 창업자 고 정주영, KBS 아나운서 이지연은 모두 성격성명학의 중심성격이 편재이다. 음양은 각각 다르지만 모두 어울리는 유형에 속한다.

2) 어울리는 유형의 성격

- 고통을 회피하고, 농담이나 밝은 이야기를 좋아하며, 슬픈 일들은 빨리 잊고 싶어한다.

- 무엇이든 즐거운 것이 좋고, 좋은 일은 더욱 더 좋게 만들어야 한다.

- 겉으로는 밝아 보이고 재미있어 보이지만, 마음 속에는 심각하고 어두운 면이 있다.

- 계획적이고 구체적인 것보다는 전체적인 큰 틀로 보고, 창조적인 아이디어를 잘 생각해낸다.

- 다양한 것들을 쉽고 빠르게 배우기 때문에 자신이 정말 해야 할 것이 무엇인지 결정하는 데 어려움을 겪는다.

- 동시에 여러 가지 생각을 하거나 일을 하는 경우가 있다.

- 명랑하고 모임에서 잘 어울리며, 낙천적이고 명랑한 모습이다.

- 빠르게 배우고 가뿐하게 대처한다.

- 사람들을 즐겁게 해주고 기쁘게 해주는 일을 좋아한다.

- 자신과 같은 취미가 있거나 자신과 어울린다는 이유만으로 그 사람을 좋아한다.

- 사람을 만나거나 놀이와 관련해 바삐 움직이는 것이 좋다

- 사람이나 일이 더 이상 재미 없다고 생각되면 금세 싫증을 느낀다.

- 심각하고 우울한 것을 즐거움이나 오락으로 감추거나 해소하려고 한다.

- 일단 누군가와 관계를 맺을 때 매우 충실한 편이지만, 그 관계가 끝나면 금방 잊어버린다.

- 여행이나 음식이나 음악이나 영화 등에 취미를 갖고, 재미있고 멋진 삶을 살고 싶어한다.

- 지루하거나 따분한 것은 견디기 힘들어한다.

- 집중하지 못하고 산만하다.

- 싫은 일은 되도록 하기 싫다.

- 형편에 맞게 돈을 쓰지 못한다.

- 편안함이나 안정감보다는 변화나 다양함이 좋다.

- 한 가지 주제를 깊이 연구하기보다는 무엇이든 초기 단계에서 만들어내는 객관적인 내용이 좋다.

난 왜 집중을 못할까?

- 항상 아이디어가 넘치고 즉흥적이다.

- 호기심과 모험심이 많아 흥미롭고 새로운 것에 대한 관심이 크다.

- 늘 배우고 재미를 추구한다.

- 다른 사람의 감정보다 자신의 행복이 우선이다.

- 모든 일은 좋은 방향으로 갈 것이라고 생각하고, 미래에 대해 긍정적이고 열정적이다.
- 즐거움을 위한 시간은 언제든지 있다.

3) 어울리는 유형의 표현 단어
관계성, 기획성, 매너, 보류, 본능적, 사교성, 산만함, 새로움, 순발력, 안정성, 이해력, 임기응변, 정열적, 즐거움, 타협성, 포용력, 행복함, 화합.

4) 어울리는 유형의 생활모습
어울리는 유형은 느긋하고 관대한 성품으로 사람이나 사건에 대해 선입관을 가지지 않으며, 개방적이고 관용적이다. 있는 그대로 받아들이기 때문에 갈등이나 긴장을 잘 조정한다. 규범적이지 않고, 누구나 만족스럽고 인정할 만한 정답을 내놓기 위하여 모색하고 타협하며, 적응하는 힘이 있으며, 현재 상황 그대로 보고 즐기고 해결하는 능력이 있다. 친구, 사람과 어울림, 운동, 음식, 다양한 활동, 오락 등 오감으로 보고 듣고 느끼고 만지는 등, 할 수 있는 한 생활의 모든 것을 즐기고 관계를 맺으려고 한다.

5) 어울리는 유형의 긍정적 심리와 부정적 심리
어울리는 유형 또한 다른 유형과 마찬가지로 긍정적 심리와 부정적 심리가 모두 나타난다.

● **어울리는 유형의 긍정적 심리와 부정적 심리**

긍정적 심리	부정적 심리
감정에 충실하고 열성적이다 유쾌하고 낙천적이다 자발적이고 능동적이다 다른 사람에게 관심이 크고 잘 돕는다 다양한 분야에 관심이 있다 매력적이고 부드럽다	머리를 잘 굴린다 산만하고 업무를 소홀히한다 소유욕이 강하고 물질적이다 손해 보는 것을 싫어한다 쉽게 흥분하고 절제를 못한다 이성에게 집착한다

긍정적 심리	부정적 심리
사람들과 잘 어울린다	자기 파괴적이다
상상력이 풍부하다	재미를 위해 모험을 하고, 재미에 흥분한다
자신감이 있다	지나치게 무례하다
즐거운 일을 계획한다	집중력이 부족하다
행복을 중요하게 생각한다	책임과 고통을 회피한다
호기심이 많다	충동적이고 반항적이다

6) 다른 유형이 바라본 어울리는 유형

- 어울리는 유형은 계획을 세워놓고도 그대로 실천하는 것이 힘들어 보인다.

- 어울리는 유형은 새로운 음식, 새로운 취미 등 새로운 것에 흥미를 보인다. 예를 들어, 평소 가던 식당 옆에 새롭고 이국적인 이탈리안 레스토랑이 생기면 그 곳에 관심을 보인다.

- 어울리는 유형은 문제를 회피하거나, 아무 문제가 없는 것처럼 행동하는 경향이 있다.

- 어울리는 유형은 자신의 감정을 쉽게 드러내지 않고 마음 속에 감추고 있다.

- 어울리는 유형은 자신의 즐거움과 여유로움을 방해하는 사람을 가혹할 정도로 몰아붙여 상처를 준다.

- 어울리는 유형은 매우 긍정적이고 주위사람들을 즐겁게 해주기를 좋아한다.

- 어울리는 유형은 친절하고 매력적이다.

- 어울리는 유형은 모험을 좋아하지만, 반드시 그 모험이 얼마나 위험한지 파악한다. 대범해 보이지만 내면에는 소심함, 안정성, 보수성이 자리잡고 있다.

7) 어울리는 유형과 잘 지내기 위한 방법

- 그들이 가진 낙천적이고 자발적인 모습 그리고 변화의 다양성을 인정해준다.

- 매사에 가능성을 열어놓고, 계획은 언제든지 변경할 수 있어야 한다.

- 새로운 것에 대한 그들의 열정을 높이 평가해준다.

- 그들의 이야기를 잘 들어주고, 그들과 즐겁고 흥미로운 대화를 나눈다.

- 그들과 재미있고 유쾌한 활동과 모험을 즐긴다.

- 부정적인 감정에 대해서 이야기하고 분석하는 것은 자제한다.

- 그들은 쉽게 지루해하므로 비슷한 이야기를 반복하지 않는다.
- 그들은 자기 방어본능이 강하므로 길게 비판하지 않는다.
- 그들은 행복과 즐거움에 치중하는 타입이므로 똑같은 일정에 묶어두지 않는다.
- 그들은 일처리에서 매우 변화가 심하고 끝마무리가 약하므로 격려하며 이끌어준다.

8) 어울리는 유형의 정신건강

고혈압, 독립적 파괴자, 분리불안장애, 자기애적 인격장애, 자살, 과대망상증, 정신분열증, 조울증, 화병, 히스테리성 인격장애.

9) 어울리는 유형과 다른 유형의 관계

어울리는 유형이 다른 유형을 어떻게 생각하는지 알아본다.

배려하는 유형

❶ **내가 배려하는 유형을 좋아하는 이유는?**

- 그들은 항상 나를 지켜봐주고 관심을 가져주기 때문이다.
- 그들은 자유로운 성격으로 나의 자유롭고 싶은 마음을 이해해주기 때문이다.
- 그들은 겉으로 드러나지 않고 숨겨져 있는 나의 능력을 알아주고, 그 능력을 발휘할 수 있도록 도와주기 때문이다.
- 그들은 부드러운 성격으로 편안하게 자신의 감정을 보여주며, 내 감정 또한 표현할 수 있도록 도와주기 때문이다.
- 그들은 자신의 관심사뿐만 아니라 다른 분야에도 주의를 기울이기 때문이다.

❷ **내가 배려하는 유형을 싫어하는 이유는?**

- 그들은 소수의 사람보다는 다수의 사람들에게 관심을 받으려 하기 때문이다.

- 그들은 자신감이 부족하고, 원하는 것이 있어도 직접 말하지 않아 답답하기 때문이다.

- 그들은 듣기 좋은 말로 나를 구속하고 내 행동을 제한하기 때문이다.

- 그들은 자신의 생활에 충실하기보다는 내게 집착하기 때문이다.

- 그들은 자신의 말을 잘 들어주지 않거나 의견을 받아들이지 않으면 우울해하며 화를 내기 때문이다.

특별한 유형

❶ 내가 특별한 유형을 좋아하는 이유는?

- 그들은 상상력이 풍부하고, 자신의 내면세계를 다른 사람과 공유하기를 원하기 때문이다.

- 그들은 평범한 삶에서도 특별한 일들을 만들고 누릴 줄 알기 때문이다.

- 그들은 집단행동을 좋아하지 않고 개성 있는 행동을 좋아하기 때문이다.

- 그들은 단순하고 재미없는 일을 하기보다는 강렬한 쾌락과 열정을 즐기기 때문이다.

- 그들은 내가 남다른 일들을 할 수 있도록 방향을 제시해주기 때문이다.

❷ 내가 특별한 유형을 싫어하는 이유는?

- 그들은 성격이 느긋하여 지나치게 늦장을 부리기 때문이다.

- 그들은 다른 사람을 자기 마음대로 움직이려고 하기 때문이다.

- 그들은 감성적인 성격으로 작은 일도 크게 만들어 걱정하기 때문이다.

- 그들은 내 일을 이성적으로 판단하지 못하고 감정적으로 판단해 방해하기 때문이다.

- 그들은 즐거움을 추구하는 데 과다한 열정을 쏟기 때문이다.

여유로운 유형

❶ 내가 여유로운 유형을 좋아하는 이유는?

- 그들은 가치를 높이는 일을 지지하고 긍정적으로 평가하기 때문이다.

- 그들은 유머감각이 있어서 함께 있으면 즐겁기 때문이다.

- 그들은 직접적인 충돌을 싫어하는 성격으로 문제를 조용히 해결하기를 바라기 때문이다.

- 그들은 느긋한 성격으로 일이 더디게 진행되어도 화를 내지 않기 때문이다.

- 그들은 나에게 관심을 가져주고, 내 마음을 잘 이해해주며, 취미활동을 같이 하기 때문이다.

❷ 내가 여유로운 유형을 싫어하는 이유는?

• 그들은 유달리 고집스럽기 때문이다.

• 그들은 융통성이 부족하고 일상적인 변화조차도 싫어하기 때문이다.

• 그들은 게으른 성격으로 자신이 맡은 일도 하지 않고, 시작은 했지만 끝까지 마무리 못한 일들이 많기 때문이다.

• 그들은 생각이 너무 많아서 일에 대해 생각만 할 뿐 행동하지 않고, 결론짓기를 어려워하기 때문이다.

• 그들은 행동이 너무 느리기 때문이다.

완벽한 유형

❶ 내가 완벽한 유형을 좋아하는 이유는?

• 그들은 부지런한 성격으로 세금 관련 업무 등 잡다한 일들을 귀찮아하지 않고 대신 해주기 때문이다.

• 그들은 정해놓은 원칙이나 이론에 충실하고, 명분 있는 일에 적극적이기 때문이다.

• 그들은 열정이 많고 의지가 굳은 성격으로 계획한 일은 포기하지 않고 끝까지 밀고 나가기 때문이다.

• 그들은 여유로운 성격으로 나의 바쁜 생활을 한 박자 쉬어 갈 수 있도록 시간적 · 공간적 여유를 제공해주기 때문이다.

• 그들은 안정되면서도 절제력 있는 성격으로 지나치게 낙천적으로 풀어져 있는 내가 적당히 긴장하게 해주기 때문이다.

❷ 내가 완벽한 유형을 싫어하는 이유는?

• 그들은 내가 무엇을 해야 하는지, 어떤 방식으로 살아야 하는지 간섭하기 때문이다.

• 그들은 세상의 불합리한 모습을 자신의 방식대로 개선해야 한다고 생각하기 때문이다.

• 그들은 인생을 즐겁게 살기보다는 비관적으로 생각하기 때문이다.

• 그들은 자기 멋대로 말하고 행동하며, 나를 비판적으로 판단하여 내가 잘못했다고 생각하게 만들기 때문이다.

❶ 내가 생각하는 유형을 좋아하는 이유는?

• 그들은 집중력이 있어서 일을 할 때 몰입하기 때문이다.

• 그들은 자기 마음대로 나를 좌우하려고 하지 않기 때문이다.

• 그들은 외면에 드러나는 부분보다는 내면에 담겨 있는 것이 많기 때문이다.

• 그들은 익숙한 질서나 규칙에 얽매이지 않는 성격으로 새로운 분야에 지식을 갖고 있고, 내가 새롭게 추구하는 일들을 이해하고 알아주기 때문이다.

❷ 내가 생각하는 유형을 싫어하는 이유는?

• 그들은 내 고조된 기분을 이해하지 못하고 산만하다고 비난하기 때문이다.

• 그들은 화나는 일이 있어도 직접 표현하지 않고 침묵으로 일관하기 때문이다.

• 나는 친분 있는 사람들과 어울리고 싶은데 그들은 혼자만의 시간을 원하기 때문이다.

• 그들은 새로운 일들에 대해 크게 관심을 두지 않기 때문이다.

보여주고 싶은 유형

❶ 내가 보여주고 싶은 유형을 좋아하는 이유는?

• 그들은 사람들과 어울리기 좋아하며, 새로운 것을 탐구하는 것을 좋아하기 때문이다.

• 그들은 성실하고 부지런한 성격으로 계획한 일들을 충실하게 이루어내기 때문이다.

• 그들은 자유롭게 생각하는 사람으로 나에게도 충분한 자유를 주기 때문이다.

• 그들은 명랑하면서도 열정적인 성격으로 활동적인 나와 잘 어울리기 때문이다.

❷ 내가 보여주고 싶은 유형을 싫어하는 이유는?

• 그들은 내가 계획한 일들을 지키지 않기 때문이다.

• 그들은 지나치게 낙천적이어서 주의 깊게 살펴봐야 할 문제들을 지나치기 때문이다.

- 그들은 남들에게 보여지는 모습만 중요하게 생각하기 때문이다.
- 그들은 일에 빠지면 주위사람들을 살펴보지 않기 때문이다.

창조적 유형

❶ 내가 창조적 유형을 좋아하는 이유는?

- 그들은 내가 가지지 못한 야심이 있고, 절제력이 강하기 때문이다.
- 변화변동을 좋아하고 예술적 끼가 있는 것이 나와 비슷하기 때문이다.
- 그들은 자존감이 있고, 창조성과 감각이 뛰어나기 때문이다.
- 그들은 호기심이 강하고, 나처럼 표현을 잘하기 때문이다.
- 그들이 자기 감정을 감추지 않고 드러내는 것이 신선해 보이기 때문이다.

❷ 내가 창조적 유형을 싫어하는 이유는?

- 그들은 즐기는 것도 계획을 세워서 하는데 그런 모습이 나의 자유분방함과 어울리지 않기 때문이다.
- 그들의 신중하고 계획적인 모습이 나의 자유로운 즐거움과 상반되기 때문이다.
- 그들은 목표가 너무 정확하여 낭만적인 나에게 스트레스를 주기 때문이다.
- 그들은 쓸데없이 참견하여 내가 다른 사람들과 어울리는 것을 방해하기 때문이다.
- 그들은 직접 놀기보다는 말이 앞서기 때문이다.

어울리는 유형

❶ 내가 어울리는 유형을 좋아하는 이유는?

- 그들은 새로운 일을 계획하고 그대로 이루어 나가는 것을 즐겁게 생각하기 때문이다.
- 그들은 담백한 성격으로 짧게 자주 만나는 것을 좋아하기 때문이다.
- 그들은 지금보다 더 나은 삶, 더 나은 세상을 희망하기 때문이다.
- 그들은 의존적이지 않고 독립적이기 때문이다.

❷ 내가 어울리는 유형을 싫어하는 이유는?

- 그들은 자기 말만 내세우고 상대방의 말에는 귀기울지 않기 때문이다.

- 그들은 비관적으로 생각할 때가 많기 때문이다.
- 살면서 속박받는 것을 피하기 어려운데, 그들은 무조건 구속당하거나 속박당하는 것을 거부하기 때문이다.
- 그들은 항상 이성에게 관심과 시선을 받고 싶어하기 때문이다.
- 그들은 문제가 발생했을 때 객관적으로 보지 못하고 자기만의 주관적인 기준으로 판단하기 때문이다.

지배하는 유형

❶ 내가 지배하는 유형을 좋아하는 이유는?
- 그들은 여유로운 성격으로 스스로 긴장을 풀고 일을 즐길 줄 알기 때문이다.
- 그들은 중심을 지키고, 자신의 이상을 일관적으로 지켜가기 때문이다.
- 그들은 의로운 성격으로 약한 사람을 보호할 줄 알기 때문이다.
- 그들은 다른 사람들이 원하는 일을 할 수 있도록 도와주기 때문이다.
- 그들은 솔직한 성격으로 직설적으로 속시원하게 말하기 때문이다.

❷ 내가 지배하는 유형을 싫어하는 이유는?
- 그들은 고지식한 성격으로 그들의 방식대로 일하도록 내게 명령하기 때문이다.
- 그들은 갑자기 크게 화를 낼 때가 있기 때문이다.
- 그들은 누군가에게 화가 나면 무조건 그 사람과 인연을 끊는 타입이기 때문이다.
- 그들은 토론장이나 모임에서 다른 사람의 말을 무시하고 자기 멋대로 분위기를 만들기 때문이다.

충성하는 유형

❶ 내가 충성하는 유형을 좋아하는 이유는?
- 그들은 배려심이 있고, 나와 함께 어울리는 것을 즐겁게 생각하기 때문이다.
- 그들은 따뜻한 성격으로 사람들을 이해하려는 마음이 있기 때문이다.
- 그들은 분명하고 똑똑하며, 새롭고 신기한 것을 알려고 하는 태도가 나에게 자극을 주기 때문이다.
- 그들은 사람과의 관계를 중요하게 생각하며, 사교적으로 즐기는 것을 좋아하기 때문이다.

❷ 내가 충성하는 유형을 싫어하는 이유는?

• 그들은 내가 거리낌 없이 함부로 행동한다고 비난하기 때문이다.

• 그들은 부정적인 성격으로 모든 것을 비판하고, 사소한 일에도 화를 잘 내기 때문이다.

• 그들은 일을 결정할 때 사소한 문제와 앞으로 일어날 일들까지 생각해서 상대방을 피곤하게 만들기 때문이다.

• 그들은 고지식해서 융통성이 없고 의무감만을 생각하기 때문이다.

• 그들은 논쟁이 생기는 것을 두려워하고, 갈등을 해결하기보다는 일단 그 자리를 피하려고 하기 때문이다.

2 교육과 직업 적성

1) 어울리는 유형의 아이들

어울리는 유형의 아이들은 호기심이 많고 활발하며 자유로운 것을 좋아한다. 겉으로는 자신감 있어 보이지만, 내면에는 고통과 걱정이 잠재해 있다. 부모와 윗사람이 지나치게 엄격하면 자기 마음대로 하기 위해 거짓말을 하기도 한다.

이들은 재미있고 흥미 있는 일은 앞장서서 자발적으로 한다. 놀기 좋아하고, 친구들과 재미있게 어울리는 것을 좋아하는 편이다. 자리에 가만히 앉아 있거나 오랫동안 그대로 있는 것은 이들에게 고문이나 체벌과 같다. 또한 하고 싶은 일이 많고 새로운 흥밋거리를 찾아 돌아다니는 것을 좋아하며, 이상주의자에 가깝다. 매우 긍정적이며, 원하는 것은 반드시 하려고 한다. 따라서 아이가 자유롭게 흥미를 가지고 적극적으로 할 수 있도록 분위기를 만들어주는 것이 중요하다.

2) 어울리는 아이들의 교육방법

어울리는 유형의 아이들은 교사나 부모가 아이에게 관심을 갖고 재미있는 방법으로 가르치는 것이 좋다. 이들은 다양하고 변화 가능성이 있는 환경에서는 최선을 다해 공부한다. 단, 혼자서 공부하는 것보다는 시청각 교육 그리고 친구나 형제들과 모여 즐겁게 공부하는 것이 잘 맞는다.

이들은 즉흥적으로 문제를 해결하는 능력을 타고나며, 그것을 부모나 교사에게 인정받고 싶어한다. 이들은 구조적이고 체계적인 것을 견디기 힘들어하고, 부모나 교사가 행동을 강요하는 것도 거부한다. 또한 어떤 일을 할 때 결정을 내리기 힘들어하고, 어디에 소속되고 싶은 감정과 자유를 원하는 감정 사이에서 혼란에 빠진다. 자신이 결정한 일에 대해 선택의 폭이 좁아지고 자신의 행동을 구속할까 봐 겁을 내기도 한다.

이 유형의 아이들은 일일이 틀을 만들어놓고 간섭하고 계획을 정해놓고 그대로 따르게 하기보다는 큰 그림이 그려진 상태에서 자신이 스스로 목표를 이루어 나가도록 옆에서 조언만 해주는 것이 좋다. 일단 자신이 흥미와 재미를 느끼면 시간 가는 줄 모르고 열중하지만, 반복적이고 지루한 주입식 공부는 금방 싫증낼 가능성이 높다. 재미와 모험과 시청각적인 만족을 동시에 추구하기 때문에 천편일률적인 주입식 교육을 지양하고 다양한 형태의 교육방법을 준비해야 한다.

3) 어울리는 유형의 부모

어울리는 유형의 부모는 관계성과 즐거움을 추구하기 때문에 아이와 대화를 많이 하고 함께 장난치며 놀 수 있기를 바란다. 아이 손을 잡고 여행이나 등산, 산책하기를 즐기고, 공연장 등 새로움과 즐거움이 있는 공간을 찾는다.

이 유형의 부모 밑에서 자란 사람은 부모가 들려주는 이야기나 부모와 함께하는 여행이나 놀이가 늘 흥미롭고 재미있었지만, 자신만의 시간을 갖기 어려울 때가 많았다고 말한다. 부모가 지나칠 만큼 관심사를 함께하길 원했고, 변화가 많고 불규칙한 생활 때문에 두려움이나 혼란이 많았다고 말하기도 한다.

4) 어울리는 유형의 직업 적성
어울리는 유형은 대인관계를 중시하거나, 숫자감각이나 수리능력이 필요한 직업이 잘 어울린다.

- **학과** : 교육학과, 레크레이션학과, 관광학과, 무역학과, 회계학과, 통계학과, 신문방송학과, 건축학과.
- **직업** : 금융, 무역, 회계, 방송, 교육, 목회, 판매, 유흥업, 오락, 관광, 레저, 사회사업, 요식업, 신용조사, 마케팅, 건축, 생산, 분쟁조정자, 비서, 엔지니어, 경찰, 연출가, 무용가, 예술가, 공예가, 조각가, 운동선수, 연예인, 미용사, 정치가, 교육자, 수학자, 통계학자, 세무사, 회계사.

10. 지배하는 유형

1 기본 성향

1) 형태적 특징
❶ 사주팔자
① 사주팔자의 육친 중 관성 발달인 사람.

② 사주팔자의 육친 중 관성 과다인 사람.

③ 관다(官多) 사주.

④ 양팔통에 괴강살, 백호대살, 양인살이 많은 사주.

⑤ 양팔통에 목(木), 화(火), 토(土)가 많은 사주.

⑥ 양팔통에 금(金)이 많은 사주.

예1) 1959년 7월 28일(양) 오(午)시생

시	일	월	연	
甲	辛	辛	己	건(乾)
午	亥	未	亥	

77	67	57	47	37	27	17	7
癸	甲	乙	丙	丁	戊	己	庚
亥	子	丑	寅	卯	辰	巳	午

위 사주는 금(金) 일간이고, 목(木) 재성은 10점, 화(火) 관성은 45점, 토(土) 인성은 10점, 금(金) 비겁은 20점, 수(水) 식상은 25점이다. 사주 주인공은 전 국회의원 유시민이다.

예2) 1972년 6월 8일(양) 자(子)시생

시	일	월	연	
丙	庚	丙	壬	(乾)
子	午	午	子	

80	70	60	50	40	30	20	10
甲	癸	壬	辛	庚	己	戊	丁
寅	丑	子	亥	戌	酉	申	未

위 사주는 금(金) 일간이고, 목(木) 재성은 0점, 화(火) 관성은 65점, 토(土) 인성은 0점, 금(金) 비겁은 10점, 수(水) 식상은 35점이다. 사주 주인공은 탤런트 고 안재환이다.

예3) 1989년 5월 10일(양) 인(寅)시생

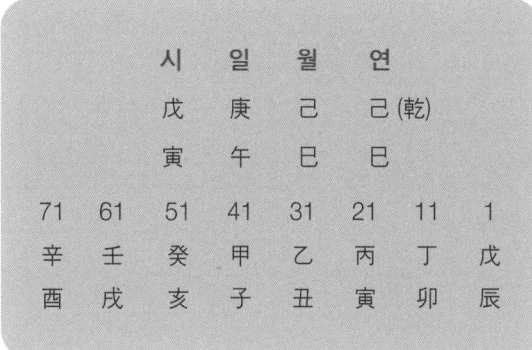

		시	일	월	연		
		戊	庚	己	己 (乾)		
		寅	午	巳	巳		
71	61	51	41	31	21	11	1
辛	壬	癸	甲	乙	丙	丁	戊
酉	戌	亥	子	丑	寅	卯	辰

위 사주는 금(金) 일간이고, 목(木) 재성은 15점, 화(火) 관성은 55점, 토(土) 인성은 30점, 금(金) 비겁은 10점, 수(水) 식상은 0점이다. 사주 주인공은 버클리 음대 재학생이다.

예4) 1950년 2월 28일(음) 진(辰)시생

		시	일	월	연		
		庚	庚	庚	庚 (乾)		
		辰	辰	辰	寅		
77	67	57	47	37	27	17	7
戊	丁	丙	乙	甲	癸	壬	辛
子	亥	戌	酉	申	未	午	巳

위 사주는 금(金) 일간이고, 목(木) 재성은 30점, 화(火) 관성은 0점, 토(土) 인성은 40점, 금(金) 비겁은 40점, 수(水) 식상은 0점이다. 사주 주인공은 전 국회의원 구천서이다.

예5) 1972년 10월 10일(양) 술(戌)시생

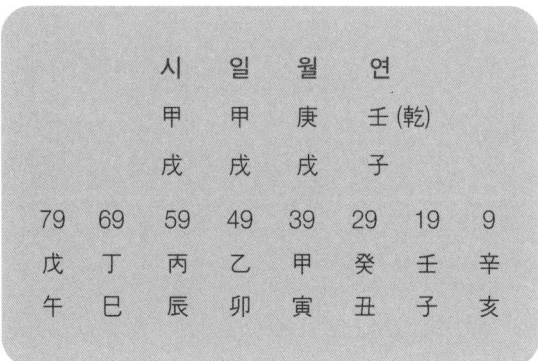

시	일	월	연
甲	甲	庚	壬 (乾)
戌	戌	戌	子

79	69	59	49	39	29	19	9
戊	丁	丙	乙	甲	癸	壬	辛
午	巳	辰	卯	寅	丑	子	亥

위 사주는 목(木) 일간이고, 목(木) 비겁은 20점, 화(火) 식상은 0점, 토(土) 재성은 30, 금(金) 관성은 40점, 수(水) 인성은 20점이다. 사주 주인공은 아나운서 김성주이다.

예6) 1966년 8월 30일(양) 인(寅)시생

시	일	월	연
庚	辛	丙	丙 (乾)
寅	酉	申	午

73	63	53	43	33	23	13	3
甲	癸	壬	辛	庚	己	戊	丁
辰	卯	寅	丑	子	亥	戌	酉

위 사주는 금(金) 일간이고, 목(木) 재성은 15점, 화(火) 관성은 60점, 토(土) 인성은 0점, 금(金) 비겁은 35점, 수(水) 식상은 0점이다. 사주 주인공은 변호사이다.

예7) 1961년 1월 4일(양) 자(子)시생

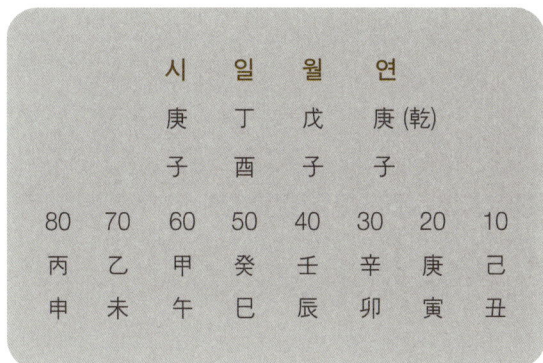

위 사주는 화(火) 일간이고, 목(木) 인성은 0점, 화(火) 비겁은 10점, 토(土) 식상은 10점, 금(金) 재성은 35점, 수(水) 관성은 55점이다. 사주 주인공은 서울시장 오세훈이다.

❷ 성격성명학

성격성명학의 편관 유형인 사람.

예1) 이회창(1935년 6월 2일 음력)

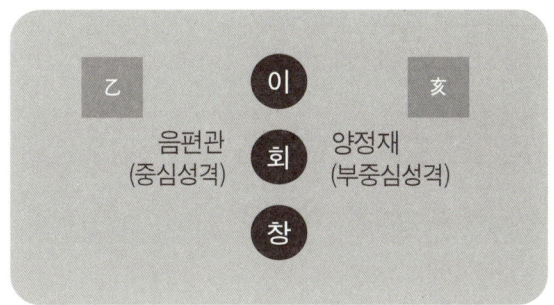

예2) 임종석(1966년 4월 24일 음력)

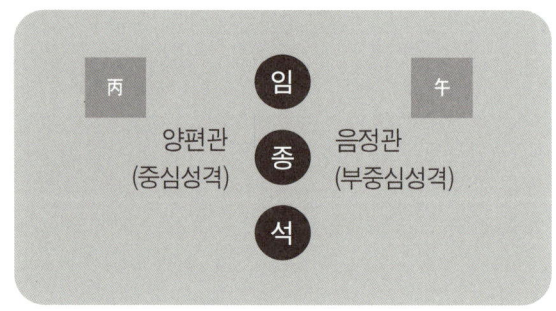

위 예에서 자유선진당 총재 이회창은 성격성명학의 음편관, 전 국회의원 임종석은 양편관이 중심성격이다.

2) 지배하는 유형의 성격

지배하는 유형의 성격은 다음과 같다.

POINT

지배하는 유형의 성격

명예욕이 강하고, 다른 사람들을 지배하고 싶어하며, 자아의식이 강하다.

- 감정을 숨김없이 솔직하게 표현하며, 자신의 소신을 감추지 않고 밝힌다.
- 강직하고 타협할 줄 모른다.
- 다른 사람들에게 용기와 힘을 주고, 존경받고 싶어한다.
- 다른 사람들을 지배하고 싶어하며, 강해지길 원한다.
- 단정적으로 말하고 단호히게 행동히는 편이다.
- 대인관계나 일에서 빨리 결정해서 손해를 보기도 한다.
- 도량이 넓고 타인에게 안정감을 준다.
- 명분이 뚜렷하거나 일단 목표를 정하면 2배로 노력한다.
- 목표를 정하고 그것을 성취해가는 과정을 즐긴다.
- 명예욕이 강하고 자아의식이 강하다.
- 부끄러워하지 않고 적극적으로 표현한다.
- 사교적이고 다양한 대인관계를 맺는다.
- 성격이 급해서 하던 일이 늦어지는 것을 싫어한다.
- 성공적인 인생을 위해서 다양한 능력을 쌓으려고 노력한다.

- 성실하고 용기가 있으며, 행동하고 실천한다.

- 앉아서 기다리기보다는 자신이 원하는 상황을 적극적으로 만들어간다.

- 약자를 지키고 보호하려는 경향이 강하다.

- 어릴 적 부모와 선생님에게 고집을 피운 적이 있다.

- 에너지가 넘치고, 활기차며, 열정적이다.

- 자기 생각대로 움직여지지 않으면 크게 화를 낸다.

- 자기 주장이 강하고 추진력이 있다. 때때로 지나치게 자기 주장을 내세운다.

- 자존심이 강해서 쓸데없는 고집을 부린다.

- 작은 일보다는 큰일에 관심이 많은 편이다.

- 주어진 시간 안에 최대한 효율적으로 일하는 방법을 잘 파악한다.

- 책임감과 의무감이 강하며, 할 수 있다는 신념이 강하고 흔들리지 않는다.

- 필요하면 규칙이나 절차를 바꿀 수 있다고 생각한다.

- 열정적으로 일해서 정상의 자리에 오르려고 하고, 자기 개발을 위해 끊임없이 노력한다.

3) 지배하는 유형의 표현 단어

결단력, 긍정적, 능력 있는, 단도직입적인, 당당한, 도전정신, 명예심, 모험적인, 배짱 있는, 보여주려고 하는, 성취, 솔직함, 열성적, 임기응변, 자신감, 적극적인, 정의감, 주도적인, 추진력, 행동하는.

4) 지배하는 유형의 생활모습

지배하는 유형은 비교적 어릴 때부터 성취와 성공에 대한 욕망이 강하다. 자신의 꿈을 실현하면서 여러 가지 재능을 발휘하고, 존재 가치를 인정받기 위해서 목표를 크게 설정하고 스스로에게 유리한 것, 이익이 있는 것, 효율적인 일처리 방법 등을 생각해보고, 다른 사람의 모범이 되기 위해 노력한다. 인간관계를 중요하게 여기고 주위사람들의 기대에 부응하기 위해서 최선을 다하며, 늘 열성적으로 일을 찾아 움직인다.

또한 이들은 일에 대한 목표가 원대하고 분명하다. 어떤 일을 하든지 주위사람들에게 함께할 수 있는 힘을 주고, 그들과 함께 원하는 성과를 얻기 위해 노력한다. 어떤 일을 하든 자신이 주인공이 되거나 자신에게 맡겨주는 것을 선호하고, 그 결과 성공하여 남들이 자신의 성공한 모습을 인정해주고 칭찬해주길 은근히 바란다. 그리고 자신이 이루어낸 성과를 주위사람들에게 자랑하곤 한다.

이들은 남보다 뒤처지는 것은 자신을 초라하게 만든다고 생각하므로 발빠르게 움직이고, 직감적으로 어떤 일을 선택해야 성공할 수 있는지를 정확하게 판단한다. 만약 실패하면 매우 화가 나고 자존심이 상하고 부끄럽기 때문에 다른 사람을 탓하거나 핑계를 대는 등 자기회피적 성향을 보이기도 한다.

지배하는 유형의 전형은 바로 『바람과 함께 사라지다』의 여주인공 스칼렛 오하라이다. 그녀는 자신이 목표로 하는 것을 위해서 사랑하지 않는 남자와 결혼하고, 남자(애슐리)를 차지하기 위해 성적인 유혹을 서슴지 않고 접근하며, 자신에게 유리한 진실만 말한다. 애슐리가 사랑하는 여자인 멜라니가 죽자 그제야 자신이 멜라니를 질투해서 애슐리에게 접근했음을 깨닫고 남편인 레트 버틀러의 마음을 잡으려 하지만, 사랑이 떠나버린 레트는 그녀에게 작별을 고한다. 그러나 그녀에게 실패란 존재하지 않는다. "내일은 내일의 태양이 떠오를 거야. 언제가 레트도 내 곁으로 돌아올 거야." 이렇게 자존심을 세우고 있다.

5) 지배하는 유형의 긍정적 심리와 부정적 심리

다른 유형과 마찬가지로 지배하는 유형 또한 긍정적 심리와 부정적 심리가 모두 나타난다.

● 지배하는 유형의 긍정적 심리와 부정적 심리

긍정적 심리	부정적 심리
결단력이 있다	반항적이고 투쟁적이다
권위가 있다	실수를 용납하지 않고 융통성이 없다
자신과 가까운 사람은 지지하고 보호한다	다혈질이다
독립적이다	명령적이고 지배하려고 한다
배짱이 있다	자기중심적이다
솔직하다	공격적이고 폭력적이다
에너지가 넘친다	명예욕과 소유욕이 강하다
완성하는 힘이 있다	자만심이 강하다
용기가 있고 직선적이다	타협할 줄 모르고 극단적이다
의지가 강하다	위 아래가 없다
의협심이 있다	통제하고 억압하려 든다
인내심이 있다	작은 것을 큰 것으로 포장한다
일의 중요성을 쉽게 파악한다	조금 아는 것을 많이 아는 것처럼 꾸민다
자신감이 있고 자신을 믿는다	둔감하다
전체를 보는 넓은 안목이 있다	화가 풀릴 때까지 싸운다
절제할 줄 안다	직선적인 언어 표현으로 타인을 질리게 한다
정열적이다	다른 사람의 무능력을 참지 못한다
직선적이다	모욕이나 부당한 대우를 결코 잊지 못한다
책임감이 있어서 끝까지 밀고 나간다	자신이 생각한 규칙을 누군가 어기면 참지 못한다
충실하다	일이 제대로 안 될 때 참지 못한다
통솔력이 있다	타인을 배려할 줄 모르고 오히려 요구하는 것이 많다
현실적이다	타인의 잘못을 들춰내기 좋아한다

6) 다른 유형이 바라본 지배하는 유형

- 지배하는 유형의 호탕한 모습을 보면 나도 마음 속에 있는 것을 모두 말할 수 있을 것 같다.
- 지배하는 유형은 자신이 하고 싶은 대로 하고, 타인의 생각에는 별 관심이 없는 것 같다.
- 지배하는 유형은 자신감 있게 자신이 좋아하는 옷을 입고 다닌다.
- 지배하는 유형의 당당한 태도와 개성에 감탄하게 된다.
- 지배하는 유형은 힘있고 열정적이고 현실적이다.
- 지배하는 유형은 다른 사람들은 하지 못하는 말들도 당당하게 말하는 용기와 배짱이 있다.

- 지배하는 유형은 매우 현실적이고 목표가 뚜렷하다.

- 지배하는 유형은 어떻게 일을 시켜야 효과적인지 정확하게 꿰뚫어보는 것 같다.

- 지배하는 유형은 사람들이 무엇을 좋아하는지를 정확하게 안다.

- 지배하는 유형은 앞장서 나가길 좋아하고, 주도권을 갖거나 책임자가 되고 싶어한다.

- 지배하는 유형은 요구가 많고, 통제하려 들며, 엄격하다.

7) 지배하는 유형과 잘 지내기 위한 방법

- 자신감을 가지고 솔직하게 대한다.

- 그 사람들에 대한 뒷말을 하지 않고, 그들을 배신하지 않는다.

- 그들에게 저항하거나 이기려 들지 않고, 당신의 약한 모습, 순종적인 성격을 보여준다.

- 그들이 당신을 돌보아줄 수 있음을 인정한다.

- 그들이 혼자 있을 공간을 준다.

- 그들의 성공과 성취와 능력을 인정해주되, 아부하지 않는다.

- 그들의 주장을 공격으로 생각하지 말고, 그들이 화낼 때 두려워하지 말고 그들의 표현방식으로 받아들인다.

- 그들이 당신과의 관계에 많은 노력과 공을 쏟고 있음을 인정한다.

- 그들이 감정을 다치지 않도록 조심하면서 정직하고 객관적으로 조언해준다.

- 그들의 과거를 들추거나 부정적인 면에 초점을 맞추지 않는다.

- 그들의 자신감과 낙천적인 성격, 적극적인 일처리, 넘치는 에너지에 대하여 칭찬해준다.

8) 지배하는 유형의 정신건강

의식의 분열, 자포자기, 반사회적 인격장애, 조울증.

9) 지배하는 유형과 다른 유형의 관계

지배하는 유형이 다른 유형을 어떻게 생각하는지 알아본다.

배려하는 유형

❶ 내가 배려하는 유형을 좋아하는 이유는?

• 그들은 쾌활한 성격으로 에너지가 넘치며, 내가 여유롭고 편안하도록 도와주기 때문이다.

• 그들은 마음이 넓어서 주위사람들을 위해 자신의 많은 부분을 내어주기 때문이다.

• 그들은 보호받고 있다는 것에 대해 감사하기 때문이다.

❷ 내가 배려하는 유형을 싫어하는 이유는?

• 그들은 다른 사람들에게 좋은 평가를 받고 싶어서 진실을 감추고 싸움은 피하기 때문이다.

• 그들은 논쟁이나 문제가 발생했을 때 나서서 해결하기보다는 냉정하게 돌아서기 때문이다.

• 그들은 항상 자신에게 관심을 주어야지 그렇지 않으면 화를 내기 때문이다.

• 그들은 내가 혼자 있고 싶어하면 지나치게 걱정해서 오히려 미안해지기 때문이다.

• 그들은 착해야 한다는 강박관념이 있기 때문이다.

특별한 유형

❶ 내가 특별한 유형을 좋아하는 이유는?

• 그들은 나와 선의의 경쟁을 하기 때문이다.

• 그들은 남과 다른 방향을 바라보고 자신만의 이상과 꿈을 만들어가기 때문이다.

• 그들은 열정과 에너지가 있기 때문이다.

❷ 내가 특별한 유형을 싫어하는 이유는?

• 그들은 내 말과 행동을 주관적으로 판단하고 나를 비난하기 때문이다.

• 그들은 자신이 부당한 상황에 처했을 때 적극적으로 해명하지 못하고 무능한 패배자로 머물

기 때문이다.

- 그들은 생각이 많은 성격으로 이성적인 생각과 감정적인 생각이 복잡하게 얽혀서 끊임없이 생각만 하기 때문이다.

여유로운 유형

❶ 내가 여유로운 유형을 좋아하는 이유는?

- 그들은 너그러운 성격으로 상대방을 편안하게 해주기 때문이다.
- 그들은 내게 넘치는 애정을 주고 항상 주의 깊게 돌봐주기 때문이다.
- 그들은 조용한 성격으로 내가 활발하게 움직이는 것을 좋아하고 내가 화날 때 달래주기 때문이다.
- 그들은 나의 지나치게 격렬한 성격을 어느 정도 참아주기 때문이다.

❷ 내가 여유로운 유형을 싫어하는 이유는?

- 그들은 자신의 생각이나 마음을 직접 말하지 않고 내가 스스로 알아주길 바라기 때문이다.
- 좋은 결과를 얻을 수 있다면 싸움을 해서라도 부딪치는 나와 달리 그들은 직접적인 논쟁을 피하기 때문이다.
- 그들은 수동적인 성격으로 직접 나서서 문제를 해결하지 않기 때문이다.
- 그들은 보수적인 성격으로 자신의 열정과 힘을 드러내지 못하고, 더불어 나의 열정도 드러내지 못하게 만들기 때문이다.

완벽한 유형

❶ 내가 완벽한 유형을 좋아하는 이유는?

- 그들은 주관이 뚜렷하고, 의사 표현이 분명하기 때문이다.
- 그들은 성실하고 현실적이며, 맡은 일을 책임지고 처리하여 사람들에게 칭찬을 듣기 때문이다.
- 그들은 실질적인 성격으로 필요한 말만 솔직하게 이야기하기 때문이다.
- 그들은 무엇인가를 발전적으로 하려는 내 의지를 격려하고 용기를 주기 때문이다.
- 그들은 강인한 성격으로, 그들과 같이 있는 것만으로도 힘을 얻을 수 있기 때문이다.

❷ 내가 완벽한 유형을 싫어하는 이유는?

- 그들은 고집이 너무 세서 자신의 생각을 굽히지 않고, 남의 충고나 의견을 받아들이지 않으며, 나를 자기 뜻대로 움직이려고 하기 때문이다.
- 그들은 다른 사람이 자신을 어떻게 생각할지만을 걱정하기 때문이다.
- 그들은 내가 말을 함부로 하고 행동이 거칠다고 비난하기 때문이다.
- 그들은 내가 비현실적인 시선으로 세상을 관조하고 있다고 생각하기 때문이다.

생각하는 유형

❶ 내가 생각하는 유형을 좋아하는 이유는?

- 그들은 과묵한 성격으로 다른 사람의 사생활이나 비밀을 주위사람들에게 말하지 않기 때문이다.
- 그들은 직설적인 말을 주저하고, 원하는 것을 직접적으로 표현하는 나를 부러워하기 때문이다.
- 그들은 지적이고, 어떤 일이든 조직적으로 이끌어가기 때문이다.
- 그들은 독립적인 일들을 이해하기 때문이다.
- 그들은 항상 새로운 것을 만들어내는 재주가 있고, 말솜씨가 좋기 때문이다.

❷ 내가 생각하는 유형을 싫어하는 이유는?

- 그들은 자신이 잘난 체하는 것은 모르면서 다른 사람이 잘난 척한다고 말하기 때문이다.
- 그들은 상대방이 강하게 나오면 우울해하고 혼자만의 세계에 빠져들기 때문이다.
- 그들은 행동하기보다는 말만 할 뿐이고, 사람들과 직접 논쟁하기보다는 회피하기 때문이다.
- 그들은 냉정한 성격으로 열정을 가치 있게 생각하지 않고 따분하게 생각하기 때문이다.
- 그들은 고집스런 성격으로 한번 마음먹은 일은 끝까지 고집하기 때문이다.

보여주고 싶은 유형

❶ 내가 보여주고 싶은 유형을 좋아하는 이유는?

- 그들은 많은 힘을 즐기는 것과 일에 쏟기 때문이다.
- 그들은 긍정적인 성격으로 좌절에 빠진다 해도 바로 재기하기 때문이다.
- 그들은 에너지가 넘치고 적극적으로 일을 추진하기 때문이다.

• 그들은 나의 넓은 마음과 아량을 좋아하기 때문이다.

❷ 내가 보여주고 싶은 유형을 싫어하는 이유는?

• 그들은 다른 사람들의 시선을 지나치게 의식하고, 강한 이미지를 주려고 애쓰기 때문이다.

• 그들은 사람들과의 관계와 일에 지나치게 집중하기 때문이다.

• 그들은 다른 사람들에게 좋은 이미지만을 심어주어서 그들이 직설적인 말을 못하게 만들기 때문이다.

• 그들은 자신을 이성적인 사람으로 포장하기 때문이다.

• 그들은 분노를 표출하지 못하고 마음에 쌓아두기 때문이다.

창조적 유형

❶ 내가 창조적 유형을 좋아하는 이유는?

• 그들은 창조성과 모험심이 강하여 나와 성향이 맞기 때문이다.

• 그들은 성공과 승리를 좋아하기 때문이다.

• 그들은 명리하고 명석하고 총명하여 나의 비위를 잘 맞춰주기 때문이다.

• 그들은 재주가 뛰어나고 꾀가 있기 때문이다.

• 그들은 계획적이고 이해력이 뛰어나기 때문이다.

❷ 내가 창조적 유형을 싫어하는 이유는?

• 그들이 자주적으로 자신의 의견을 솔직하게 표현하는 것이 나에게 반발하는 것처럼 느껴지기 때문이다.

• 그들은 호기심이 많고 자신을 과시하기 때문이다.

• 그들은 체면을 너무 중시하여 적극성이 부족하기 때문이다.

• 그들은 민감하고 감수성이 예민하여 일의 추진력이 떨어지기 때문이다.

• 그들은 일을 복잡하게 생각하고 얽히게 만들기 때문이다.

❶ 내가 어울리는 유형을 좋아하는 이유는?

- 그들은 여유로운 성격으로 나를 편안하게 웃을 수 있게 만들기 때문이다.

- 그들은 새로운 일에 대한 에너지가 넘치기 때문이다.

- 그들은 낙천적인 성격으로 자신의 생각을 가볍게 이야기하고 그것에 대해 심각하게 생각하지 않기 때문이다.

- 그들은 즐겁게 놀 수 있는 많은 일들을 알려주기 때문이다.

❷ 내가 어울리는 유형을 싫어하는 이유는?

- 그들은 나의 기분을 이용해 자신이 원하는 일을 하게 만들기 때문이다.

- 그들은 내 우울한 기분이나 화가 나 있는 상태를 무시하기 때문이다.

- 그들은 문제에 부딪혔을 때 어떻게 해야 할지 갈피를 못 잡기 때문이다.

- 그들은 나에 대한 마음이나 관심이 일관성 없이 바뀌기 때문이다.

- 그들은 문제가 있을 때 자기합리화를 잘해서 솔직한 이야기를 원하는 나를 불편하게 만들기 때문이다.

지배하는 유형

❶ 내가 지배하는 유형을 좋아하는 이유는?

- 그들은 열성적인 성격으로 힘이 있고 열심히 즐기기 때문이다.

- 그들은 내가 가족이나 주위사람들에게 도리를 다하고 거짓 없이 참되게 행동하는 걸 좋아하고 이해하기 때문이다.

- 그들은 상대방에게 끊임없는 애정을 주고 도전하기를 권하기 때문이다.

- 그들은 에너지 넘치는 논쟁을 좋아하기 때문이다.

❷ 내가 지배하는 유형을 싫어하는 이유는?

- 그들은 소유욕이 강한 성격으로 불같이 자주 싸우고 서로를 헐뜯으며, 상처를 받으면 인연을 완전히 끊으려 하기 때문이다.

- 그들은 주도권을 자신이 가지려 하고 상대방에게 절대 넘겨주지 않기 때문이다.

❶ 내가 충성하는 유형을 좋아하는 이유는?

• 그들은 신뢰감을 중시하는 성격으로 신뢰를 얻기 위해 일하기 때문이다.

• 그들은 자신을 지지해주는 사람에게 고마워하고, 용기 있는 나를 좋아하기 때문이다.

• 그들은 재미있는 성격으로 내가 힘들 때 웃음을 주기 때문이다.

• 그들은 신중한 성격으로 깊이 생각하고 말하기 때문이다.

• 그들은 충실한 사람으로 어려운 처지에 있는 사람들에게 도움을 주기 때문이다.

❷ 내가 충성하는 유형을 싫어하는 이유는?

• 그들은 지나치게 분석적이어서 너무 많은 생각을 이야기하고, 여러 번 확인하여 나를 불편하게 만들기 때문이다.

• 그들은 새로운 변화를 두려워하는 성격으로 망설이면서 일을 진행시키기 때문이다.

• 그들은 다른 사람들에게 의지하는 의존적인 성향이 강하기 때문이다.

• 그들은 일어나지도 않은 일까지도 걱정하기 때문이다.

2 교육과 직업 적성

1) 지배하는 유형의 아이들

지배하는 유형의 아이들은 한마디로 용의 꼬리가 되기보다는 뱀의 머리가 되기를 바라고, 자신에게 소중한 것을 위해서 사소한 규칙 몇 개쯤은 지키지 않아도 괜찮다고 생각한다. 그러나 마음 깊은 곳에서는 의리를 지키고 남을 도와주어야 한다고 생각한다. 그러기 위해서는 본인이 힘이 있어야 한다고 믿는다. 힘이 있을 때 사려 깊고 충실하고 의리 있고 약자에게 너그럽게 대할 수 있다는 것이다. 아빠가 출장을 갔거나 집에 남자가 없이 엄마와 단 둘이 있을 때, 이 유형의 아이들은 자기가 비록 어리지만 엄마를 지켜주어야 한다는 의무감을 느끼고, 자신을 믿어줄수록 힘이 난다.

또한 이들은 자신이 결정한 일에 대해 누군가 반대하면 용납하지 못한다. 자신을 반대하거나 방해하는 사람과는 언제든지 싸울 준비가 되어 있다. 특히 친구나 다른 아이들이 자신을 비웃거나 건드리면 가만두지 않고 반드시 보복하거나 보복을 꿈꾼다. 세상은 언제나 나의 편이 없는 위험한 전쟁터라고 생각하기 때문에 이 아이들에게는 세상은 서로 양보하면서 살아가야만 한다는 것을 가르쳐주어야 한다. 아빠, 엄마, 할머니, 할아버지, 형, 누나, 동생 그리고 친구들의 기분도 헤아릴 줄 아는 사람이 되도록 가르쳐주어야 한다.

부모라 할지라도 이들이 하는 이야기를 무시하거나 건성으로 들어서는 안 된다. 아이의 이야기가 황당하고 별 의미 없는 것이라 해도 이 유형의 아이들에게는 매우 진지하고 가치 있는 것이므로 부모는 성실하고 진지하게 들어주어야 한다. 놀아줄 때도 아이의 자존감을 살려주어야 한다. 팔씨름이나 씨름을 할 때 매번 이기면 안 되고 가끔씩 져주어서 아이가 실패로 인해 상처받지 않게 배려해주는 것이 좋다.

지배하는 유형의 아이들은 자아가 매우 강하여 당당하게 자신의 의견을 말한다. 그러다 보니 아이가 두 눈을 똑바로 뜨고 대든다며 걱정하고 당황하는 부모도 있는데, 사실은 아이가 자기 주장을 하고 있음을 알아야 한다. 또한 이 유형의 아이들은 분명하고 단호한 태도를 가지고 있고, 화끈하게 행동한다. 그래서 어느 장소나 모임에 가면 그 곳의 실세는 누구고 누가 가장 힘이 센지 정확히 파악하고, 강한 상대를 경계대상으로 삼는다. 그 정도로 세상을 힘으로만 해결하려고 하는 타입이다.

하지만 힘으로 해결하려다 보니 화가 났을 때 쉽게 참지 못한다. 그러므로 이들에게는 화를 다스리는 법을 가르쳐주어야 한다. 특히 부모가 이성적이고 인내심을 가지고 있어야 한다. 아이가 싸우고 돌아와 아직 화가 덜 풀린 상태인데 부모가 흥분하여 아이를 혼내고 벌을 세우면 아이는 반성하는 대신 자신을 화나게 만든 사람에게 보복할 생각만 하기 때문에 전혀 효과적이지 않다. 오히려 부모와 아이 사이만 멀어지게 만든다. 이런 경우에는 아이에게 어릴 때부터 싸우는 대신 타협하는 것이 현명하고, 싸우는 대신 대화로 풀어나가는 방법이 있으며, 싸우지 않고 이기는 방법이 있음을 가르쳐주어야 한다. 부모가 인내심을 가지고 충분한 대화를 하는 것이 가장 효과적이다.

이 아이들은 자신이 인정받는다고 생각되면 사람들이 없는 공간에서도 규칙을 잘 지키고, 어린 동생이나 애완동물도 잘 돌보며, 설거지나 청소 등 집안일도 잘 거들어준다. 그러므로 어릴 때부터 자주 칭찬해주고 아이가 잘 하는 일들을 조금씩 맡겨주면 책임감 있고 적극적으로 집안일을 도와주며, 스스로 공부도 잘해 나갈 것이다.

2) 지배하는 아이들의 교육방법

지배하는 유형의 아이들은 차분하게 공부하기가 쉽지 않다. 그중에서도 자기 주장이 강한 아이는 차분하게 앉아서 공부하는 것을 힘들어한다. 특히 잔소리가 심하고 명령적인 부모를 가진 아이는 더욱 어렵다. 그러나 학교에서 반장이나 회장 등을 맡고 있고 선생님에게 칭찬받는 경우에는 성적도 좋고 학습태도도 매우 성실하고 책임감이 있을 것이다. 따라서 이들이 깊은 인간관계를 맺을 수 있도록 도와주고, 느긋하고 여유롭게 공부할 수 있도록 분위기를 만들어주어야 한다. 또한 아이가 무엇을 원하고 느끼는지 관심을 보여주고, 자신이 원하는 명분을 위해 학습하도록 일깨워준다.

이 아이들은 불공평한 상황에 적응하기 힘들어하고, 자신이 적절한 대우를 받지 못하는 상태에서는 무시당한다고 느낀다. 집에서나 학교에서나 자신에게 관심을 갖고 있는지가 매우 중요하다. 그러므로 학교에서 인정받지 못한다고 생각하면 성적이 뚝 떨어지고 학업태도도 나빠지며 친구들과 어울려 놀기 쉽다. 그러나 학교에서 자신이 대우받고 있다고 생각하면 학업성적도 향상되고 학습태도도 좋아질 것이다.

이들은 행동하는 타입이고, 힘이나 능력을 과시한다. 자신이 처한 상황을 잘 파악하고, 자신이 존중받고 인정받고 있음을 확인하기 전까지는 경계를 늦추지 않고, 공부 또한 관심을 받을 때 더욱 열심히 한다. 학교 공부나 시, 소설 등의 문학, 미술, 음악 등의 예술, 체육 등 신체활동을 좋아하고, 밖에서 친구들과 놀며 어울리는 것을 좋아한다.

3) 지배하는 유형의 부모

지배하는 유형의 부모는 적극적이고, 배짱이 있으며, 모험심이 강하다. 힘이 있어 보이고, 활발하고, 시원시원한 행동과 밝은 표정, 거침없는 말투가 특징이다. 적극적이고 자신감 있는 모습으로 아이들에게 본보기를 보이며, 연약한 자녀를 자신의 품안에서 잘 보호한다.

다만, 자녀도 지배하는 유형일 경우 아이와 부모가 대립하다 서로 감정의 골이 깊어질 수 있고, 소심한 자녀라면 부모의 태도가 아이를 더욱 주눅들게 할 수도 있다. 따라서 지배하는 유형의 부모는 자신의 뜻을 힘으로 강요하거나 무심코 분노를 터뜨리지 않도록 주의한다.

이 유형의 부모에게서 자란 자녀들은 부모와의 관계가 안정적이었다고 한다. 그러나 성격이 강한 자녀는 부모에게 지배당하는 것 같아서 힘들었고, 성격이 소심한 자녀는 부모로부터 강하지 못하다고 꾸중을 듣고 더욱 주눅이 들었다고 한다.

4) 지배하는 유형의 직업 적성

지배하는 유형은 자신감이 넘치기 때문에 스스로 결정할 수 있는 자유로운 직업이 어울린다. 또한 책임감이 있어서 기꺼이 어려운 문제를 떠맡아 책임지고 해결하는 능력을 보여주는 직업을 선호한다.

- **학과** : 정치학과, 행정학과, 법학과, 신문방송학과, 의학과, 교육학과, 무역학과, 경영학과, 건축학과, 수의학과, 한의학과.
- **직업** : 경찰, 공무원, 공장장, 교육자, 군인, 노조지도자, 버스운전사, 택시운전사, 법조인, 비

평가, 사업가, 상담가, 세일즈맨, 심리학자, 언론인, 연구, 연설가, 운동선수, 의사, 정치가, 종교인, 지도자, 탐험가.

11. 충성하는 유형

1 기본 성향

POINT

충성하는 유형
━━━━━━━━━━
사주팔자의 육친 중에서 인성 발달 · 과다, 인다(印多) 사주, 음의 기운이 많은 사주, 성격성명학의 정인이 충성하는 유형이다.

1) 형태적 특징
❶ 사주팔자
① 사주팔자의 육친 중 인성 발달인 사람.
② 사주팔자의 육친 중 인성 과다인 사람.
③ 인다(印多) 사주.
④ 음의 기운이 많은 사주.

예1) 1947년 1월 24일(음) 묘(卯)시생

시	일	월	연
丁	甲	壬	丁 (乾)
卯	子	寅	亥

73	63	53	43	33	23	13	3
甲	乙	丙	丁	戊	己	庚	辛
午	未	申	酉	戌	亥	子	丑

위 사주는 목(木) 일간이고, 목(木) 비겁 25점, 화(火) 식상 20점, 토(土) 재성 0점, 금(金) 관성 0점, 수(水) 인성 65점이다. 사주 주인공은 전 국회의원 김근태이다.

예2) 1947년 10월 10일(음) 해(亥)시생

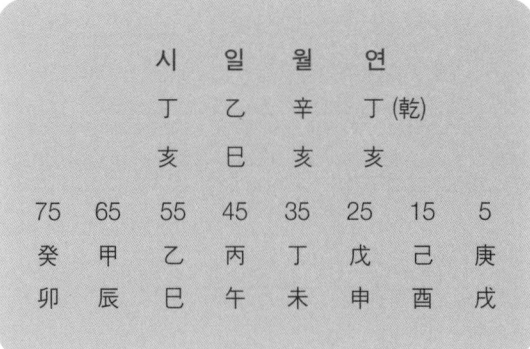

	시	일	월	연
	丁	乙	辛	丁 (乾)
	亥	巳	亥	亥

75	65	55	45	35	25	15	5
癸	甲	乙	丙	丁	戊	己	庚
卯	辰	巳	午	未	申	酉	戌

위 사주는 목(木) 일간이고, 목(木) 비겁은 10점, 화(火) 식상은 35점, 토(土) 재성은 0점, 금(金) 관성은 10점, 수(水) 인성은 55점이다. 사주 주인공은 정치인 손학규이다.

예3) 1959년 9월 25일(음) 술(戌)시생

	시	일	월	연
	戊	辛	甲	己 (乾)
	戌	巳	戌	亥

76	66	56	46	36	26	16	6
丙	丁	戊	己	庚	辛	壬	癸
寅	卯	辰	巳	午	未	申	酉

위 사주는 금(金) 일간이고, 목(木) 재성은 10점, 화(火) 관성은 15점, 토(土) 인성은 40점, 금(金) 비겁은 35점, 수(水) 식상은 10점이다. 사주 주인공은 화가 이수동이다.

예4) 1970년 10월 27일(양) 유(酉)시생

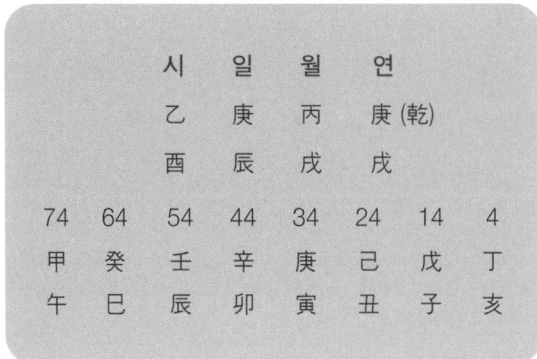

시	일	월	연
乙	庚	丙	庚 (乾)
酉	辰	戌	戌

74	64	54	44	34	24	14	4
甲	癸	壬	辛	庚	己	戊	丁
午	巳	辰	卯	寅	丑	子	亥

위 사주는 금(金) 일간이고, 목(木) 재성은 10점, 화(火) 관성은 10점, 토(土) 인성은 40점, 금(金) 비겁은 50점, 수(水) 식상은 0점이다. 사주 주인공은 개그맨 박수홍이다.

예5) 1946년 8월 6일(음) 진(辰)시생

시	일	월	연
丙	戊	丙	丙 (乾)
辰	寅	申	戌

72	62	52	42	32	22	12	2
甲	癸	壬	辛	庚	己	戊	丁
辰	卯	寅	丑	子	亥	戌	酉

위 사주는 토(土) 일간이고, 목(木) 관성은 15점, 화(火) 인성은 60점, 토(土) 비겁은 35점, 금(金) 식상은 0점, 수(水) 재성은 0점이다. 사주 주인공은 전 대통령 노무현이다.

예6) 1990년 9월 5일(양) 묘(卯)시생

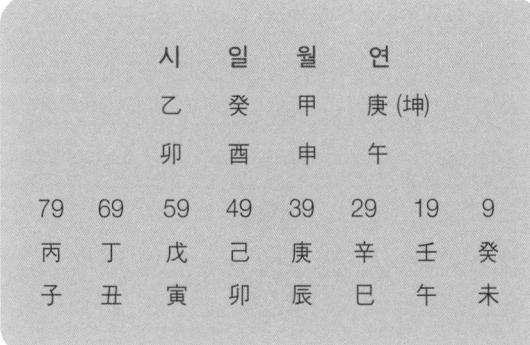

시	일	월	연
乙	癸	甲	庚 (坤)
卯	酉	申	午

79	69	59	49	39	29	19	9
丙	丁	戊	己	庚	辛	壬	癸
子	丑	寅	卯	辰	巳	午	未

위 사주는 수(水) 일간이고, 목(木) 식상은 35점, 화(火) 재성은 10점, 토(土) 관성은 0점, 금(金) 인성은 55점, 수(水) 비겁은 10점이다. 사주 주인공은 피겨스케이트 선수 김연아이다.

예7) 1982년 6월 25일(양) 신(申)시생

시	일	월	연
壬	己	丙	壬 (乾)
申	卯	午	戌

74	64	54	44	34	24	14	4
甲	癸	壬	辛	庚	己	戊	丁
寅	丑	子	亥	戌	酉	申	未

위 사주는 토(土) 일간이고, 목(木) 관성은 15점, 화(火) 인성은 55점, 토(土) 비겁은 20점, 금(金) 식상은 0점, 수(水) 재성은 20점이다. 사주 주인공은 가수 비(정지훈)다.

❷ 성격성명학

성격성명학 유형 중 정인인 사람.

예) 정세균(1949년 9월 26일 음력)

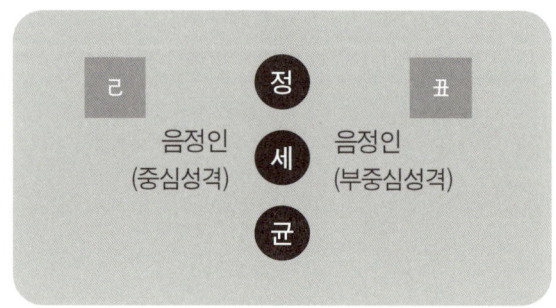

민주당 대표 정세균은 이름이 성격성명학 유형 중 음정인이다.

2) 충성하는 유형의 성격

충성하는 유형은 다음과 같은 성격을 지닌다.

- 조심성이 있고, 경계심이 많으며, 신중하다.
- 방심하지 않고, 지나치게 조심스럽다.
- 정이 많고, 남을 잘 도와준다.
- 방어적이고, 의심이 많으며, 두려움이 매우 크다.
- 주위사람에게 의존하려 한다.
- 친한 사람이 아니면 신뢰하지 않는다.
- 가족, 배우자, 친구에게 충실하다.
- 자신의 지식이나 끼에 대한 자부심이 있다.
- 행동하기 전에 신중하게 생각하고 면밀하게 검토한다.
- 가장 위험한 상황을 늘 걱정하고 그것에 대해 대비한다.
- 결과가 증명된 적이 없는 일은 반복해 검토하고, 여러 번 생각한 후에 결정한다.

POINT

충성하는 유형의 성격

신중하고 방어적이며, 정이 많고 남을 잘 도와준다.

- 개인적으로 만날 때는 에너지가 넘치고 경쟁적인 타입이다.
- 사람들이 자신에게 관심을 가지게 하고, 그가 필요로 할 때 도울 수 있게 한다.
- 자신이 믿는 명분을 위해서는 지치지 않고 일할 수 있다.
- 그가 의지하거나 그에게 도움을 줄 수 있는 사람들과 지속적으로 교류한다. 부모, 가족, 친구 등은 그에게 없어서는 안 되는 존재들이다.

3) 충성하는 유형의 표현 단어

경계심, 두려움, 불안감, 의심, 두려움을 숨김, 공부하는, 연구하는, 연습하는, 도전적, 방어적, 보수적, 동정심이 많음, 도움, 따뜻함, 만드는, 신경질적, 안정적, 완고함, 의존적, 자부심, 재치 있음, 조바심, 조심함, 책임감, 충성스러운, 충실함, 함께함, 호감을 줌, 호기심.

4) 충성하는 유형의 생활모습

충성하는 유형은 삶이란 안전하고 평화로워야 한다는 신념으로 살아가는 타입이다. 영화관에 가면 혹시 불이 날까 봐 비상구를 먼저 확인하고, 고속도로에서는 자동차 타이어가 펑크 나지 않을까 걱정한다. 또한 중요한 결정을 내릴 때는 결과가 좋지 않을 경우를 대비해 타인에게 책임을 미루는 경향이 많고, 어떤 상황에서든 일이 어긋나고 잘못되면 남의 탓을 많이 하는 편이다.

이들은 삶이란 늘 불확실하고 위험으로 가득 차 있다고 생각하면서 불안함과 두려움 속에서 살아가기 때문에 언제나 모든 일이 안전하고 확실한지 지나치게 집착하게 된다. 그러다 보니 위험을 알아차리는 데 민감하고, 끊임없이 어디에 문제가 있는지 검토하고 주의를 기울이는 안전제일주의 경향이 강하다. 또한 무엇이든 새로운 것을 시작하는 것을 매우 두려워하고, 누군가와 함께할 때 안전하다고 느끼게 된다.

중요한 결정을 내려야 할 때는 생각이 너무 많아서 이랬다저랬다하고, 이 사람저 사람의 의견을 듣는다. 그러다 적절한 시기를 놓치는 경우도 종종 있다. 자신감이 부족하기 때문에 문제와 조금이라도 관련된 사람을 신랄하게 비판하면서 자기방어적 기질이 나타난다. 두려움이 느껴지면 그것을 방어하기 위해서 일이나 상대방에게 방어벽을 쌓고 먼저 공격하기도 한다. 이들은 자신의 생각과 맞지 않으면 일단 의심하고 믿지 않으려 한다.

5) 충성하는 유형의 긍정적 심리와 부정적 심리
충성하는 유형 또한 다른 유형들과 마찬가지로 긍정적 심리와 부정적 심리가 모두 나타난다.

긍정적 심리	부정적 심리
권위가 있는 사람을 정확히 안다	경계심이 지나치다
다정하고 호감을 준다	다른 사람에게 의존하려 한다
동정심이 있고 따뜻하다	두려움이 크고 불안해한다
믿을 만하다	매사에 심각하게 생각한다
실질적이다	보호받고자 하고 안정에 집착한다
안전을 중시한다	비판을 공격으로 받아들인다
어느 순간 모험적으로 변한다	빈정대고 으시댄다
열심히 일하고 책임감이 있다	예측하기 어렵다
예측성이 있다	의심과 근심이 많다
재치와 유머감각이 있다	자기 확신이 없고 패배적이다
조심성이 있다	타인을 시험하려 한다
주위의 도움을 받을 줄 안다	통제하고 판단하려 든다
평화로운 것을 좋아한다	편집증적이다
헌신적이고 충실하다	허세를 부리고 고집스럽다

6) 다른 유형이 바라본 충성하는 유형

- 충성하는 유형은 개인적인 필요에 의해 봉사하고 이바지한다.
- 충성하는 유형은 과거의 사건을 저장하고 연관성을 포착하는 감각이 뛰어나다.
- 충성하는 유형은 이미 확립된 방법으로 일을 처리하는 것을 선호한다.
- 충성하는 유형은 일단 일을 맡으면 자신의 힘으로 할 수 있는 한 끝내려고 노력한다.
- 충성하는 유형은 규정대로 이루어지지 않으면 스트레스를 받고 당황한다.
- 충성하는 유형은 헌신적이고 상사에게 충성한다.
- 충성하는 유형은 조직보다는 개인을 우선하고, 개인을 위해서는 조직이 반드시 필요하다고 생각한다.
- 충성하는 유형은 다른 사람들이 자신의 예상대로 행동하지 않으면 괴로워하고 당황한다.
- 충성하는 유형은 자신을 방어하기 위해 지적능력이나 유머감각을 사용한다.
- 충성하는 유형은 규칙을 지키려고 노력하고, 양심적이며, 책임감이 강하다.

7) 충성하는 유형과 잘 지내기 위한 방법

- 그들이 충실하고, 인정과 재치가 있음을 칭찬해준다.
- 그들은 문제가 꼬이면 계속 고민하기 때문에 새로운 방법을 시도하도록 제안한다.
- 모든 문제에 대해 그들과 명백하게 합의하여 의심의 여지를 남기지 않는다.
- 그들과 갈등이 생겼을 때는 당신이 문제해결을 위해 노력하고 있다고 말해준다.
- 그들이 화가 났을 때는 한 발짝 물러나서 분노가 가라앉을 때까지 기다린다.
- 그들이 가지고 있는 분노와 공포에 대해 감추지 않고 이야기할 수 있도록 도와준다.
- 불안과 스트레스가 쌓이지 않게 운동을 많이 하도록 격려해준다.
- 그들이 적절한 행동을 취해야 할 시점에는 생각을 멈추고 행동하라고 말해준다.
- 때로는 결정을 내릴 때 위험 부담을 피할 수 없다는 것을 알려준다.

8) 충성하는 유형의 정신건강

의존적 인격장애, 자기 패배적 인격장애, 수동 공격형 인격장애, 우울증, 화병, 갑상선질환.

9) 충성하는 유형과 다른 유형의 관계

충성하는 유형이 다른 유형에 대해 어떻게 생각하는지 알아본다.

배려하는 유형

❶ 내가 배려하는 유형을 좋아하는 이유는?

- 그들은 유머가 있어서 내가 우울할 때 기분이 좋아지도록 도와주기 때문이다.
- 그들은 밝은 성격으로 나를 편안하게 해주기 때문이다.
- 그들은 내 보호를 감사한 마음으로 받아들이기 때문이다.
- 그들은 나 자신이 소중하다고 느끼게 해주기 때문이다.
- 그들은 나를 온화하게 감싸주고 나에게 문제가 없다는 느낌을 주기 때문이다.

❷ 내가 배려하는 유형을 싫어하는 이유는?

- 그들이 내가 적대감을 갖고 있는 사람들에게 다정하게 대해주는 것을 보면 그들이 정말 내

편인지 의심하게 된다.

- 그들은 내가 자신들을 의심한다고 싫어하기 때문이다.

- 그들은 허술한 일처리로 두 번 일하게 만들기 때문이다.

- 그들은 일관적이지 않은 태도로 나를 불안하게 만들기 때문이다.

특별한 유형

❶ 내가 특별한 유형을 좋아하는 이유는?

- 그들은 권위의식이 없고 겉치레를 좋아하지 않기 때문이다.

- 그들은 인간관계에서 지녀야 할 원칙을 가지고 있고 이상이 높기 때문이다.

- 그들은 총명하고 사려 깊으며, 유머감각이 있고 상상력이 풍부하기 때문이다.

- 그들은 감수성이 많아서 나까지도 감성적으로 만들어주기 때문이다.

- 그들은 어떤 것이든 거부감 없이 받아들이는 성격으로 새로운 일들을 잘 생각해내기 때문이다.

❷ 내가 특별한 유형을 싫어하는 이유는?

- 그들은 사소한 일에도 상처받고 쉽게 침울해지기 때문이다.

- 그들은 마음이 약해서 내가 상처준 것에 대해 많은 후회를 하게 만들기 때문이다.

- 그들은 감정 기복이 심해서 극단적인 말들과 공격적 행동을 보이며, 자신의 생각을 지나치게 고집하기 때문이다.

- 그들은 언제든 나에게서 벗어나려 하기 때문이다.

- 그들은 변덕스런 성격으로 나를 좋아하면서도 거부하는 이중적 태도를 보여주기 때문이다.

여유로운 유형

❶ 내가 여유로운 유형을 좋아하는 이유는?

- 그들은 관점이 다양하여 내가 좀더 폭넓게 상황을 지켜볼 수 있도록 도와주기 때문이다.

- 그들은 남의 이야기를 귀기울여 듣는 성격으로, 그들이 내 이야기를 들어주면 마음이 편안해지기 때문이다.

- 그들은 다른 사람들의 각기 다른 모습을 그대로 인정해주기 때문이다.

- 그들은 편안한 성격으로 친구로 지내고 좋고 연인으로 지내도 좋은 사람이기 때문이다.

❷ 내가 여유로운 유형을 싫어하는 이유는?

- 그들은 무신경해서 내가 너무 소심하고 조심한다고 불만을 토로하기 때문이다.

- 그들은 내가 어떤 문제를 이야기하면 전혀 신경 쓰지 않고, 내가 혼자라고 생각하게 만들기 때문이다.

- 그들은 화났을 때 솔직하게 표현하는 대신 말을 하지 않거나 다른 쪽으로 분노를 표현하는 수동적인 사람들이기 때문이다.

- 그들은 정적인 것을 좋아하는 성격으로 동적인 나와 반대이기 때문이다.

- 그들은 앞에 나서는 법이 없고 원하는 것을 이야기하지 않기 때문이다.

완벽한 유형

❶ 내가 완벽한 유형을 좋아하는 이유는?

- 그들은 나에게 충실하고 안정감을 주기 때문이다.

- 그들은 내가 대인관계로 힘들어할 때 갈등에서 벗어날 수 있게 도와주기 때문이다.

- 그들은 성실히 일하고 능력이 있기 때문이다.

- 그들은 행동이나 생각이 일관적이기 때문이다.

❷ 내가 완벽한 유형을 싫어하는 이유는?

- 그들은 나와 문제가 생기면 모든 책임을 나에게 떠넘기기 때문이다.

- 그들은 화나면 무조건 흥분하는 성격으로 나를 불편하게 만들기 때문이다.

- 그들은 다른 사람들이 자신의 생각대로 움직여야 한다고 생각하기 때문이다.

- 그들은 내가 하는 일마다 불만을 나타내기 때문이다.

- 그들은 사소한 일까지도 걱정을 많이 하는 성격으로 나까지도 불안하게 만들기 때문이다.

생각하는 유형

❶ 내가 생각하는 유형을 좋아하는 이유는?

- 그들은 섬세하고 배려심이 있어서 타인에 대해 쉽게 판단하지 않기 때문이다.

- 그들은 객관적인 성격이라서 내가 문제를 주관적인 관점에서 객관적인 관점으로 다시 볼 수 있게 도와주기 때문이다.

- 그들은 지적인 부분에 관심이 많고, 내가 두려워하는 것을 잘 이해해주기 때문이다.
- 그들은 성실한 성격으로 나에게 충실하기 때문이다.
- 그들은 침착하고 담대한 성격으로 어려움이 닥쳐도 차분하게 대처하기 때문이다.

❷ 내가 생각하는 유형을 싫어하는 이유는?

- 그들은 가끔씩 시무룩할 때가 있기 때문이다.
- 그들은 요구를 부담스러워하는 성격으로 요구하는 사람까지도 멀리하기 때문이다.
- 그들은 지나치게 과묵하여 무슨 생각을 하고 있는지 알 수 없고, 나쁜 상황들을 생각하게 만들기 때문이다.
- 그들은 내게 무관심해서 외면당한다는 느낌을 주기 때문이다.

보여주고 싶은 유형

❶ 내가 보여주고 싶은 유형을 좋아하는 이유는?

- 그들은 성실하게 일하면서 능력을 발휘하고, 현실적이기 때문이다.
- 그들은 자기 스스로를 사랑하는 성격으로 자기 관리를 잘하기 때문이다.
- 그들은 긍정적이고 어떤 것도 장점으로 보기 때문이다.
- 그들은 항상 새롭게 움직일 수 있도록 내게 용기를 주기 때문이다.
- 그들은 자신의 목표를 꾸준히 이루어가는 성격으로 내가 목표를 이루어가도록 도와주기 때문이다.

❷ 내가 보여주고 싶은 유형을 싫어하는 이유는?

• 그들은 타인에게 깊은 인상을 주기 위해 과장된 말과 행동 등 정직하지 못한 면을 보여주기 때문이다.

• 그들은 성공에 대한 욕심이 많아서 바쁘게 일하고, 그 때문에 나와 시간을 보내지 못하기 때문이다.

• 그들은 내 걱정이나 불안정한 감정을 가볍게 생각하기 때문이다.

• 그들은 마음이 불편한 것을 회피하기 위해 분주하게 움직이고, 나의 불안정한 상태를 참지 못하기 때문이다.

창조적 유형

❶ 내가 창조적 유형을 좋아하는 이유는?

• 그들의 새로운 꿈과 이상과 희망이 안정을 추구하는 나에게 힘을 주기 때문이다.

• 그들의 긍정적인 힘과 창조적인 능력이 부정적인 나에게 긍정의 힘을 주기 때문이다.

• 그들이 감정을 표현하는 모습이 나의 위축된 모습을 반성하게 만들기 때문이다.

• 그들의 재치 있는 표현력이 나에게 자극제가 되기 때문이다.

• 그들에게서 다른 사람과 소통하는 방법을 배울 수 있기 때문이다.

❷ 내가 창조적 유형을 싫어하는 이유는?

• 그들의 지나친 변화변동이 나에게 두려움을 주기 때문이다.

• 그들의 창조력과 감수성이 안정을 추구하는 나를 두렵게 만들기 때문이다.

• 그들의 자신만만한 표현력이 때로는 나에게 상처를 주기 때문이다.

• 그들은 산만하게 일을 벌여서 나를 걱정하게 만들기 때문이다.

• 그들이 이것저것 새로운 것을 생각해내고 실현하는 모습이 창조성에 관한 내 생각을 무참히 짓밟기 때문이다.

어울리는 유형

❶ 내가 어울리는 유형을 좋아하는 이유는?

• 그들은 흥미로운 성격으로 항상 새롭고 재미있는 생각이나 일들을 만들어내기 때문이다.

- 그들은 유머가 있고, 나를 즐겁고 행복하게 해주기 때문이다.
- 그들은 새로운 영역과 운명을 개척하는 사람으로, 내가 새로운 일들을 두려움 없이 시도할 수 있도록 도와주기 때문이다.
- 그들은 긍정적인 성격으로, 내가 미래를 밝고 희망적으로 생각하고 부정적인 생각을 없앨 수 있게 해주기 때문이다.
- 그들은 가치의 실현을 목표로 하기 때문이다.

❷ 내가 어울리는 유형을 싫어하는 이유는?

- 그들은 관심 있는 일에만 열중하고, 서로 공유할 수 있는 일에는 시간을 투자하지 않기 때문이다.
- 그들은 세상에 근심할 것은 아무 것도 없는 듯 지나치게 낙천적인 성격으로, 다른 사람의 일반적인 걱정조차 부정적으로 느껴지게 만들기 때문이다.
- 그들은 혼자서 움직이는 것을 싫어하고, 내가 함께 있지 않으면 두려워하기 때문이다.
- 그들은 심약한 성격으로 걱정스런 일들이나 부정적인 문제들은 부딪쳐 해결하지 않고 회피하려고 하기 때문이다.

지배하는 유형

❶ 내가 지배하는 유형을 좋아하는 이유는?

- 그들은 의협심이 있어서 위선적이거나 가식적인 사람들에게 거침없이 충고나 경고를 하기 때문이다.
- 그들은 솔직하고 명확한 성격으로, 자신의 생각과 입장을 정확하게 표현하여 내가 오해하거나 걱정하는 일이 없기 때문이다.
- 그들은 자신감 있는 성격으로 어떤 일이든 과단성 있게 용감하게 결정하고 책임감 있게 해내기 때문이다.
- 그들은 배짱 있는 성격으로 타인이 자신을 어떻게 평가할지에 대해서 크게 신경 쓰지 않기 때문이다.

❷ 내가 지배하는 유형을 싫어하는 이유는?

- 그들은 강한 성격으로 나를 지배하려고 하기 때문이다.

- 그들은 결단력이 있는 성격으로 우유부단한 나를 참고 봐주지 않기 때문이다.

- 그들은 부드럽고 잔잔한 성격을 약한 성격이라고 판단하기 때문이다.

- 그들은 완고한 성격으로 논쟁에서 이길 때까지 물러서지 않기 때문이다.

충성하는 유형

❶ 내가 충성하는 유형을 좋아하는 이유는?

- 그들은 낙천적인 성격으로 어떤 어려움이 있어도 유머감각을 잃지 않기 때문이다.

- 그들은 이해심이 많은 성격으로 타인의 공포나 불안정한 상태를 잘 알아차리기 때문이다.

- 그들은 때때로 나와 다른 관점을 보여주기 때문이다.

- 그들은 안정된 성격으로 편안하게 지내는 관계를 중요하게 여기기 때문이다.

- 그들은 의견을 나누는 것을 좋아하고, 즐겁게 토론하기 때문이다.

- 그들은 솔직담백하고 충실하기 때문이다.

❷ 내가 충성하는 유형을 싫어하는 이유는?

- 그들은 의심이 많은 성격으로 모든 것을 의심하기 때문이다.

- 그들은 우유부단한 성격으로 결정하는 것을 힘들어하기 때문이다.

- 그들은 겁이 많은 성격이어서 작은 일도 큰 사건으로 받아들이기 때문이다.

- 그들은 앞으로 나아갈 방향을 잘 알지 못하기 때문이다.

- 그들은 부정적인 성격으로 서로를 믿지 못하기 때문이다.

2 교육과 직업 적성

1) 충성하는 유형의 아이들

충성하는 유형의 아이들은 대부분 안정감을 느끼기 위해 언제나 바른 생활을 한다. 특히 의존적인 성향의 아이는 잠자리에 들 시간에 또는 자다가 한밤중에 깨어나 불안해하기도 한다. 이때 아이 곁에 있어주거나 같이 자려고 하는 부모가 있는 데, 오히려 아이에게 좋지 않을 수 있다. 중간에 부모가 곁을 떠나면 아이는 더 불안해지고, 같이 자면 계속적으로 부모가 곁에 있어주길 바라기 때문이다. 아이가 잠자리에서 불안해하면 불을 켜놓거나 껴안아주면서 왜 불안해하는지 물어보고 다독여주면 좋다. 또한 아이가 자기만의 방식으로 불안을 해소하는 방법을 찾도록 격려해주어야 한다.

또한 이 유형의 아이들은 어떤 음식을 먹어야 하고 어떤 음식을 먹지 말아야 하는지 고민하고, 자기가 먹은 음식 때문에 잘못되지 않을까 불안해한다. 부모는 이들이 안심하고 먹을 수 있도록 음식에 신경 써야 한다. 먹기 싫어하는 음식을 강제로 먹이거나, 음식을 먹이기 위해 거짓말을 해서는 안 된다. 또한 식사시간에 부모가 다투거나 여러 가지 일로 어수선하게 만들지 말고 차분하고 유쾌한 분위기를 만들어주어야 한다.

충성하는 유형의 아이들은 어릴 적에는 두려움이 많기 때문에 의존하려는 성향이 강하고, 생각이 많으며, 누군가 자기를 주목해주기를 원한다. 그러다 보니 늘 생각하고 저장하고, 걱정하고 두려워하고, 안정적인 것을 좋아한다. 세상은 다양하고 복잡하기 때문에 가족이나 친구가 내 곁에 늘 있어야 한다고 생각한다. 반면에 이들은 세상을 더 자세히 관찰하고 더 오래도록 지켜보아 다른 사람이 보지 못하는 것까지 볼 수 있는 능력이 있다.

2) 충성하는 아이들의 교육방법

충성하는 유형의 아이들은 예상치 못한 변화·변동을 두려워하므로 매사에 어느 정도 계획이 세워져 있어야 한다. 그러므로 큰 틀에서 부모가 함께 계획을 세워주고 정리해주는 것이 좋다. 부모 입장에서는 자녀가 마치 물가에 내놓은 아이들처럼 불안하게 생각될 때가 있을 것이다. 그러다 보니 매사에 간섭하고 직접 부모가 나서서 해결해주게 되고, 결과적으로 아이의 자립심이나 독립심을 감소시키거나 부모에게 의지하고 의존하는 습관이 들게 할 수도 있다.

부모의 과보호가 반복되면 아이는 예상치 못한 변화를 두려워하고, 학교에서 선생님이 자신이 할 수 없는 일을 요구하거나 학업 등 경쟁에서 질까 봐 걱정하고, 새로운 친구와 갈등이 있을까 봐 학교가 두려워지고, 새로운 공간을 거부할 수도 있다. 따라서 이 유형의 아이들에게는 자신의 일은 자신이 극복하고 헤쳐 나갈 수 있게 큰 틀에서만 보여주고, 나머지 세부적인 계획이나 해야 할 일은 직접 처리하도록 환경을 조성해주어야 한다.

이 유형의 아이들은 아침에 일어나 학교에 입고 갈 옷을 고르느라 지각을 하기도 한다. 그와 같은 사소한 걱정을 하다 여기저기 꼼꼼하게 살펴보다가 학교에 늦을 수도 있다. 늘 걱정이 앞서는 아이들이기 때문에 조금이라도 실수하는 것을 매우 부끄러워한다. 따라서 학교 준비물과 입을 옷은 저녁에 미리 챙겨두게 하는 것이 좋다. 또한 등교시간을 정확하게 지키라고 강요하거나 지나친 부담을 주는 것도 안 좋다.

이 유형의 아이들은 공부와 학교생활에 충실하고, 자신을 보호해주는 선생님을 기쁘게 해주려고 애쓴다. 그러나 어울리는 유형이 함께 있거나 특별한 유형이 같이 있으면 계획이나 조사 같은 일을 소홀히 할 수 있다. 이들에게는 학교에서 돌아오면 숙제를 먼저 하도록 도와주어야 한다.

3) 충성하는 유형의 부모

충성하는 유형의 부모는 섬세하고 자상하며 조심스럽다. 작은 부분에도 늘 신경 써주고 관심을 기울이며 조언해준다. 특히 자녀에게 매우 충실하고, 적극적으로 보호해준다. 그러나 세상은 늘 위험이 있다고 생각하다 보니 걱정이 많고, 부모의 입장에서 자녀의 행동에 일일이 간섭하게 된다. 그러나 부모가 자녀의 문제를 직접 해결해주기보다는 아이가 스스로 문제를 할 수 있도록 가르쳐주는 것이 더욱 안전하다. 또한 잘못하면 자녀의 자신감을 해칠 수 있으므로 아이가 적극성을 가질 수 있도록 내버려두어야 한다.

충성하는 유형의 부모 밑에서 자란 사람은 성인이 된 후 부모가 지나치게 자상하거나 그와 반대로 엄격하였고, 작은 일에도 일일이 간섭하였으며, 자신에 대한 기대가 너무 컸다고 말한다.

4) 충성하는 유형의 직업 적성

충성하는 유형은 안정적이고 계획적이며, 주어진 일을 처리하고, 조직 안에서 활동하는 직업을 편안하게 생각하고 적성과도 잘 맞는다.

- **학과** : 행정학과, 회계학과, 생물학과, 금융학과, 건축학과, 화학과, 수학과, 교육학과, 종교학과, 철학과, 공예과, 컴퓨터공학과, 기계공학과, 전자공학과.
- **직업** : 문화, 행정, 건축가, 기술자, 발명가, 탐색가, 컴퓨터프로그래머, 공예가, 군인, 경찰, 공무원, 교육자, 심리학자, 상담가, 철학자, 신학자, 작가, 운동선수, 연예인.

KEY POINT

→ 목(木) 고립은 배려하는 유형과 상관이 없다.

→ 정관 유형은 사주명리학의 목(木)과 비슷한 성향을 가지고 있다.

→ 관성 발달 사주, 관대(官多) 사주, 성격성명학의 편관 유형은 성격이 비슷하다.

→ 도화살은 다양한 성격 구조를 가지고 있다.

→ 귀문관살은 배짱이 부족하고 섬세하다.

1 다음 중 배려하는 유형에 해당하지 않는 것은?

① 목(木) 일간
② 목(木) 발달
③ 목(木) 과다
④ 월지가 목(木)인 사주
⑤ 목(木) 고립

2 다음 중 사주명리학의 배려하는 유형과 비슷한 성격성명학 유형은?

① 비견
② 겁재
③ 편관
④ 정관
⑤ 편인

3 다음 중 사주명리학의 지배하는 유형과 비슷한 성격성명학 유형은?

① 겁재
② 상관
③ 편재
④ 편관
⑤ 편인

4 다음 중 도화살의 성격 구조에 속하지 않는 것은?

① 보여주고 싶은 유형
② 창조적 유형
③ 완벽한 유형
④ 어울리는 유형
⑤ 특별한 유형

5 다음 중 귀문관살의 성격 구조에 속하지 않는 것은?

① 배려하는 유형
② 지배하는 유형
③ 생각하는 유형
④ 창조적 유형

(6~8) 다음 사주를 보고 문제에 답하시오.

예) 고 김수환 추기경(1922년 7월 2일 양력)

시	일	월	연
壬	辛	丙	壬 (乾)
辰	未	午	戌

92	82	72	62	52	42	32	22	12	2
丙	乙	甲	癸	壬	辛	庚	己	戊	丁
辰	卯	寅	丑	子	亥	戌	酉	申	未

6 위 사주팔자와 이름으로 분석한 성격성명학 유형은?

① 비견   ② 겁재
③ 상관   ④ 편관
⑤ 편인

7 위 사주에 대한 설명으로 중 옳지 않은 것은?

① 신금(辛金) 일간이므로 신금(辛金)의 성격이 나타난다.
② 화(火) 점수가 40점이므로 화(火) 발달이고 화(火)의 성격이 나타난다.
③ 토(土) 점수가 40점이므로 토(土) 발달이고 토(土)의 성격이 나타난다.
④ 관성 발달이므로 관성의 성격이 나타난다.
⑤ 미토(未土) 일지이므로 미토(未土)의 성격이 나타난다.

➡ 고 김수환 추기경의 이름은 성격 유형이 양상관과 양정인이다.

➡ 일지의 성격 특성은 미미하게 나타난다.

8 위 사주팔자에서 나타나지 않는 성격유형은?

① 배려하는 유형　　　　　② 지배하는 유형
③ 완벽한 유형　　　　　　④ 특별한 유형
⑤ 어유로운 유형

9 다음 중 완벽한 유형에 속하지 않는 것은?

① 사주팔자의 금(金) 일간　　② 사주팔자의 금(金) 과다
③ 사주팔자의 금(金) 발달　　④ 성격성명학의 겁재
⑤ 성격성명학의 정관

(10~12) 다음 사주를 보고 문제에 답하시오.

예) 개그맨 박명수(1970년 8월 27일 음력)

시	일	월	연
丙	庚	乙	庚
子	戌	酉	戌

74	64	54	44	34	24	14	4
癸	壬	辛	庚	己	戊	丁	丙
巳	辰	卯	寅	丑	子	亥	戌

10 다음 중 위 사주에 나타난 성격 유형으로 옳은 것은?

① 완벽한 유형　　　　　　② 여유로운 유형
③ 지배하는 유형　　　　　④ 배려하는 유형
⑤ 창조적 유형

11 다음 중 위 사주에 나타난 성격 유형으로 옳은 것은?

① 여유로운 유형　　　　　② 보여주고 싶은 유형
③ 어울리는 유형　　　　　④ 충성하는 유형
⑤ 특별한 유형

12 다음 중 위 사주에서 건강문제가 생길 수 있는 오행이 아닌 것은?

① 목(木)　　　　　　　　② 화(火)
③ 토(土)　　　　　　　　④ 금(金)
⑤ 수(水)

13 다음 중 위 사주에서 성격을 구성하는 요소가 아닌 것은?

① 금(金) 오행
② 비견 육친
③ 귀문관살
④ 괴강살
⑤ 수(水) 오행

14 다음 중 충성하는 유형의 성격으로 틀린 것은?

① 집안에 의존하는 사람이 반드시 있다.
② 부부싸움을 하면 의존하는 사람과 상의한다.
③ 배짱이 있고 적극적이다.
④ 생각이 많고 계산적이다.
⑤ 모험이나 새로운 환경을 두려워한다.

KEY POINT

→ 비견이 많으므로 보여주고 싶은 유형이다.

→ 목(木), 화(火), 토(土)는 고립되어 있고 금(金)은 과다하다.

→ 수(水) 오행은 15점으로 성격 특성이 거의 나타나지 않는다.

→ 충성하는 유형은 소심하고 안정적인 성향이다.

◎ 여기 정답!　1) 5　2) 4　3) 4　4) 3　5) 2　6) 3　7) 5　8) 1　9) 5　10) 1　11) 2　12) 5　13) 5　14) 3

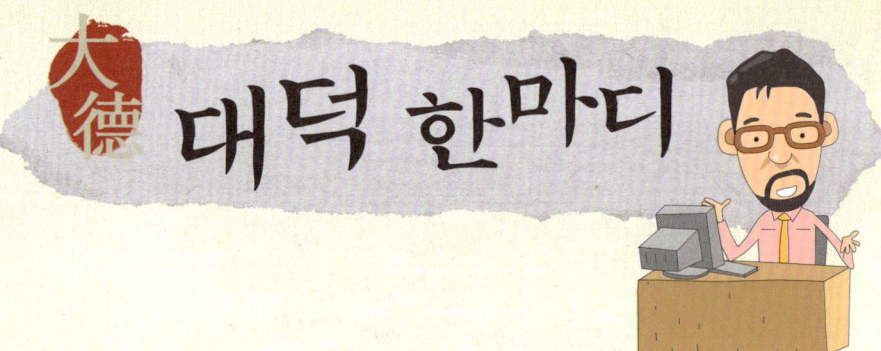

사주명리학으로 보는 아이들의 성격 유형

세상에서 가장 어려운 것이 바로 자기 아이의 성격 유형을 판단하는 일일 것이다. 자기 아이의 교육을 실행하는 일 역시 어려운 숙제일 것이다. 세상에 나아가 거칠 것 없이 밀어붙이면서 성공의 길을 달리고 있는 사람일지라도 자녀의 성격을 정확하게 이해하고 제대로 교육시키는 경우는 흔치 않다. "당신은 자녀를 자유롭게 키우는가?", "당신은 자녀를 엄격하게 키우는가?" 이런 질문조차 쉽게 답하기 어려울지도 모른다. 많은 부모들이 자녀를 키우면서 부모 노릇을 어떻게 해야 할지 몰라 당황한 경험이 한두 번이 아닐 것이다.

세상의 많은 부모들은 언제나 자녀가 바른 길에서 벗어날까 걱정하는 나머지, 자기만의 사주팔자를 타고나고 자기만의 개성과 뚜렷한 성격을 가진 자녀들에게 부모의 성향을 강요하곤 한다. 그러나 그런 방법은 올바른 교육방법이 아니다. 자녀가 자신의 개성과 성격을 살리고, 타고난 사주팔자의 장점을 다 살려서 자신의 삶을 애지욕기생(愛之欲其生) 하는 길로 나아갈 수 있도록 이끌어주고 격려하는 것이 올바른 자녀 교육방법이라고 생각한다.

우리 부모들은 아기를 임신하기 전부터 늘 좋은 아이와 좋은 엄마를 꿈꾼다. 부모가 충분히 사랑하고 헌신하며 아이를 키워간다면 자녀 또한 잘 자라줄 것이고, 부모의 뜻대로 잘 될 거라고 확신한다. 이제까지 많은 사람들이 아이가 자신의 성격을 날 때부터 가지고 태어난다고 생각하지 않고 부모의 영향에 따라 후천적으로 만들어진다고 생각해왔다. 이것이 서양의 정신의학, 심리학, 상담학을 지배하는 생각이었다.

　그러나 사주팔자, 즉 사주명리학에서는 아이가 자신의 성격을 타고난다고 본다. 그리고 이러한 관점은 정신의학, 심리학, 상담학에서도 서서히 확장되고 있다.

　사주명리학은 오랜 역사를 거쳐오며 많은 사람들이 자기 자신과 다른 사람들을 이해하기 위해서 사용해온 지혜의 산물이다. 다만, 사주명리학 안에 매우 다양한 이론들이 존재하고 있어서 그것을 구조화하고 계량화하기가 너무나 복잡하고 방대하다는 것이 문제이다.

　그래서 필자는 완벽하지는 않지만 사주명리학의 틀로 몇 가지 유형을 분류하고 개개인이 가지고 있는 개성과 성격을 비슷한 유형끼리 묶고 각 유형이 어떻게 다르고 서로 어떤 연관성이 있는지를 설명하였다. 이것이 바로 10성격 유형이다.

10성격 유형을 통해 먼저 자기 자신을 이해하고 다른 사람을 이해하여 결과적으로 서로가 서로를 더 폭넓게 이해하고 포용하기를 바란다. 10성격 유형은 특히 가정과 학교에서 자녀와 아이들의 교육을 담당하는 부모와 교사에게 다음과 같은 소중한 지혜를 알려줄 것이다.

　첫째, 부모와 교사 자신을 정확히 이해하고 스스로를 더욱 사랑할 수 있게 해줄 것이다.

　둘째, 부모와 교사와는 전혀 다른 성격을 가진 아이를 이해할 수 있게 해줄 것이다.

　셋째, 사람마다 서로 다른 성격 유형들을 비교하여 세상에는 특별히 더 좋은 성격 유형도 없고, 더 나쁜 성격 유형도 없다는 사실을 깨닫게 해줄 것이다.

　넷째, 아이들이 타고난 또는 성장하면서 가지게 된 성격 유형의 틀에서 각자의 장점을 이끌어내서 세상에 필요한 인물로 행복하게 살아가도록 도와줄 것이다.

　다섯째, 아이들이 자신만 아는 이기적인 사람으로 성장하지 않고 다른 사람들의 개성을 인정하고 존중하게 해줄 것이다.

　여섯째, 부모나 교사가 자신의 아이들에게 느끼고 있는 좌절감이나 실망감에서 벗어나 이제껏 보지 못했던 아이들의 장점을 발견하게 도와 줄 것이다.

　일곱째, 부모나 교사가 가진 욕심의 기대치를 아이들의 눈높이에 맞추게 될 것이다.

남자는 급하게 서두르고, 여자는 천천히 섬세하게 다가오는 남자가 좋다. 같은 목적, 같은 속궁합, 같은 성관계를 가지고 남자와 여자는 전혀 다른 생각을 하면서 팽팽하게 평행선을 달리고 있다. 이런 평행선을 어떻게 해야 좀더 가까워지게 할 수 있을까?

여기에서는 함부로 꺼내놓을 수 없는 남자와 여자의 속궁합을 사주팔자를 통해 설명하려고 한다. 인간이 살아가면서 누구나 가지고 갈 수밖에 없는 관계, 이 관계를 사주 속에 나타나는 속궁합을 통해 분석해보면서 부부 사이에 행복을 키울 수 있는 방법을 모색해본다.

4

사주로 보는 남녀 속궁합

1. 음양으로 보는 속궁합

2. 월지로 보는 속궁합

chapter 04

사주로 보는
남녀 속궁합

04

행복한 가정생활을 위해 필요한 것은 무엇일까? 돈이나 자녀 등 부부가 무엇을 중시하느냐에 따라 달라지겠지만, 부부만의 문제로 한정시키면 당연히 부부 사이의 애정문제가 아닐까 한다. 이혼 사유로 대개 성격문제를 들지만, 속을 들여다보면 성적(性的)문제라는 말이 있을 만큼, 부부나 연인의 성생활은 행복한 가정생활과 서로간의 원만한 관계를 유지하는 데 매우 중요한 역할을 한다.

남자와 여자는 타고난 생체적 특징이 다르다. 그러다 보니 육체적 욕망, 섹스에 대한 관점, 오르가즘을 느끼는 강도 등이 매우 다르다. 일단 남자는 다분히 시각적인 경우가 많고, 이성을 독점하고 싶어하는 경향이 강하다. 그래서 외모가 예쁘거나 마음에 들면 내 여자로 소유하고 싶어한다. 더불어 예쁜 여자를 통하여 자신의 힘을 과시하고 싶어한다. 시각적이다 보니 예쁜 부인이나 애인이 있으면서도 또 다른 예쁜 여자가 지나가면 눈을 돌리게 된다.

이에 반해 여자는 청각적인 면이 매우 강하다. 부드럽고 따뜻하며 애정어린 말과 표현이 여자의 마음을 열게 해줄 가능성이 높다. 또는 적극적이고 시원시원하고 자신의 의견대로 주도해 나가는 남자의 열정적인 말이나 표현이 여자의 마음을 사로잡기도 한다. 또한 여자는 청각적이고 환경적이다. 분위기가 잡혀 있어야 한다는 의미다. 이렇듯 남자가 단순히 예쁘면 앞뒤 가리지 않고 좋아하게 되는 반면, 여자는 부드럽고 착한 남자든 터프하고 열정이 넘치는 나쁜 남자든 간에 자신의 마음을 움직이게 하는 상대에게 끌리게 된다.

남자는 힘이 최고라고 생각하고, 여자는 마음과 분위기가 최고라고 생각한다. 남자가 생각하는 이상적인 남성상은 여자들에게 그다지 인기 있는 모습은 아니다. 힘만 있으면 여자가 좋아할 것이라는 생각 역시 착각에 불과하다. 그러다 보니 정력에 좋다는 음식에 열광한다. 정력에 좋다고 하면 혐오식품도 가리지 않고 먹어대며, 힘만 있으면 여자를 내 마음대로 요리할 수 있고 지배할 수 있다고 생각한다. 남자가 힘이 있어야 여자가 성적 즐거움을 느낄 수 있다는 착각 때문이다.

그러나 사실 남자는 여자에 대해서 몰라도 너무 모른다. 아무리 속궁합이 맞아도 대화가 통하지 않으면 여자는 몸이 닫히게 된다. 여자는 대화가 통하는 남자, 여자를 배려하고 여자의 마음을 따뜻하게 읽을 줄 하는 남자에게 마음이 열리고 몸도 열린다는 것이다.

남자는 급하게 서두르고, 여자는 천천히 섬세하게 다가오는 남자가 좋다. 같은 목적, 같은 속궁합, 같은 성관계를 가지고 남자와 여자는 전혀 다른 생각을 하면서 팽팽하게 평행선을 달리고 있다. 이런 평행선을 어떻게 해야 좀더 가까워지게 할 수 있을까?

여기에서는 함부로 꺼내놓을 수 없는 남자와 여자의 속궁합을 사주팔자를 통해 설명하려고 한다. 인간이 살아가면서 누구나 가지고 갈 수밖에 없는 관계, 이 관계를 사주 속에 나타나는 속궁합을 통해 분석해보면서 부부 사이에 행복을 키울 수 있는 방법을 모색해본다.

1. 음양으로 보는 속궁합

1 음양의 기질

POINT

음양의 기질

음 천간과 금수(金水)가 많으면 음의 기질이 강하고, 양 천간과 목화(木火)가 많으면 양의 기질이 강하다. 신살, 오행과 육친, 띠 동물 역시 고려한다.

사주팔자에 따라 음이 강한 경우가 있고, 양이 강한 경우가 있다. 그 기준은 다음과 같다.

❶ 음의 기질이 강한 사주

① 천간에 을(乙), 정(丁), 기(己), 신(辛), 계(癸)가 많을 때.

② 금수(金水)가 많을 때.

③ 귀문관살이 있을 때.

④ 사주에 오행과 육친이 골고루 분포되어 있을 때.

⑤ 띠 동물 중 자(子), 묘(卯), 사(巳), 미(未), 유(酉), 해(亥) 등 음적인 동물이 많을 때.

❷ 양의 기질이 강한 사주

① 천간에 갑(甲), 병(丙), 무(戊), 경(庚), 임(壬)이 많을 때.

② 목화(木火)가 많을 때.

③ 괴강살, 백호대살, 양인살이 많을 때.

④ 사주에 오행과 육친이 편중되어 있을 때.

⑤ 띠 동물 중 축(丑), 인(寅), 진(辰), 오(午), 신(申), 술(戌) 등 양적인 동물이 많을 때.

2 음양에 따른 속궁합

남녀간 음양 조화에 따른 속궁합의 차이를 알아본다.

❶ 남녀 모두 음의 기운이 강할 때

남자와 여자가 모두 음의 기운이 강하면 서로 대화가 적다. 자칫 잘못하면 자신의 감정은 가슴 속에 담아두고 형식적인 대화만 오갈 수 있다. 특히 성적인 이야기나 속궁합에 대해서는 비밀처럼 서로가 함부로 꺼내기 어려워한다. 자신의 솔직한 감정을 감추다 보니 무의미한 성생활을 하기 쉽다. 이 커플은 쉽지 않은 궁합이지만, 일단 우연한 기회에 성적인 대화, 속궁합에 대한 대화를 할 수 있다면 서로를 배려하는 섬세한 커플이므로 최상의 궁합을 이룰 수 있다.

음의 기운이 강하면 예민하고 날카롭기 쉬운데, 이런 기질을 가진 부인은 잠자리에 들어 섹스를 하려고 하면 몸이 굳어버릴 가능성이 매우 높다. 상대방의 사소한 말 하나에도 상처받고 몸마저 굳어지기 쉽다. 따라서 음의 기운이 강한 남편, 남자친구는 섹스에 앞서 의심하는 말, 과거의 연애이야기 등 상대방에 대한 공격적인 말을 매우 조심하고 삼간다.

서로에게 자신의 속마음을 감추고 있는 음적인 커플은 형식적인 육체관계를 하기 쉽다. 특히 여자는 재미도 없고 별다른 감흥이 없는 섹스가 귀찮고 피곤하다고 낄 수 있다. 그 결과 섹스를 하는 횟수가 줄어들고 섹스리스 커플이 될 수 있다. 또한 남자는 부인이나 애인에게 만족하지 못하는 성적인 스트레스를 엉뚱한 방법으로 풀 수도 있다. 예를 들어, 음란비디오나 인터넷 동영상을 보며 자위행위를 하며 억눌러 있던 성욕을 해소할 수 있다.

이들은 속궁합을 좋게 만들기 위해서 무엇보다 먼저 서로 솔직한 대화를 나누어야 한다. 섹스테크닉을 키우는 것은 그 다음 일이다. 또 솔직한 대화를 빌미로 상대방의 과거를 캐묻거나, 대답을 듣고 화를 내거나 토라지지 말아야 한다. 이들은 솔직하게 대화하자고 해놓고, 막상 대화중에는 평소 상대에게 불만이었던 점을 이야기하면서 공격하는 경향이 강하기 때문에 문제가 발생한다.

서로 솔직하게 대화를 나누되 상대의 꼬투리를 잡지 않고 서로가 느끼는 성관계시의 문제점과 장단점을 주고받을 수 있다면 이 커플은 충분히 즐겁고 행복한 속궁합을 느낄 수 있을 것이다. 다만, 둘 다 체력적으로 튼튼하지 않을 수 있으니 너무 어려운 섹스테크닉은 삼가는 것이 좋다.

❷ 남자는 음의 기운이 강하고 여자는 양의 기운이 강할 때

이 커플은 시원시원하고 자신의 감정을 감추지 않는 여자로 인해 남자가 주눅들거나 토라질 가능성이 높다. 평소 대화할 때도 양의 기운이 강한 여자는 솔직하고 적극적으로 자신의 속마음을 이야기할 것이고, 음의 기운이 강한 남자는 움츠러들고 주눅들어 있어 의사 표현을 제대로 못하거나 불만이 많고 부정적인 성격으로 변해갈 것이다.

여자의 적극적인 의사 표현으로 억압받고 억눌린 남자는 발기부전, 조루 등의 현상이 나타날 수 있다. 잠자리에서 섹스를 통해서 서로의 속궁합을 맞출 때 양의 기운이 강한 부인이 툭툭 내뱉는 말 한마디에 소심한 음의 남자는 엄청난 상처를 받고 주눅이 들어 자신의 타고난 기량을 발휘하지 못할 가능성이 높다. "밥 먹고 힘도 못 쓰냐?", "꼴에 남자라고"등의 말로 남자를 무시할수록 남자 구실을 못하게 된다는 것을 알아야 한다.

그러나 남자를 격려해주고 잘할 수 있다고 용기를 북돋아주면 자신의 기량을 최대한 발휘할 수 있을 것이다. 음의 남자는 자신감이 부족하다. 체력도 양의 기운을 가진 남자보다 약하고, 작은 비판이나 잔소리에도 상처를 입는다. 늘 격려해주고 칭찬해주어야 한다. 다행스럽게도 양의 기운이 강한 여자는 남을 배려하는 장점이 있다. 두 사람이 서로 대화할 때 양의 기운이 강한 여자가 그러한 장점을 발휘하여 남자를 배려해준다면 남자는 평소 자신이 갖고 있던 생각을 솔직하고 자연스럽게 풀어놓을 수 있을 뿐만 아니라 자존심도 회복하여 심리적 안정감을 찾을 것이다.

양의 여자는 다른 사람들과 잘 어울리고 적극적이다. 남자 여자 가리지 않고 누구하고든 잘 어울린다. 음의 기질이 강한 남자는 이런 모습을 보면서 내 여자가 다른 남자에게 갈 수도 있다는 두려움을 느낄 수 있다. 남자는 누구나 의처증 증세가 조금씩 있지만, 음의 남자는 다른 남자들에 비해 그 정도가 좀더 강하다. 이 역시 양의 여자가 음의 남자를 위해서 배려해야 할 부분이다. 양의 여자가 늘 관심을 가지고 인정해주고 상처받지 않게 말과 행동을 조심해야 한다.

또한 이 커플은 남자의 체력이 약하므로 과격하고 체력적으로 소모가 큰 체위는 사용하지 않는 것이 유리하다. 여러 체위를 시험해보고 자신들에게 가장 적합하고 체력 소모가 작은 체위를 사용하면 좋을 것이다. 무엇보다 서로 많은 대화와 격려와 칭찬이 필요한 커플이다. 남자는 좀더 여유롭게 여자를 대해주고, 여자는 부드럽고 따뜻하게 남자를 대해주고 적극적으로 칭찬하고 격려해주고, 더불어 섹스테크닉을 연습하면 최상의 속궁합을 이룰 수 있을 것이다.

❸ 남자는 양의 기운이 강하고 여자는 음의 기운이 강할 때

이 커플은 남자가 적극적으로 표현하고 행동함으로써 여자가 안정감을 느끼고 기댈 수 있을 것이다. 그러나 남자가 지나치게 자기 의견만 주장하고 거칠게 밀어 붙인다면 음적인 여자는 소극적이고 소심하며 두려움이 많기 때문에 쉽게 주눅 들어버릴 수 있다. 양적인 남자의 일방적 표현과 자기중심적 태도가 연애할 때는 멋져 보일 수 있지만, 나중에 가정을 이루며 살아갈 때는 갈등의 소지가 될 수 있다. 여자 입장에서는 자신의 기를 제대로 펴보지 못하고 살아가게 될 가능성이 매우 크기 때문이다.

따라서 이 커플의 경우 남자는 자신의 의견을 이야기하는 대신 상대방의 이야기를 더 들어주고 배려해주는 태도가 필요하고, 여자는 자신의 감정이나 생각을 속으로 감추지 말고 적극적으로 표현하는 것이 필요하다. 서로간의 대화를 원만하게 끌고 갈 때 두 사람의 속궁합, 섹스테크닉, 오르가즘 등의 행복을 맛볼 수 있을 것이다.

양의 기운이 강한 남자가 제대로 주도하면 훌륭한 커플이 되겠지만, 남자가 자기 생각만 하고 자기만 즐기겠다고 서두를수록 음의 기운이 강한 여자는 서서히 마음과 몸을 닫게 될 것이다. 양의 기운을 가진 남자는 서두르지 말고 여자를 배려해서 애무를 신경 써서 오래 해주는 센스를 발휘해야 한다. 또한 음의 기운이 강한 여자에게 어떤 체위가 좋은지 어떤 테크닉으로 해야 좋을지를 계속 물어서 확인해야 한다. 음의 기운이 강한 여자는 자기 마음을 쉽게 이야기하지 않으므로 인내심을 가지고 묻고 확인해야 한다.

또한 양의 기운이 강한 남자가 섹스가 끝난 후 자기 볼 일을 본다거나 뒤돌아 앉아서 담배를 피운다면 여자는 허전한 마음이 들고 실망하게 될 것이다. 섹스 전에 애무와 분위기로 여자를 편안하게 해주듯, 섹스 후에도 서둘러 끝내지 말고 여자를 꼭 안아주면 음의 기운이 강한 여자는 섹스 중의 오르가즘보다 더 큰 안정감과 행복감을 느끼게 될 것이다. 음의 기운이 강한 여자가 양의 기운이 강한 남자에게 원하는 것은 힘보다는 따뜻하고 배려하는 모습임을 반드시 명심해야 한다. 그렇게 하면 저절로 여자의 몸은 열릴 것이요, 성적으로도 최고의 만족감을 얻을 수 있을 것이다.

❹ 남녀 모두 양의 기운이 강할 때

이 커플은 남녀 모두 자신이 가지고 있는 생각이나 마음을 밖으로 표현하는 타입이다. 적극적으로 자신을 표현하는 것은 두 사람의 대화를 부드럽게 소통시킬 수 있는 기회가 된다. 단, 두 사람 모두 일방적으로 자기 주장만 할 수도 있다는 점이 문제다.

남자와 여자 모두 양의 기운이 강하면 성적인 문제도 얼굴 붉히지 않고 솔직하게 이야기할 것이다. 둘 다 외향적인 성격이어서 두 사람의 생각만 비슷하면 최상의 커플이라고 할 수 있다. 어떤 체위로 할 것인지 몸의 어느 부위를 애무하면 흥분의 강도가 큰지에 관해 적극적으로 이야기하고 의사소통을 하면 두 사람 모두 만족할 수 있는 최상의 속궁합을 찾고, 최고의 커플이 될 것이다.

그러나 서로의 성격이나 요구하는 것이 전혀 다르다면 상대방에게 자신의 입장 먼저 들어달라고 요구하게 되고, 그러다 다툼이 심해질 수도 있다. 일단 다투게 되면 두 사람 사이에는 대화가 이루어지지 않고 의사소통도 어려워질 것이다. 이것을 겉궁합이라고 하는데, 겉궁합이 좋지 않으면 잠자리도 피하게 되고 그로 인해 속궁합도 나빠지게 된다. 서로 성격이 맞으면 최고의 속궁합, 섹스테크닉, 오르가즘의 기쁨을 맛볼 수 있지만, 서로 성격이 맞지 않으면 서로에게 성적인 것을 요구하지도 않을 만큼 멀어지게 된다.

성격이 맞지 않으면 두 사람은 따로따로 각자의 시간을 보내게 될 가능성이 크다. 두 사람이 함께 시간을 보내는 대신 각자의 친구나 선후배를 만나며 술을 마시거나 취미활동을 하며 스트레스를 해소할 것이다. 이 와중에 외도를 하거나 양다리를 걸치게 되는 상황도 벌어질 수 있다.

2. 월지로 보는 속궁합

속궁합을 결정짓는 섹스테크닉은 타고난 사주팔자와도 관련이 있고, 어릴 적 부모의 양육방식과도 매우 밀접한 관련이 있다. 두 가지 모두를 이해할 때 자신에게 도움이 되는 섹스테크닉을 찾을 수 있을 것이다.

사주팔자는 월지로 살펴보는 방법, 일주로 살펴보는 방법, 오행의 과다로 살펴보는 방법, 일간으로 살펴보는 방법 등 다양한 각도로 살펴볼 수 있다. 이를 모두 종합할 때 속궁합 정도와 섹스테크닉 그리고 오르가즘의 상관관계를 분석할 수 있다. 앞에서 남녀의 음양으로 속궁합을 보았다면, 여기에서는 태어난 달(月)로 섹스테크닉과 속궁합을 알아본다. 완벽하지는 않지만, 남자와 여자에게 필요한 섹스테크닉에 대해 어느 정도 분석할 수 있을 것이다.

섹스는 마음이 함께하는 행동이므로 사람의 심리를 제대로 모르는 상태에서 육체적인 행위만을 놓고 이렇다저렇다 이야기하기 어렵다. 앞서 설명한 것처럼, 성(性)은 어릴 적 부모와의 관계가 큰 영향을 미친다. 지나치게 엄격한 부모 밑에서 자기 주장을 제대로 못하고 자란 사람은 성인이 되어 조루나 발기불능 또는 성도착증이 나타날 가능성이 높다. 또한 부모의 과보호 속에 성장한 사람 역시 조루나 발기불능이나 성도착증이 생길 수 있다. 강압적이고 엄격한 교육환경이나 오냐오냐 받들어 모시는 과보호의 교육환경 모두 자녀가 성인이 되어 제대로 성적 발산을 하지 못하게 만들 수 있음을 명심해야 한다.

1 자(子)월생

❶ 성격

① 생각이 많다.

② 인기가 많다.

③ 걱정이 많다.

④ 예민하다.

⑤ 청각이 발달되어 있다.

❷ 여자 자(子)월생

① 자(子)월생이고 귀문관살이 있는 여자는 마음을 편하게 해주면 성적으로 쉽게 흥분하고 분비물도 잘 나온다. 그러나 분위기가 조금이라도 좋지 않으면 금세 분비물이 말라버려 오르가즘에 이르기 어렵다.

② 자(子)월생이고 괴강살, 백호대살, 양인살이 강하면서 목화(木火)가 많은 여자는 분위기만 잡아주면 쉽게 흥분하고 분비물도 충분히 나오므로, 오르가즘을 여러 번 느낄 수 있다.

③ 자(子)월생이고 수(水)가 많은 여자는 생각이 많고 걱정이 많기 때문에 성적으로 흥분했다가도 금세 분비물이 말라버리고, 오르가즘에 오를 듯하다가 금세 사그라든다. 이들은 걱정 없는 환경을 만드는 것이 필요하다.

④ 지(子)월생이고 금(金)이 많은 여자는 남자기 매우 신중하게 애정 표현을 하면 성적으로 쉽게 흥분하고 오르가즘도 쉽게 느낄 수 있다. 그러나 남자가 상처주는 표현을 하면 여자로서 몸과 마음의 문을 닫아버릴 수 있다.

❸ 남자 자(子)월생

① 자(子)월생이고 귀문관살이 많은 남자는 매우 예민하고 민감한 타입이다. 이들이 어릴 때 부모가 기를 살려주었다면 문제가 없지만, 부모가 엄격했거나 가정환경이 불우했거나 우울했다면 체력도 튼튼하지 못하고 신경도 예민하여 조루의 가능성이 높다. 한두 번의 실수는 여유롭게 넘기는 것이 좋으며, 체력 소모가 적은 체위가 무난하다.

② 자(子)월생이고 음팔통 사주이며, 귀문관살과 금수(金水)가 많아 음적인 남자는 신경이 매우

예민하고 감수성도 발달되어 있어 여자의 섬세한 배려가 필요하다. 상대방이 양의 기질이 강한 여자라면 남자는 주눅들어 조루나 발기부전이 될 수도 있다. 이들에게는 따뜻한 말과 격려가 필요하다.

② 축(丑)월생

❶ 성격
① 청각이 예민하다.
② 고집이 세다.
③ 속에 저장하고 쌓아둔다.
④ 감수성이 발달되어 있다.
⑤ 잘 토라진다.

❷ 여자 축(丑)월생
① 이들은 상대방의 작은 배려나 부드러운 손길에도 성적으로 쉽게 흥분하고 분비물이 나온다. 그러나 남편이 평소 권위적이거나 부부 사이에 의사소통이 없이 일방적인 관계일 때는 남편이 아무리 부드럽게 대해도 몸이 쉽게 열리지 않는다.
② 축(丑)월생이고, 귀문관살이 없으며, 목화(木火)가 많거나 관다(官多)이거나, 괴강살·백호대살·양인살이 많아 양의 기운이 강한 여자는 적극적으로 상대방을 리드할 수 있고 몸도 자연스럽게 열린다. 더불어 남편의 부드러운 손길이 있으면 더욱 만족스러운 성생활을 즐길 수 있을 것이다.
③ 축(丑)월생이고, 귀문관살이 없으며, 금수(金水)가 많아서 음의 기운이 강한 여자는 매우 예민하고 감수성이 발달했기 때문에 남편의 섬세한 배려와 애무가 필요하다. 작은 자극에도 기분이 좋아지기도 하고 나빠지기도 하므로 남편이 편안하고 안정된 분위기를 만들어주어야 한다. 여자 또한 본인의 감정을 다스리고 좀더 여유 있고 편안하게 이끌어 가야 두 사람 모두 진정한 오르가즘을 느낄 수 있다.

POINT

축(丑)월생의 성격

청각이 예민하고 감수성이 발달되어 있다. 고집이 세고, 잘 토라지며, 마음 속에 저장하는 타입이다.

❸ 남자 축(丑)월생

① 축(丑)월생이고, 목화(木火)가 많거나 관다(官多)이거나, 괴강살·백호대살·양인살이 많아 양의 기운이 강한 남자는 가까운 사람에게는 외향적이지만, 모르는 사람에게는 내성적으로 대한다. 자신의 부인에게는 하고 싶은 말을 모두 하는 사람이므로 사랑(속궁합)을 적극적으로 리드할 것이다. 그러나 여자 또한 양의 기운이 강한 경우에는 대화중에 자주 다툴 수도 있고, 겉궁합이 나빠짐에 따라 속궁합도 멀어질 수 있다. 우선 말부터 상대를 배려할 때 속궁합도 잘 맞게 되고 오르가즘도 느끼게 된다.

② 축(丑)월생이고, 귀문관살이 있거나 금수(金水)가 많거나 사주가 고루 분포되어 있거나 을정기신계(乙丁己辛癸)가 많아서 음적인 기운이 강한 남자는 성격이 예민하고 걱정이 많으며, 조용하고 내성적이며 치밀한 성격이다. 여기에 여자가 양적이어서 활동성이 강하면 의처증 증세가 나타날 수 있고, 성적으로 집착하거나 조루가 될 수 있다. 이 커플은 여자가 예민한 남자를 이해해주고 다른 사람과 대화할 때 조심하고 남자를 배려하면 최고의 정력을 자랑할 수 있다.

③ 음의 기운이 강한 축(丑)월생 남자가 음의 기운이 강한 여성을 만나면 의사소통이 제대로 이루어지지 않아 어디를 어떻게 애무해야 성적으로 쉽게 흥분되고 몸이 준비되는지 전혀 알 수 없다. 결국 여자는 성교통을 겪고, 남자는 조루가 될 수 있다. 자꾸 피하지만 말고 서로 적극적으로 대화하고 문제를 해결해야 성적으로 만족할 수 있다.

3 인(寅)월생

❶ 성격

① 자기 주관이 약하다.

② 타인에 대한 배려가 강하다.

③ 고집과 자존심이 강하다.

④ 타인의 간섭을 싫어한다.

⑤ 안정과 명예를 중요하게 생각한다.

> **POINT**
>
> **인(寅)월생의 성격**
>
> 자기 주관이 약하지만 고집과 자존심은 강하다. 타인을 배려하지만 간섭받는 것은 싫어한다. 안정과 명예를 중시한다.

❷ 여자 인(寅)월생

① 양적인 기운이 강한 여자 인(寅)월생은 주관이 강하고 독립적이고 진취적이며, 얼굴이 크고 체격이 좋다. 자존심이 강하여 자신의 감정을 함부로 드러내지 않는 경우가 많다. 그러다 보니 내면적으로는 성욕이 발달되어 있고 갈구하면서도, 직접적으로 표현하지 못하여 남편과의 성관계가 원만하지 못할 수도 있다. 남편이 개방적이고 적극적이면서 양적 기운이 강한 여자 인(寅)월생을 이끌어준다면 다양한 체위를 시도해보고 시행착오를 줄여서 서로간에 매우 만족스러운 성생활을 즐길 수 있을 것이다.

② 음적인 기운이 강한 여자 인(寅)월생은 자존심이 강하고, 자신의 감정을 감추고 겉으로 잘 드러내지 않으며, 애교가 없어 보인다. 그러다 보니 남편의 적극적인 리드가 없으면 분비물이 제대로 나오지 않아서 성교시 통증을 느낄 수 있고, 생리통이나 생리불순 등이 생길 수 있다. 이때는 남편이 적극적으로 표현하고 직설적으로 이야기하여 아내가 심리적으로 위축되지 않고 스스로 몸과 마음을 모두 열어줄 수 있게 이끌어주는 것이 좋다. 자주 연습시키고 과감하게 표현할 수 있도록 만들어주면 성적 흥분도 잘 되고 분비물도 충분해져서 매우 만족스러운 성생활을 즐길 수 있을 것이다.

❸ 남자 인(寅)월생

① 양적인 기운이 강한 남자 인(寅)월생은 당당하고 굽히기 싫어하며, 타인의 구속이나 지배를 받기 싫어한다. 이들은 성욕은 약하지만 기교는 능수능란한 타입이다. 그래서 다양한 테크닉과 체위를 연구하고 시도하는데, 약간은 급한 경우가 많아 아내와 오르가즘 시간이 어긋날

수도 있다. 애무와 섹스를 좀더 침착하고 느긋하게 진행시킬 필요가 있다.

② 음적인 기운이 강한 남자 인(寅)월생은 순수한 성격이지만, 타인에게 지배받거나 굴복당하거나 지기 싫어하는 기질이 강하다. 시기와 질투심도 강하고, 의심도 많다. 약간의 의처증 증세가 있고, 소심하면서도 자존심이 강하다. 어릴 적 지나칠 만큼 부모에게 사랑받았거나 반대로 엄격한 부모 밑에서 자랐다면 발기부전이나 조루가 나타날 수 있다. 이들은 자신감이 부족하여 충분한 테크닉이 있고 상대방을 배려하는데도 성적인 실력을 제대로 발휘하지 못하는 편이다. 심리적 부담감에서 벗어날 수 있다면 해박한 성지식과 배려하는 애무와 전희를 통해 충분히 만족스러운 성생활을 할 수 있을 것이다.

4 묘(卯)월생

❶ 성격

① 온화하고 착하다.

② 인정이 많고 배려하는 성격이다.

③ 현실적이고 욕심이 많다.

④ 신경이 예민하고 변덕이 심하다.

⑤ 예술적 감각이 풍부하다.

❷ 여자 묘(卯)월생

① 양적인 기운이 강한 묘(卯)월생 여자는 활발하고 애교가 있으며 사교적인 편이다. 현실적이고 생활력이 있으면서도 여성적인 면이 강하다. 성욕은 강하지만 분비물이 적거나 늦게 배출되는 타입으로, 남편이 적극적이면서도 자상하고 따뜻한 전희와 부드러운 애무 그리고 인내심을 가지고 천천히 이끌어줄 때 만족스러운 섹스를 할 수 있다. 남편이 서두르면 아내는 몸이 완전히 열리지 않은 상태이기 때문에 성교통을 느끼고 불감증이 나타날 수도 있다.

② 음적인 기운이 강한 묘(卯)월생 여자는 신경이 예민하고 영감이 발달되어 있고 직관력이 있다. 예민한 성격으로 성감대가 예민하여 분비물도 충분하므로 분위기만 잘 이끌어주고 부드러운 애무로 전희를 해준다면 충분히 오르가즘을 느낄 수 있다.

❸ 남자 묘(卯)월생

① 양적인 기운이 강한 묘(卯)월생 남자는 영감이 발달되어 있고 직관력이 있다. 영리하고 기억력도 뛰어나며 타인의 입장을 잘 이해하고 배려한다. 정욕이 강하여 성적으로 적극적이며, 애무와 전희도 적극적이다. 정력도 강하여 지속성이 있지만, 자칫 지루로 인하여 상대방이 성교시 통증을 느낄 수도 있다.

② 음적인 기운이 강한 묘(卯)월생 남자는 현실성이 부족하고 소극적이며 의존적이고, 육체적 활동보다는 정신적 활동을 좋아한다. 신경이 예민한 타입으로 과로하거나 사업 등 스트레스가 많은 일을 하는 사람은 조루나 발기부전이 나타날 수 있다. 이들은 우선 스트레스를 해소하는 방법을 잘 개발하고 꾸준히 체력을 길러주는 것이 우선이다. 그러면 타고난 성적 예민함이 부부간의 성적 쾌감과 오르가즘을 가져다 줄 수 있을 것이다.

⑤ 진(辰)월생

❶ 성격

① 명예를 소중히 한다.

② 타인을 낮추어 보고 고집이 세다.

③ 책임을 다하기 위해 노력한다.

④ 기억력이 뛰어나다.

⑤ 다재다능하다.

❷ 여자 진(辰)월생

① 양적인 기운이 강한 진(辰)월생 여자는 성감이 예민하고 요염하며, 변화무쌍하고 적극적이다. 따라서 남편이 잘 리드해주면 부부 모두 오르가즘의 행복을 느낄 수 있을 것이다. 아내가 성적으로 적극적인 만큼 남편도 성에 대해 개방적인 태도를 가지고 서로 충분히 대화를 나누고 섹스테크닉을 연구한다면, 성적 기교도 있고 상대에 대한 배려도 있으므로 행복한 섹스, 행복한 속궁합이 될 것이다. 다만, 가끔 남편만으로는 만족하지 못하는 경우가 있다. 특히 여자 사주가 조열하면 조루가 있는 남편을 만나거나, 배려 없이 일방적인 남편을 만나 재미 없고 지루한 성생활을 하게 될 가능성이 높다.

② 음적인 기운이 강한 진(辰)월생 여자는 지혜롭고 총명하며 재치가 있다. 이들은 급할 때는 급하지만 느릴 때는 한없이 느리다. 인색한 성격으로, 자기 마음에 들지 않으면 냉정하게 대하거나 회피한다. 여기에 남편의 잔소리나 권위가 강하면 겉궁합의 대화가 통하지 않게 되고, 그로 인해 섹스도 회피하게 되어 성적으로 무감각해질 수도 있다. 이들은 성감이 매우 예민하고 분비물도 충분하기 때문에 남편이 전희와 애무를 신경 써서 해주면 아내는 성적으로 충분히 준비되고, 최고의 오르가즘을 맛볼 수 있다. 다만, 조임이 약하므로 평소 질운동을 하는 것이 좋다.

❸ 남자 진(辰)월생

① 양적인 기운이 강한 진(辰)월생 남자는 인품이 중후하고 총명하며 지혜롭고, 은근과 끈기가 있어서 어떤 환경에도 잘 적응하고 고집과 자존심 또한 강하다. 정력이 강하고 색을 밝히는 타입이지만, 성적으로 변화가 없고 단조로우며 자신의 스타일을 고집한다. 만약 아내가 잘 맞는 타입이면 무난한 성생활을 하겠지만, 아내가 좋아하는 체위가 남편과 다르면 부부간의 성관계가 오히려 피곤한 일로 여겨져 관계를 회피하게 될 수도 있다.

② 음적인 기운이 강한 남자 진(辰)월생 역시 중후한 인품이다. 더불어 과묵하고 표정이 없고 속마음을 잘 드러내지 않으며, 명예와 안정을 중시하고, 주변을 의식하고 과격한 변화를 싫어해서 안정적이고 보수성이 강한 타입이다. 이러한 성향은 성생활에도 그대로 이어져서 변화무쌍한 섹스테크닉을 구상하지는 못한다. 예민한 성격으로, 정력은 강하지 않지만 색을 밝히며 간혹 변태성 욕구가 생기는 사람도 있다. 그러나 전반적으로 상대를 배려할 줄만 안다면 충분히 상대방을 만족시킬 줄 아는 섬세한 사람이기도 하다.

⑥ 사(巳)월생

- -

❶ 성격

① 부지런하다.

② 시기심이 강하다.

③ 인정이 많다.

④ 성급하다.

⑤ 마음 속에 욕망이 크다.

❷ 여자 사(巳)월생

① 양적인 기운이 강한 사(巳)월생 여자는 합리적이면서도 경쟁심과 시기심이 강해서 비교당하는 것에 대해 스트레스가 심하다. 성욕이 강하기 때문에 남편에게 적극적이고 활발하게 자기를 표현할 수 있는 기회를 주면 환상적인 섹스파트너가 될 것이다. 다만, 성욕은 강하지만, 부끄러움 때문에 직접적으로 자신을 표현하지 못하고 숨겨진 성욕을 제대로 발산시키지 못하는 경우가 많다. 그러나 적극적이고 개방적인 남편을 만나 한번 몸이 열리기 시작하면 한번의 성교에도 여러 번의 오르가즘을 느낄 수 있고, 성적으로 빨리 흥분하여 전희가 필요 없을 정도로 섹스가 잘 이루어질 수 있는 타입이다.

② 음적인 기운이 강한 사(巳)월생 여자는 자존심이 강하고 사람을 가려 사귀며 낯을 많이 가리고, 자기 관리를 할 줄 알고 알뜰하며, 예민하고 섬세한 타입이다. 성적으로 쉽게 달아오르고 분비물의 양이 많지만, 쉽게 말라버릴 수 있다. 그러므로 남편은 서두르거나 과격하게 하지 말고 부드러운 목소리로 사랑의 말을 해주면서 아내가 안정된 상태에서 섹스를 할 수 있도록 해준다면 중상 이상의 만족스런 성관계를 할 수 있을 것이다. 또한 만족스런 섹스로 오르가즘도 자주 만나게 될 것이다.

❸ 남자 사(巳)월생

① 양적인 기운이 강한 사(巳)월생 남자는 경쟁심이 있고 승부욕이 강하며, 자기 주관이 강하여 타인의 생각보다는 자신의 생각을 끌고 나가는 경우가 많다. 이들은 성욕이 강하고 적극적으

로 리드해 나가는 타입이지만, 너무 조열한 사주라면 서두르다가 조루증이 생길 수 있다. 이런 경우는 좀더 천천히 분위기를 잡아가며 아내가 성적으로 충분히 준비될 때까지 여유 있고 느긋하게 이끌어가는 인내심이 필요하다.

② 음적인 기운이 강한 사(巳)월생 남자는 논리적이고 합리적이지만, 배짱과 추진력은 약하고 자신감이 부족하다. 성적인 면이 발달되어 있어서 분위기만 북돋아주고 격려해주면 긴 시간 동안 만족스러운 섹스를 할 수 있다. 몇 번의 실수로 일찍 사정해버린다 해도 아내가 만족스러운 듯 여유롭게 칭찬해주면 자신감을 찾고 열정적이고 힘있는 섹스테크닉을 선보이게 될 것이다.

7 오(午)월생

POINT

오(午)월생의 성격

자신감이 넘치고, 솔직담백하다. 밝고 명랑하며, 예의바르고 사교적이다.

❶ 성격

① 자신감이 넘친다.

② 분주하고 일이 많다.

③ 밝고 명랑하다.

④ 예의바르고 사교적이다.

⑤ 솔직담백하다.

❷ 여자 오(午)월생

① 양적인 기운이 강한 오(午)월생 여자는 예의바르고 명랑하고 쾌활하며, 자존심과 고집이 세고 호탕하며, 개성이 뚜렷한 타입이다. 성욕도 강하고 정열적이고 적극적이어서 음적인 남편이라면 아내가 지나치게 밝힌다고 생각할 수도 있고, 의처증 증세를 불러올 수도 있다. 그러나 아내의 저돌적이고 섹시한 모습을 있는 그대로 인정할 줄 아는 남편을 만난다면 한번의 성교에도 여러 번의 오르가즘을 느낄 수 있을 수 있으며, 웬만한 분위기에서도 위축되지 않지 않으므로 공들인 애무나 전희가 없이도 성적으로 충분히 흥분하고 준비될 수 있다. 또한 성교 시 솔직한 교성에 남편의 쾌감도 두 배로 커질 것이다.

② 음적인 기운이 강한 오(午)월생 여자는 감정 기복이 커서 기분이 좋았다가 나빴다가 본인도 감당 못할 정도로 예민해진다. 어느 때는 다혈질로, 어느 때는 여유롭고 편안한 상태로, 자신의 기분에 따라 성욕이나 섹스테크닉이 다르고 흥분 정도가 달라서 오르가즘이 불규칙하다.

기운이 좋은 상태에서 섹스를 하면 최고의 성욕으로 오르가즘을 느낄 수 있지만, 기분이 좋지 않은 상태에서는 분비물이 전혀 없어 통증이 생기고 아무런 의욕도 느끼지 못한다.

❸ 남자 오(午)월생

① 양적인 기운이 강한 오(午)월생 남자는 개성이 강하고 정열적이고 적극적이며 직선적이다. 또한 낙천적인 성격으로 참을성이 없고 속전속결하려는 경향이 강하고, 독선적이고 자신의 감정을 감추지 못한다. 이들은 성욕이 강해서 섹스에도 정열적이고 적극적이다. 단, 너무 서두르다가 한두 번 실수하게 되면 조루증이 생기거나 성욕이 감퇴할 수 있다. 또한 자기 위주로 급하게 밀어붙이는 성행위 때문에 아내가 성적으로 충분히 준비되지 않은 상태에서 섹스를 하다 성교통을 느끼거나, 남편 본인은 만족하지만 아내는 성관계를 거부하게 될 수도 있다.

② 음적인 기운이 강한 오(午)월생 남자는 자존심이 강하고 자신감도 강하지만, 참을성이 약하고 예민하며, 영리하면서 개성이 강하다. 이들은 성욕이 강하고, 상대를 리드하고 싶어하며, 성적으로 지속력이 있고 매우 정열적이다. 부모 밑에서 별다른 문제 없이 자연스럽게 성장한 오(午)월생 남자는 섹스테크닉이 너무 지루해서 아내가 피곤해할 가능성이 높다. 이들은 질투심이 강하기 때문에 아내가 칭찬하거나 격려해주지 않으면 쉽게 토라지고, 성욕도 급감할 수 있다.

⑧ 미(未)월생

❶ 성격

① 위풍당당하다.

② 사교적이다.

③ 낙천적이다.

④ 정의롭다.

⑤ 정열적이다.

⑥ 적극적이다.

POINT

미(未)월생의 성격

위풍당당하고, 적극적이고, 정열적이다. 사교적이고, 낙천적이며, 정의롭다.

❷ 여자 미(未)월생

① 양적인 기운이 강한 미(未)월생 여자는 적극적이고 활발하고 자신감이 있으며, 자기 표현이

솔직하여 성교시 교성이 큰 편이다. 자신감도 있어서 직접 리드해 나가고, 남편에게 적극적인 애무를 해줄 수도 있다. 다만, 음의 기운이 강한 남편은 성적으로 개방적인 미(未)월생 아내의 과거를 의심할 수도 있다. 한편, 양적인 기운이 강한 미(未)월생 여자는 전희가 필요 없을 정도로 빠르게 흥분하는 편이다. 더불어 미(未)월생에 목화(木火)의 기운이 많으면 한번 성교시 여러 번 오르가즘을 느낄 수 있다.

② 음적인 기운이 강한 미(未)월생 여자는 자신이 친숙하게 느끼는 공간에서는 적극적이고 활발하지만, 새로운 공간이나 적응하지 못한 공간에서는 매우 수동적이다. 따라서 남편이 아내의 성향을 잘 파악하여 솔직하게 충분히 성적인 대화를 주고받고 분위기를 만들어가면 아내의 몸도 준비가 잘 되어 성적 만족도가 높아질 것이다. 그러나 남편이 아내를 무시하거나 의심하면 쉽게 몸이 닫혀버리는 경우가 많다.

❸ 남자 미(未)월생

① 양적인 기운이 강한 미(未)월생 남자는 두뇌가 비상하고 자존심이 강하며, 말재주가 뛰어나고 금전 감각이 있으며, 당당하게 표현하고 굽히기 싫어하는 승부근성이 있다. 성욕은 강하지만 서두르는 경향이 있어서 아내의 몸이 채 준비되지도 않았는데 삽입하여 조루증세가 나타날 수 있다. 남편 혼자 앞서가지 말고 아내가 성적으로 준비될 수 있게 전희와 애무를 충분히 해야 한다. 전희를 천천히 해나간다면 정력도 더욱 세지고, 황홀한 오르가즘에 이를 수 있을 것이다.

② 음적인 기운이 강한 미(未)월생 남자는 성품이 어질고 착하며 자존심이 강하다. 상황에 따라 행동이 느릴 때도 있고 급할 때도 있지만, 자신이 좋아하는 일에는 매우 적극적이고 추진력이 강하다. 성욕이 매우 발달되어 있지만 정력은 약할 가능성이 높다. 다만, 섬세하고 따뜻한 분위기와 상대를 배려하는 애무만으로도 아내는 충분히 만족할 수 있다.

⑨ 신(申)월생

---

❶ 성격

① 적극적이다.

② 자기 주장을 내세운다.

③ 불 같은 성격이다.

④ 계산적이다.

⑤ 지혜롭다.

❷ 여자 신(申)월생

① 양적인 기운이 강한 신(申)월생 여자는 지혜롭고 기억력이 좋으며 노력도 많이 하는 편이며, 재주가 좋지만 너무 재주가 많아 손해를 볼 수도 있다. 간혹 성격이 급하고 난폭한 경우도 있다. 색정이 강하고 적극적이어서 남편도 적극적인 사람이라면 서로 성적으로 솔직할 수 있다. 어느 곳이 성감대인지 어떻게 애무해야 성적으로 흥분되는지 등 서로 만족감을 느낄 수 있는 섹스테크닉을 찾아내고 만족스러운 성생활을 즐길 수 있을 것이다. 다만, 남편이 제대로 리드해주지 못하면 아내는 강한 색욕을 해소시키지 못해 스트레스가 심각하게 쌓일 수 있다.

② 음적인 기운이 강한 신(申)월생 여자는 지혜롭고 총명하며 재주가 많다. 마음 속에 감추고 있는 것이 많고 속이 깊어 속내를 알기 어렵다. 냉정하고 차갑고 신경질적인 면이 있으며, 임기응변에 능하다. 변덕이 심하고 진실성이 없는 것 같아 보인다. 성욕은 강하지만 드러내 표현하지 않고 감추는 편이기 때문에, 자신은 어느 부위가 성감대이고 어디를 어떻게 애무해야 성적으로 준비되는지 남편에게 알려주지 못한다. 따라서 이런 커플은 서로 충분히 대화를 나누는 것이 우선이다. 대화를 통해 자신의 성감대나 성적 만족 정도를 설명해주면 만족스러운 성생활을 누리는 데 큰 도움이 될 것이다.

❸ 남자 신(申)월생

① 양적인 기운이 강한 신(申)월생 남자는 자신에게 이익이 된다고 생각하면 내색하지 않고 묵묵하게 처리하는 타입이지만, 권위적인 지시를 받거나 지배받는 일을 싫어한다. 새로운 것에 대한 흥미가 강하고 공명심과 출세욕도 강하다. 이들은 색을 밝히고 정력도 강하여 나름대로 성적 능력을 갖추고 있다. 그러나 아내에 대한 배려보다는 본인 위주의 섹스에 몰입하여 아내가 만족하지 못하거나, 서두르다 자기 뜻대로 되지 않을 때 성욕이 급하게 사그라들거나 발기가 안 되는 경우가 있다.

② 음적인 기운이 강한 신(申)월생 남자는 재치 있고 직관력이 있으며, 계산적이고 두뇌회전이 빠르다. 이들은 성욕이 강하고 정력도 강한 편이지만 변태성 욕구가 생길 수 있다. 다양한 섹

스테크닉을 부부가 함께 연구하면 다양한 체위와 기교를 통해 성적 만족감을 충분히 맛볼 수 있을 것이다.

10 유(酉)월생

❶ 성격

① 완벽주의자 기질이 있다.

② 예민한 성격이다.

❷ 여자 유(酉)월생

① 유(酉)월생 여자가 화(火) 일간이고, 귀문관살이 없고, 양적인 기운이 강하면 정력이 강하다. 그리고 유(酉)월생에 화(火) 일간이고, 귀문관살이 없고, 양적인 기운이 강하면서 어릴 적이나 성인이 되어 분리불안공포를 겪으면 성에 집착할 수 있다.

② 음적인 기운이 강한 유(酉)월생 여자는 검소하고 절약정신이 강하며 재물에 강한 집착이 크고, 어려운 일이 생겨도 강한 인내심으로 버텨낸다. 한번 한다고 하면 집착에 가까울 정도로 매진하고, 자신을 잘 표현하지 않아 속마음을 알기 어려우며, 의심이 매우 많다. 음모에 털이 적을 가능성이 크고, 성욕이 극도로 강한 여자와 성욕이 극도로 없는 석녀(石女) 같은 극단적인 두 가지 타입이 있다. 음의 기운이 강한 유(酉)월생 여자는 신경이 예민하여 남편의 섬세한 배려가 있으면 매우 만족한 성생활을 할 수 있지만, 그렇지 못하면 몸을 닫아버리는 경우가 많다.

❸ 남자 유(酉)월생

① 음적인 기운이 강한 유(酉)월생 남자는 계획적이고 성실하며 성품이 반듯하다. 또한 원칙과 소신이 있고 결단력이 있으며, 절약정신이 강하다. 성(性)을 즐기고 정력도 강하다. 다만, 자신이 원하는 체위나 단순한 체위만을 고집하여 부인이 원하는 체위나 애무가 없다. 결국 본인은 즐거울 수 있지만 아내는 성생활이 불만족스러울 수 있다.

② 음적인 기운이 강한 유(酉)월생 남자가 금수(金水)가 많고 귀문관살이 없으면 성욕이 매우 강하다. 반면에 유(酉)월생 남자가 일간이 금수(金水)이거나 금수(金水)가 많고, 귀문관살이 있으

면서 음의 기운이 강하면 조루와 발기부전의 위험성이 크다. 이들은 동작이 단순하고 체력 소모가 적은 후배위나, 여자가 침대 위에 누운 상태에서 남자가 침대 밖에서 성행위를 하는 L체위가 적합하다. 남자가 유(酉)월생이고 금(金) 일간에 귀문관살이 없으면서 양적인 기운이 강하면 정력이 강하다.

11 술(戌)월생

❶ 성격
① 자존심이 강하다.
② 고집이 있다.
③ 계획성이 있다.
④ 원칙적이다.
⑤ 주관이 강하다.

❷ 여자 술(戌)월생
① 양적인 기운이 강한 술(戌)월생 여자는 총명하고 암기력이 뛰어나며, 통솔력과 우두머리 기질이 강하고, 옳고 고른 것을 분명히 하는 성격이다. 끈기와 고집이 있어 한번 결정하면 끝장을 본다. 이들은 성적 만족 역시 남편에 의해 크게 좌우된다. 남편이 성적으로 적극적이고 리드하는 경우에는 아내 역시 적극적으로 반응하고, 분비물도 충분하고, 한번 성교시 여러 번 오르가즘을 느낄 수 있다. 그러나 남편이 성적으로 수동적이면 아내 역시 소극적이어서 성욕도 잘 생기지 않고 간혹 통증이 생길 수 있다.

② 음적인 기운이 강한 술(戌)월생 여자는 매사에 심사숙고하며, 영감이 발달해서 직관력이 있고, 완벽한 것을 좋아하다 보니 남편에게 불만이 생기고 만족하기 어렵고, 약간의 의부증 증세가 생길 수 있다. 분비물도 많고 성욕도 강하지만, 분위기와 무드에 약하여 자신의 마음에 들지 않으면 금세 분비물이 말라버린다. 애무 역시 마찬가지다. 자신은 제대로 표현하지 못하면서 자신이 원하는 곳을 애무해주면 분비물이 충분하고 성적 황홀감이 크지만, 원치 않는 곳을 애무하면 금세 성욕이 감퇴해버린다.

❸ 남자 술(戌)월생

① 양적인 기운이 강한 술(戌)월생 남자는 과묵하고 융통성과 순발력이 부족하며, 중후한 인품에 일희일비하지 않고 속마음을 잘 드러내지 않는다. 정력이 강하고 정욕도 강하지만, 자신의 감정을 쉽게 드러내지 않는 것이 문제다. 아내와 서로 성적 테크닉에 대해 충분히 대화한다면 엄청난 정력으로 황홀감이 절정에 이르는 오르가즘을 느낄 수 있을 것이다. 다만, 아내의 몸에 맞추지 않고 자신의 성욕에 맞추다 보면 지루가 되어 아내의 성교통을 유발하거나 자칫 의무방어전으로 전락할 수도 있다.

② 음적인 기운이 강한 술(戌)월생 남자는 총명하고 영리하지만, 고집과 자존심이 강하고 배우자 앞에서 독선적일 때가 많다. 수동적이어서 자기 감정을 쉽게 드러내지 않으며, 약간의 의처증 증세가 있을 수 있고, 정력은 약하지 않지만 적극성이 부족하여 제대로 된 애무나 전희가 부족할 수 있다. 이들은 좀더 적극적인 애무와 적극적인 섹스테크닉이 필요하다.

⓬ 해(亥)월생

POINT

해(亥)월생의 성격

내성적이고, 민감하며, 조심성이 많다. 지혜롭고 생각이 많다.

❶ 성격

① 내성적이다.

② 민감하다.

③ 지혜롭다.

④ 조심성이 많다.

⑤ 생각이 많다.

❷ 여자 해(亥)월생

① 양적인 기운이 강한 해(亥)월생 여자는 지혜롭고 대단히 총명하며 재치가 있다. 환경 변화에 민감하고, 인정은 많지만 고집이 있고 자기 세계가 뚜렷하다. 성감이 예민하지는 않지만, 성욕을 개발시키면 분비물도 잘 나오고 성적 흥분도 있기 때문에 만족할 만한 성생활을 할 수 있다. 남편이 천천히 또는 빠르게 생각할 틈을 주지 말고 리드해 나가면 오르가즘을 느낄 수 있을 것이다.

② 음적인 기운이 강한 해(亥)월생 여자는 내성적이며 지혜롭고 총명하며, 자신의 속마음을 드러

내지 않고, 의심이 강하고 두려움이 많아서 모험을 하지 않으려 한다. 쉽게 분비물이 나오지만, 예민하고 두려움이 많으므로 완전한 준비가 되어 있지 않으면 금세 말라버리기 때문에 무드 있는 분위기가 이루어져야 하고, 애무를 너무 길게 해서도 안 된다. 또한 성적으로 민감한 부위와 거부하는 부위가 있기 때문에 싫어하는 부위를 애무하면 성욕이 모두 사라져버린다.

❸ 남자 해(亥)월생

① 양적인 기운이 강한 해(亥)월생 남자는 두뇌가 총명하고, 자신이 인정한 공간에서나 사람에게는 유연성이 있고 융통성과 포용력이 있다. 생각이 많고 계산적이며, 원칙과 소신 또한 뚜렷하고 인내심이 있다. 정력은 강하지 않지만, 적극적으로 성을 탐닉하고 즐거움을 누릴 수 있도록 노력하는 타입이다. 단, 자신감이 없고 늘 위축되어 있는 사람은 의처증을 조심해야 하고, 변태성 욕구로 아내를 괴롭힐 수 있으니 자기 관리를 잘해야 한다. 특히 어릴 적 분리불안 장애를 겪었거나 스트레스가 큰 사람은 자신감이 없고 늘 위축되어 성생활을 제대로 누리지 못한다.

② 음적인 기운이 강한 해(亥)월생 남자는 소심하고 예민하며, 총명함과 지혜로움을 겸비하고 재치도 있다. 그러나 자신의 감정이나 마음을 겉으로 드러내지 않으려 하고, 손해 보는 일은 하지 않으려 한다. 본인은 의심도 많고 소심하고 예민한데 능력 있고 양적인 기운이 강한 아내를 얻으면 의처증이 생기거나 발기불능이나 조루가 생길 수 있다. 자신감이 부족하므로 아내가 조심스럽고 섬세한 손길로 여성스럽게 리드해 나가면, 정력도 좋아지고 지속력도 좋아질 것이다. 자존심이 상하거나 마음의 상처를 받으면 성욕이 감퇴할 수 있다.

KEY POINT

➡ 속궁합은 서로 배려하고 충분한 대화를 나눌 때 완성된다.

➡ 일주와 일주에 충이나 원진살이 있으면 나쁜 궁합, 합이 있으면 좋은 궁합으로 본다.

➡ 귀문관살이 있는 사주는 신경이 예민하고 소심하므로 수동적이고 환경에 좌우된다.

➡ 신금(辛金) 일간인 남자는 여자가 너무 적극적이면 의처증 증세가 생기고, 자신감이 사라지고 위축되거나, 섹스를 거부할 수도 있다.

❶ 다음 중 속궁합에 대한 설명으로 옳은 것은?

① 속궁합은 원진살에 의해 결정된다.
② 속궁합은 충에 의해 결정된다.
③ 속궁합은 상대방을 배려하는 태도에 의해 결정된다.
④ 속궁합은 합에 의해 결정된다.
⑤ 속궁합은 고신과숙살에 의해 결정된다.

❷ 다음 중 고전이론의 속궁합 이론으로 옳은 것은?

① 연주와 연주가 합을 하면 좋은 궁합이다.
② 월주와 월주가 충을 하면 나쁜 궁합이다.
③ 일주와 일주에 원진살이 있으면 나쁜 궁합이다.
④ 사주와 사주에 파가 있으면 나쁜 궁합이다.
⑤ 연주와 연주에 파가 있으면 좋은 궁합이다.

❸ 다음 중 소심하고 민감한 성격으로 속궁합에서 환경에 좌우되는 사주는?

① 양팔통 사주 ② 괴강살, 백호대살, 양인살이 많은 사주
③ 편중된 사주 ④ 관다(官多) 사주
⑤ 귀문관살이 있는 사주

❹ 다음 중 남자 사주일 때 자기 자신을 개방하고 적극적으로 표현하며, 환경에 예민하게 반응하지 말아야 하는 사주 유형은?

① 신금(辛金) 일간 ② 병화(丙火) 일간
③ 관다(官多) 사주 ④ 양팔통 사주
⑤ 화다(火多) 사주

(5〜6) 다음 사주를 보고 답하시오.

예) 1980년 9월 12일(양) 오(午)시생

시	일	월	연
戊	戊	乙	庚 (乾)
午	子	酉	申

99	89	79	69	59	49	39	29	19	9
乙	甲	癸	壬	辛	庚	己	戊	丁	丙
未	午	巳	辰	卯	寅	丑	子	亥	戌

예) 1976년 7월 1일(음) 해(亥)시생

시	일	월	연
丁	庚	乙	丙 (坤)
亥	辰	未	辰

97	87	77	67	57	47	37	27	17	7
乙	丙	丁	戊	己	庚	辛	壬	癸	甲
酉	戌	亥	子	丑	寅	卯	辰	巳	午

5 다음 중 위 남녀 사주의 겉궁합에 대한 설명으로 틀린 것은?

① 남자는 섬세하고 완벽주의 기질이 있다.
② 여자는 안정적이며 살림에 전념하는 타입이다.
③ 여자의 성격은 완벽한 유형이다.
④ 남자는 감각과 아이디어와 창조적 기질을 가지고 있다.
⑤ 여자는 대범하고 적극적이다.

➡ 여자 사주는 관성이 50점인 관다 사주로, 적극적이고 배짱이 있다.

6 다음 중 위 남녀 사주의 속궁합에 대한 설명으로 옳은 것은?

① 남자는 좀더 적극적으로 표현하고 여자는 자신의 감정을 절제하면 최고의 속궁합이 될 것이다.

② 남자는 자기를 절제하고 여자는 자신의 감정을 적극적으로 표현하면 최고의 속궁합이 될 것이다.

③ 남자 사주와 여자 사주의 일지가 자(子)와 진(辰)으로 합국을 이루고 있으므로 최고의 속궁합이 될 것이다.

④ 남자가 무토(戊土) 일간이고 여자가 경금(庚金) 일간으로 남자 일간이 여자 일간을 생하므로, 남자가 리드하고 여자는 수동적으로 따라가는 속궁합이다.

7 다음 중 섹스테크닉과 속궁합에서 중요하지 않은 것은?

① 배려한다.　　　　　② 적극적이어야 한다.

③ 충분히 대화한다.　　④ 마음 가는대로 하면 된다.

⑤ 상대의 몸상태를 고려한다.

8 다음 중 섹스테크닉과 속궁합이 형성되는 중요한 요소는?

① 성격　　　　② 원진살　　　　③ 충

④ 해　　　　　⑤ 합

9 다음 중 음적인 기운이 강한 사람에게 나타나는 속궁합의 형태는?

① 적극적이다.　　　② 급하게 서두른다.

③ 너무 과격하다.　　④ 예민하다.

⑤ 장소를 가리지 않는다.

예) 1962년 12월 2일(음) 진(辰)시생

시	일	월	연
庚	庚	壬	壬 (乾)
辰	子	子	寅

73	63	53	43	33	23	13	3
庚	己	戊	丁	丙	乙	甲	癸
申	未	午	巳	辰	卯	寅	丑

예) 1969년 10월 29일(음) 술(戌)시생

시	일	월	연
庚	丁	丙	己 (坤)
戌	巳	子	酉

79	69	59	49	39	29	19	9
甲	癸	壬	辛	庚	己	戊	丁
申	未	午	巳	辰	卯	寅	丑

10 위 두 사주의 속궁합에 대한 올바른 해석은?

① 둘 다 허심탄회하게 대화하여 속궁합이 매우 좋다.

② 사주로는 속궁합을 알 수 없다.

③ 금수(金水)가 많고 귀문관살도 강하므로 더욱 적극적으로 대화를 나누어야 속궁합을 100점으로 끌어올릴 수 있다.

④ 음적인 기운이 너무 강하여 서로 속마음을 숨기므로 속궁합이 좋지 않다.

⑤ 양적인 기운이 강하여 서로 자신 주장만 내세워 속궁합이 전혀 안 어울린다.

KEY POINT

→ 속궁합이 매우 좋은 편이지만, 음적인 기운이 강해 감추는 것이 있어 더욱 적극적으로 대화해야 한다.

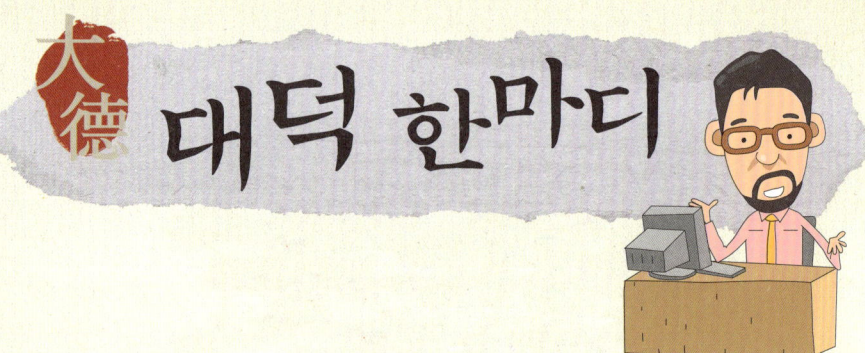

사주상담가여! 상대방의 입장을 생각하라

옛날에 어느 선비가 외양간 밖으로 뛰쳐나간 송아지를 외양간에 다시 가두느라 애를 먹고 있었다. 들어가지 않으려고 하는 송아지 때문에 부아가 치민 선비는 가족들을 불러냈다.

"아들이 이리 와서 고삐를 끌어라. 나는 뒤에서 가족들과 밀어보겠다."

선비와 아들 그리고 가족들은 송아지와 씨름했지만 결국 실패하고 말았다.

그때 부엌에 있던 여종이 달려왔다. 신중하게 송아지를 살펴보던 여종은 자신의 엄지손가락을 송아지 입에 물렸다. 그리고 천천히 뒷걸음을 쳐서 외양간으로 들어왔다. 송아지도 여종의 손가락을 빨면서 그녀를 따라 외양간으로 들어갔다. 송아지를 가두고 나온 여종에게 선비가 신기하다는 듯이 물었다.

"신기하구나. 우리 가족 모두가 힘을 합쳐도 송아지가 꿈쩍하지 않았는데, 너는 혼자서도 송아지를 가볍게 외양간에 집어넣었구나."

여종은 웃음 띤 얼굴로 말했다.

"송아지가 풀밭 쪽으로 가려고 하는 모습을 보고 배가 고팠구나 하고 생각했습니다. 세상에서 가장 큰 힘은 완력이 아닌 것 같습니다. 세상에서 가장 큰 힘은 상대방의 입장에서 생각하는 마음이지요. 마님."

여종은 말을 마치자마자 아무 일 없었다는 듯이 쪼르르 부엌으로 사라졌다.

상대방의 입장에 서서 상대방의 마음을 읽어주고 이해해주는 것, 이것이 사람과의 관계에서 가장 중요한 일이 아닐까? 이런 자세가 사주상담을 하는 사람들에게 가장 필요한 모습인 것 같다.

상대의 입장을 생각하는 것, 내담자의 입장을 생각하는 것. 상대의 마음을 읽는 것, 내담자의 마음을 읽어주는 것. 이것이 진정한 사주상담가의 자세이다. 이것이 가슴 따뜻한 사주상담가의 자세이다. 이것이 진정 아름다운 사주상담가의 자세이다.

여러분들도 사주를 잘 알아맞히는 사주의 달인이나 족집게 사주상담가가 되려고 하기보다는, 사주를 통해서 상대방의 입장을 이해하고 상대방의 마음을 읽어주면서 상대방에게 가장 현명한 미래 개척의 방법이 무엇인지를 조언해주는 그런 사람이 되기를 간절히 바란다.

글쓴이 ┃ 김동완
펴낸이 ┃ 유재영
펴낸곳 ┃ 동학사
기 획 ┃ 이화진
편 집 ┃ 나진이
디자인 ┃ 문정혜
본문 일러스트 ┃ 김문수

1판 1쇄 ┃ 2010년 2월 11일
1판 6쇄 ┃ 2021년 10월 29일

출판등록 ┃ 1987년 11월 27일 제10-149

주소 ┃ 04083 서울 마포구 토정로 53 (합정동)
전화 ┃ 324-6130, 324-6131 · 팩스 ┃ 324-6135
E-메일 ┃ dhsbook@hanmail.net
홈페이지 ┃ www.donghaksa.co.kr
www.green-home.co.kr

ISBN 978-89-7190-296-7 03150

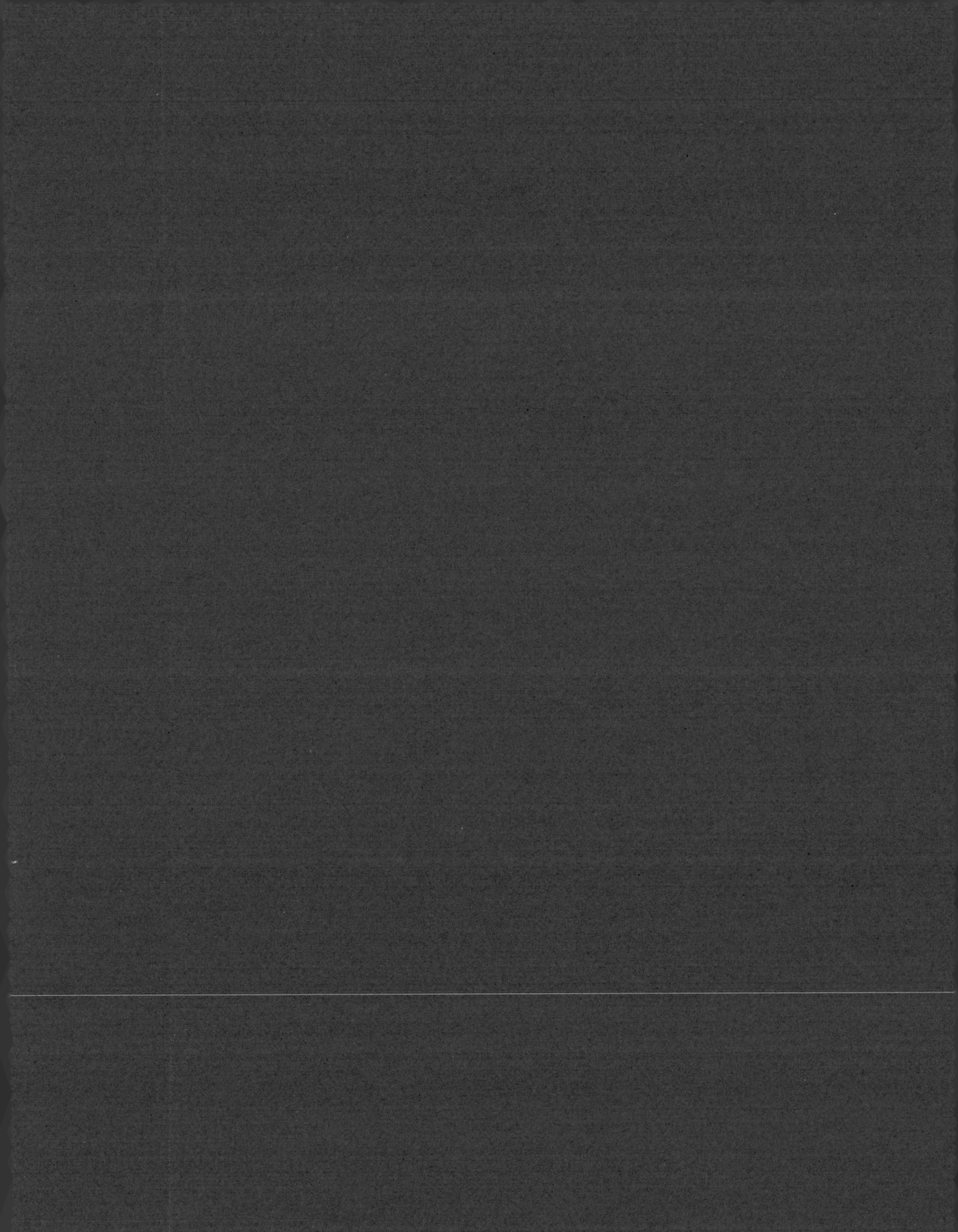